"人文新媒体前沿研究"系列丛书

新媒体与舆论
十二个关键问题

张志安 等 著

中国传媒大学出版社
·北京·

本书系中山大学粤港澳发展研究院、港澳与内地合作发展协同创新中心、中山大学国家治理研究院—互联网与治理研究中心、广州大数据与公共传播重点研究基地成果。

目 录

序：关于网络舆论场供给侧改革的思考 / 001
前言：网络舆论的概念认知、分析层次与调适原则 / 007

一 历史与时空 / 001

问题一："舆情、舆论、民意"等词的定义与变迁 / 003
问题二：近现代中国"舆论"语义内涵的演变 / 013
问题三：关系视角下政党宣传范式的转变与创新 / 023
问题四：政治传播视角下的跨境网络舆论场 / 043

二 网络与重构 / 059

问题五：网络舆情热点的总体特征和演变规律 / 061
问题六：基于关系网络视角的微博与微信舆论场特征研究 / 077
问题七：网络舆论的非理性及其因素研究 / 095
问题八：网络语境下舆论研究的反思与路径 / 107

三 方法与引导 / 123

问题九：大数据语境下民意研究的路径与趋势 / 125
问题十：微博舆论传播的复杂网络拓扑结构模型及其演化机制 / 143
问题十一：社会心态调适与网络舆论引导策略 / 163
问题十二：中国舆论治理的三维框架 / 175

作者简介 / 186

序

关于网络舆论场供给侧改革的思考

喻国明

导 读

经济领域的供给侧改革对现阶段网络舆情治理也有积极启示，即如何使网络舆论的生产与形成同时代和社会发展的现实要求更加吻合。在当前形势下，网络舆论场供给侧改革的关键在于"制定和构建一个关于舆论表达的规则体系"。

制定规则体系的基础是正确理解网络舆论及其生成机制的特征，其最关键的特征之一是复杂性。互联网激活了存在于复杂关系网中的个人，也为网络中的个人赋予权力。因此，在网络舆论场治理过程中，不仅要充分认识其复杂性，而且要在治理规则的建构中体现这种复杂性。

同时，舆论场是一个有机联系的整体，绝对禁止脏话、假话，甚至将脏话、假话称为"错话"的行为，这些行为容易剥夺个人自由的表达权、扼杀真理出现的可能性、破坏舆论生态的整体性。所以，要以"包容另类、尊重异见"的态度看待舆论场的复杂现象。

此外，任何有机系统都有产生、发展、消亡的演变规律，这种自组织性表现为自我调节、自我发展、自我成长。网络舆论场的自组织特性也对舆论场治理提出了要求，即要为舆情要素的自我发展留出相当的自由度和活动空间，要为涌现现象的发生创造激活自主性和表达空间的条件。

综上，从网络舆论场的复杂性、关联性、自组织性出发，网络舆论场治理的关键在于建立一个规则体系，而建立这个体系的前提则是尊重舆论特征及其运作规律。

一、体现复杂性的要求是当下网络舆情场治理的重中之重

网络舆情的治理现已进入到"供给侧"改革的发展阶段。"堵"与"疏"，遏制与供给是一个硬币的两个面，是辩证统一的整体。因此，如何使网络舆论的生产与形成同时代和社会发展的现实要求相吻合，是一个重大命题。我们知道，互联网作为一种"高维媒介"，是对于个人（权利、传播力、资源价值）的"激活"，网络舆论场的内容生产的主体是被激活的个人及个人联合体，因此，网络舆论场供给侧的关键是制定和构建一个关于舆论表达的规则体系。舆情管理者更多的不是通过内容的直接输出来管理和引导舆论，而是通过规制的构建、调整与实施来实现对于网络舆论场内容生产的总体把握与管理。换言之，有什么样的规制就有什么样的内容生产，而有什么样的内容生产便有什么样的舆论场的功能与价值的输出。

毫无疑问，任何有效而健康的社会治理都应是建立在对于客体的内在机制及运作规则的科学把握和恰切操作的基础上的，因此，理解网络舆论及其生成机制的特性，对于构建一个科学合理且有效的治理规制是最为关键的前提和基础。而基于互联网的个人被激活的舆论场的一个突出特性就是它由"关系赋权"新型社会资本运作之下的作为一个生态系统产物的"复杂性"。而所谓复杂性，简单地说就是诸多事物和要素的彼此缠绕和互相影响，从而形成一个彼此关联、整体功能不等于个体功能简单叠加的社会有机现象。而复杂性思维就是要求我们看到这些环节的关联与嵌套，并采取与之相称的对策措施。具体地说，复杂性逻辑的一个深刻内涵就在于，它是一个"牵一发而动全身"的整体构造，不能简单和机械地还原为一个一个个体和局部功能与价值的叠加。换句话说，一个元素或者局部的评价不能用就事论事的方式去处理和看待，必须还原到它所处的生态环境的整体链条中加以把握，才是科学的和正确的。

现代复杂性理论的探索告诉我们：在一个生态系统中，一些看似简单明了的要素通过分层、分叉和分支，进而被某种发展所锁定，然后被放大，于是一种原来谁都没当回事的微元素、小事件竟会演进为一场风暴、一个趋势、一种潮流……这正如一块手表、一支烟、某种场合下的一个笑容，居然在这种复杂的作用机制的作用之下成为一场卷动足以让一个机构、一个官员陷于一场政治风暴漩涡之中的滥觞。

诚如法国学者莫兰所言:"自然界没有简单的事物,只有被简化的事物。"①

由此,人们越来越深刻地认识到,复杂性在相当程度上阻碍着我们清晰和可靠地理解与把握事物未来发展的进程与结果,使我们在传统视野下对一个事物的发展过程的认识充满着不确定性,甚至它会以一种我们不曾预料的方式发生变故,乃至向我们发起攻击。因此,认识复杂性、并且在我们的治理规制的构建中体现这种复杂性的要求便是当下网络舆情场治理的重中之重。

二、理解网络舆情生态机制中的关联性,保护舆论成分的多样性

舆论场作为一个有机体,其内在的多元成分是关联在一起、无法拆解的——拆解了,它就不再是它了。这正如我们都喜欢伴侣身上的优点,但我们却无法把伴侣身上的优点和他(她)的缺点与不足拆解开去对待。要么整体接受,要么整体放弃,别无他途。只要伴侣身上的优点,拒绝伴侣身上的缺点和不足是无法做到的。同样的道理,绚丽多彩的网络舆情实际上是一个彼此关联、共生共荣的生态系统。众所周知,一个草原如果只有一种植物,一片森林如果只有一类动物,其命运必然走向沉寂和死亡。正如一位生态学者所说的,一堆堆牛粪或许在某些人看来是肮脏的和难以容忍的,但它对于一个草原的生态系统的平衡和可持续而言是不可或缺的。

譬如,我们在网络空间追求一种文明的表达形式,但这种追求不应当绝对化。目前没有任何一个国家把禁止说脏话或者禁止骂人纳入法律条文,因为它不具备可执行性。并且说脏话也是一种表达权利,虽然我们不提倡、不赞同,但它不应被剥夺,否则我们将陷入原教旨主义式的圈套。因此,网络秽语的不利影响不应被过度拔高。如果脏话可以和假话、偏激的话以及断章取义的话一同称为"错话"的话,那么我们在要求在网络舆论场禁止使用脏话的同时,是否也要同时禁止使用假话、偏激的话以及断章取义的话?且不论我们能否做到这一点,即使做到了,我们的社会就文明了吗?从历史上看,不允许一句"错话"存在的社会,必然是扼杀真理的

---

①〔法〕埃德加·莫兰:《复杂思想:自觉的科学》,北京:北京大学出版社,2001,137页。

专制社会。

显然,我们对文明表达的追求和对"错话"的包容之间并不存在矛盾。这就好比我们知道过量的三聚氰胺会对人体造成损害,但国家标准里却允许牛奶中存在微量的三聚氰胺。在不影响人体健康的前提下,在食品中加入限量的化学添加剂是被允许的。"纯而又纯"、没有任何微量重金属或农药残留的食品在当代生产环境中少之又少,难道我们要拒绝所有含添加剂的食品吗?骂人的话、偏激的话和片面的话也是如此,其危害度比食品安全、假冒伪劣等问题低得多。食品尚有一定的安全容错空间,不允许错误存在本身就是一种绝大的错误。任何标准都不能理想化,它必须与社会发展程度相契合,必须是合理、可行的。过于理想化的标准是一种对社会本身的戕害。任何真理的探索和表达,都是在试错过程中完成的,不允许说一句错话,犯一点错误,实质上是扼杀了对真理的探索和表达,一旦社会活跃度被禁锢,我们的社会能真正前进吗?因此从关联性的角度看,我们的网络舆论的治理规制必须顾及和尊重多样性的共处与兼容。概言之,在网络舆论场中,对于我们所不喜欢的"另类"因素的包容,与对于真理的追求其实同等重要。

三、促成网络舆论的自身成长和价值"涌现"

网络舆论场作为一个有机的生态系统,还有一个重要的特性,就是自组织功能。网络舆论场作为一个自组织的复杂系统,具有自我调节,自我发展,从简单到复杂,从幼稚到成熟的成长特性。这种特性又叫复杂性的动力学特征。网络舆论场的这种自组织特征告诉我们,我们的规制应该为舆情要素的自我发展留出相当的自由度和活动空间。不要用外在的强力过度地限制和干预,不要试图包办社会舆情要素的成长过程,而应令个人、集体和社会在自组织机制的作用下有机地成长,令舆情表达多姿多彩,在意见对冲与妥协之中实现"各美其美""和而不同"。

一方面,具体地说,对于网络舆论场的规制构建与治理逻辑而言,应该确立的一个基本原则是:"恺撒的归恺撒,上帝的归上帝。"即这种舆情规管要有一种边界意识,就像公权力对于私生活的干预应该是慎入的和被请求的,即所谓"民不举,官不究"。因此，并非一切不正确的或者我们认为不正确的舆论现象都要实施行政干预，动辄得咎是无法造成"知无不言言无不尽""言者无罪闻者足戒"这样一种我们党一贯倡导的心情舒畅、生动活泼的政治格局的。

另一方面，网络舆论场的自组织，需要一定的表达空间和自主性的激活机制，舆论生成的典型现象一般是以"涌现性"为特征的，所谓涌现性是指，在一个复杂系统的时间序列上的一种功能与价值的突然出现，而通过对于这种涌现现象发生机制的回溯，我们会发现，当初微小的价值碎片、甚至某个看似无意义的"垃圾因素"，在适宜的进化规则和生态催化下，可以成为一个个令人惊叹不已的奇迹。维基百科（Wikipedia）、优步（Uber）、空中食宿（Airbnb）的成长过程都呈现出涌现性的强大机制。研究表明，涌现现象的发生，对于初始条件的某些微殊极端敏感，对于进化规则的包容性也极端敏感。因此，尊重多样性、了解涌现现象的特殊形成机制，这些都是舆情生态系统供给侧改革的关键所在。

总之，对于一个有机、进化、自组织能力很强的舆论生态的成长而言，尊重规律的规制构建极为重要，其底线是让每一个舆论表达的个体都拥有一种免于"动辄得咎"的表达自由度。

前 言
网络舆论的概念认知、分析层次与调适原则[①]

张志安　晏齐宏

导 读

要充分释放网络对社会进步的推动功能、发挥网络舆论对社会治理的参考作用，需要重新认识网络舆论的本质内涵，科学研究和研判网络舆论，并实施有效的引导策略。

首先，网络舆论的概念认知，需要厘清其本质内涵。"作为结果的网络舆论"更多强调舆论表达所形成的观点和共识，但受制于各种复杂因素，网络舆论未必能体现整体民意。"作为过程的网络舆论"则更加强调舆论生成的过程和条件，指出舆论的形成需要理性的公众作为表达主体，需要充分保障公众充分表达的权利，需要体现不同群体的利益诉求。

其次，网络舆论的分析层次，需要关注情绪、态度和行为等多个维度。比如，情绪层次的分析需要明确情绪与情绪化的界限，态度层次的分析需要注重量变与质变的转化，行为层次的分析需要注重线上与线下的互动关系。

最后，网络舆论的引导策略，需要强化针对性、科学性和实效性。总体上，既要遵循信息传播的基本规律，又要整体转变引导范式，即从管理控制转向信息沟通、从短期信息调控转向长期心态调适。此外，网络舆论引导原则主要包括权威性、合理性、公共性。

做好上述三点，可以帮助我们总体性把握网络舆论的实质，建立网络舆论分析的主要方法，以及掌握网络舆论引导的关键策略。

[①] 本文首发于《新闻与传播研究》2016年第5期。

习近平总书记在"2·19"讲话中,针对新时期党的新闻舆论工作提出了48字工作方针。其中,"高举旗帜、引领导向,围绕中心、服务大局"是导向和方针,"团结人民、鼓舞士气、成风化人、凝心聚力"是目的和结果,"澄清谬误、明辨是非,连接中外、沟通世界"是手段和要求。他的讲话既具有系统性、全局性,也具有紧迫性和挑战性,对新时期尤其是新媒体语境下的网络舆论引导提出了更高的要求。如何准确把握舆论生态、尊重传播规律,真正创新传播形态、转变引导范式,是摆在党和政府面前的重要挑战。

围绕习近平总书记关于新闻舆论工作的讲话精神,学者们近期进行了多方面的解读,主要从我国面临的国内外严峻形势出发,总结党的新闻舆论工作面临的问题和挑战,强调舆论尤其是网络舆论在当前政府治理、社会发展中发挥的重要作用。具体议题包括:如何认识党的新闻宣传工作正在向新闻舆论工作的重要转变,怎样在舆论引导中坚持主流价值观、营造网络正能量,政府、媒体等多元利益主体的舆论引导机制如何建设和创新,网络环境下官方舆论场、民间舆论场、境外舆论场的结构性变化,舆论引导过程中的话语策略和范式创新等。

我们认为,要真正理解网络环境下舆论对于中国社会发展的重要意义,以及将网络对社会进步的推动作用进一步释放出来,需要我们重新认识网络舆论的本质内涵、科学地研究和研判网络舆论、实施具有实效性的引导策略。

一、概念认知:把握网络舆论的本质

习近平总书记在"4·19"讲话中指出:"老百姓在哪儿,民意就在哪儿。我国有7亿网民,传统方式和网络渠道共同构成了现在反映民意、了解民意、沟通民意的新途径。"网络是民意汇聚的重要平台,网络舆论也是整体民意的重要组成部分,对其概念、本质和意义的认知,有助于我们更好地理解民意。网络舆论直接反映出公众在网络空间中对社会议题的看法或观点。相比于传统媒体代表或建构舆论的环境,网络舆论的兴起对舆论生态产生了结构性影响。伍哈德·切尔德斯等在《公共舆论:特性、形式和作用》中总结了公共舆论的50种定义,并将其归于这样两个概念[①]：一是，在民主政治里，公共舆论的功能是在意见的形成和做出决定的过程中起到合理化的作用；二是，公共舆论作为社会控制的功能是整合社会，并且保证社会中的行动和决定达到足够的一致程度。该定义是从过程和结果两个角度对舆论进行的界定，由此，把握网络舆论的概念内涵，也可以从作为结果的舆论和作为过程的舆论来理解。

（一）作为结果的网络舆论：更加直观地反映真实民意

舆论，一般指公众针对公共事务而形成相对一致的看法和观点，与民意有共通之处。传统媒体主导的语境中，人与人之间的交流大多通过人际传播、大众传播等方式进行，由此形成的舆论大多是个体意见的加总。其中，人际传播受地域因素等限制，交流网络的信息流通性不强、同质性较高，并不利于展开激烈的辩论和充分的讨论；再加上讨论范围有限、意见影响力有限，无法形成真正意义上的舆论。而大众传播以新闻反映舆论，实则是对部分个体意见的反映，或者是对舆论的主观建构。总体上，传统媒体环境下人际传播和大众传播生发的舆论，主要反映的是"作为结果的舆论"。

网络环境下，互联网从信息传播平台发展为互动参与平台，为公众讨论提供了相对自由的交流氛围，公众拥有了前所未有的表达机会和表达空间，由此形成的舆论可以比较直接、真实地反映出部分民意。特别是随着 Web 技术从 1.0 走向 2.0，甚至向 3.0 的过渡，舆论不仅仅停留在原来的新闻舆论的阶段，而是真正进入了网络舆论阶段，即在相对宽松、低门槛的表达情境中经过激烈讨论而形成的意见汇聚。尽管囿于政治控制或技术偏向的因素，网络意见的表达未必足够自由和充分，舆论未必总是趋于理性或达成共识，网络舆论环境与哈贝马斯设想的理想的公共领域还有距离。但不得不承认的现实却是，相较于传统媒体主导的舆论环境，网络舆论生态的真实性、多元化和活跃度都已经有了质的提升。表达空间的自由、个体意见的交锋、不同观点的互动，这种"作为结果的舆论"更能够真实全面地反映民意。

严格来说，"作为结果的舆论"在网络舆论和民意的连接实现中具有极大的困难。网络舆论可以更加直接地反映部分民意，却无法体现整体民意，主要原因有

[①]〔德〕伊丽莎白·诺尔－诺依曼：《沉默的螺旋：舆论——我们的社会皮肤》，董璐译，北京：北京大学出版，2013，232-233 页。

二:一方面,大部分网络舆论尽管非常活跃、鲜活,但主要聚焦于层出不穷的热点事件,而非相对稳定的社会议题,因此更多是事件型网络舆论而非议题型网络舆论,由此,会极大地制约网民对公共事务达成共识性观点。另一方面,由于网民数量目前只占中国总人口的一半,当下应用最普遍的微博、微信、客户端和网络论坛等,最多也只是呈现了数千万或上亿活跃网民的意见,而非整体网民的观点共识。同时,当下的网络表达还面临诸多限制,相关部门在治理网络的过程中也时常采取行政干预手段,导致网民尤其是精英社群针对重大公共议题特别是敏感议题的表达还存在不少顾虑。从这个角度看,倡导"作为过程的舆论"更加侧重于强调网络上不同意见的互动交锋,也更加侧重于通过网络平台真实地反映社会民意。

(二)作为过程的网络舆论:更加积极地促进公众表达

舆论的生成要素包括舆论主体、舆论客体、中介、议题、场域、反馈等[①]。舆论客体和议题决定了舆论主体的表达态度,从而形成舆论场的整体氛围。传统媒体语境下,舆论更多针对政治议题特别是政府善治问题,并通过传统媒体的报道来发挥舆论监督的作用。公众的政治参与度普遍较低,容易将政府作为权威的化身、作为外在于自身的主体,公众与政府的关系更侧重于公众对政府权力的制约,而非其对公共表达权利的实践。

网络语境下,公众社会参与能力整体有了提升,不单参与政治公共事务等宏观议题的表达,更参与其他微观社会议题的讨论,尤其在收入、医疗、住房、教育等民生问题的表达中,公众的参与度普遍更高。对这些议题的关注和表达,发挥了一定的网络舆论监督作用,也扩大和实践了公众的表达权利。

默顿认为,舆论具有显功能和潜功能,显功能是那些对系统的控制产生的影响和客观的结果,是可以被有意识地感知的;潜功能指不是有意造成的影响和结果,也是不可被认识到的。传统媒体语境下,政府和媒体主要以新闻宣传的手段来开展舆论引导工作,舆论更多是扮演社会控制的角色。这种单向传播的方式不太注重满足受众的内心感受和信息需求,而是通过科层制的组织结构和主观性的报道策划来实现思想灌输、观念改造和社会动员,潜移默化地形成舆论对公众的约束力。在这种传统的舆论引导范式中,作为社会控制的舆论具有无形但强力的效应,

---

① 童兵:《舆论引导新格局的建构:体制和机制》,《当代传播》,2014(06),33-35页。

反映了传统主流媒体建构舆论的潜功能,也为社会发展和观念统合提供了相对有效的保障。

不过,网络环境为舆论的形成提供了新的表达和讨论空间,公众由过去相对被动的接收者变成了更加积极的消费者,其角色也从单纯的"消极受众"逐步转变成既接受信息又生产信息的"积极受众"。舆论形成的理想过程是,具有理性反思能力和公共关怀意识的个体,通过倾听他人的意见、不断反省自身,再通过相互讨论和观点博弈,达成较为一致的意见。由于这一过程更强调表达和讨论本身,所以不论共识能否达成,公众都能够从讨论中有所收获,包括提高对整个社会复杂性的认识,在尊重他人利益的前提下最大限度地维护个人合法权益等。所以,作为过程的网络舆论,可以更直接地发挥舆论的显功能,更好地促进和保障公共表达。

如果从作为结果的舆论看,互联网中个体利益诉求多而杂,网络上的舆论很难在绝对数量上达到一致。在这个意义上,互联网中的意见不能代表民意或歪曲民意的地方,要比现实社会的意见表达的情形多一些。[①] 但是,如果从作为过程的舆论看,互联网的开放平台确实提供了讨论的空间,也能够相对全面地反映不同利益的诉求。

二、研究路径:网络舆论的分析层次

网络环境下舆论的存在形态更为多样,民意的表现方式也更为丰富。这就要求网络舆论的分析更加全面、科学和精细。对于网络舆论的分析要把握舆论类型背后的逻辑,提出更具有研究价值的分类体系,从而有利于更精准地把握民意。

一般来说,舆论有潜舆论、显舆论、行为舆论等三种存在形态。潜舆论是指存在于特定事件发生之前的公众对社会事物的既有情绪和意见,显舆论是指事件爆发后得到公开表达的各种意见,行为舆论是以行动作表征的意见。[②] 网络环境下舆论存在形态发生了变化,比如潜舆论显性化、显舆论复杂化、行为舆论虚拟化等特点,同时更应该注重情绪分析的视角引入。[③] 由于网络舆论的层次更为丰富,

---

① 陈力丹、林羽丰:《再论舆论的三种存在形态》,《社会科学战线》,2015(11),174-179页。
② 陈力丹:《舆论学——舆论导向研究》,上海:上海交通大学出版社,2012,33页。
③ 陈力丹、林羽丰:《再论舆论的三种存在形态》,《社会科学战线》,2015(11),174-179页。

具体分析不同层次的网络舆论，可以从必要性和可操作性两个方面来考量。

第一，网络空间的交互性和涌现性，是网络舆论层次性研究的动因。

交互性是人的基本特征和行为规则，交互的介质是信息，个人通过符号与他人互动从而形成社会系统。网络环境中的交互具有多样性，有人际关系的交互、意见观点的交互、人机互动的交互、情感思绪的交互、现实虚拟的交互等。由此网络社会呈现多元复杂的状态。同时，网络社会较为开放，规则和约束较少，新奇和涌现现象不断出现。涌现的本质是由小生大，由简入繁，也有可能不合规则，于是"天朗气清"和"乌烟瘴气"的状况都可能出现。网络社会的多元复杂与涌现现象的合规则化，对网络舆论的分层次研究提出了较高的要求。

第二，基于计算机的网络分析技术，是网络舆论层次性研究的基础。

传统社会对潜舆论的考察比较困难，特别体现在对情绪的测量方面，而以互联网为代表的新型技术的发展，为不同层次的舆论测量提供了契机。网络技术使一切网络信息代码化、数据化，包括情绪在内的任何网络信息都有量化的可能性。以情绪分析为例，情绪在网络平台上实现了时间和空间的切实存在：从时间上看，网络的实时记录可以保存情绪的历时性变化动态。从空间上看，以情绪为代表的潜舆论以文本的方式存在于网络平台上，并将这种看不见的意见气候"实物化"，将现实中个人普遍存在的情绪代码化。同理，网络也为其他层次的舆论提供了测量的可能性。随着社会结构性矛盾的加深、参与平台与机会的增多、公众参与能力的提高，社会舆论越来越具有情绪性、观点性、行动性的趋向。依托于互联网平台的网络舆论更是将社会舆论的特性显性化和外在化，由此网络舆论的层次也更为丰富。我们认为，网络舆论研究可以从情绪层次、态度层次、行动层次等三个层次入手。

（一）情绪层次的网络舆论研究，需明晰情绪与情绪化的界限

"情绪"是指个体或群体对某一特定事件的心理体验和情感反应，是一种正常的生理—心理反应。情绪不同于情感、感性，但三者常常被混淆，进而将情绪与理性对立。实际上，情绪不一定是非理性的，理性的并不一定是非情绪的，情绪与非理性之间并不存在对等关系。当然，情绪化和理性化存在对等关系，情绪化一定程度上是非理性的。情绪的产生经历了"认知—评价"的过程，情绪是人与环境相互

作用的产物，人们的情绪会改变对事件的认知，形成不同的社会舆论态势。① 情绪化则是带有情绪地对特定事件的认知过程，具有非理性特征。

对情绪层次网络舆论的分析，要从语法层面走向语义层面，这就要求特别注意情绪词语代表的真实含义及其现实映射。在具体分析中，情绪词典的建构要有针对性和代表性，如愤怒、失望、同情、理性、不信任等。情感挖掘与分析中要注重情绪构成的比例及其在动态演化过程中的强度变化，找到网络情绪转化为情绪化表达，甚至转变为态度和行为舆论的节点，以便于探测出是正常的情绪还是已经过渡到情绪化的阶段。同时，也要注意极端情绪研究对认识社会的重要意义，有学者以用户为单位分析极端情绪，其研究在一定程度上弥合了以用户为中心的研究和以话语为中心的研究之间的隔阂，有助于加深我们对中国网络社会的认识。②

（二）态度层次的网络舆论研究，需注重量变与质变的转化

网络舆论较为理想的状态是公众针对某一议题进行充分的讨论，而要达到相对一致的意见，则是通过态度变化这一中介因素实现的。从是否表达的角度看，态度是潜在的、隐蔽的心理预设或倾向，可以通过意见或行为来推断。从核心内容的角度看，态度更多地指向情感和情绪。从产生环境的角度看，态度是受到普遍刺激而产生的综合的、固定的反应倾向，是意见产生的固有原料和深层动机③。

态度的变化包括量变和质变。按照态度变化的结果和态度变化的原因看，则包括两个层面的量变和质变。

从态度变化的结果看，态度变化包括程度和方向的改变，可以分别视为态度的量变和质变。从心理学角度讲，从人的本性出发探讨个人在意见环境中的态度变化，反映了讨论的结构化效应。麦奎尔从态度的角度出发认为，大众传媒效果类型包括无变化、小变化、强化、结晶、改变等。同样，网络舆论中经过相互讨论，个体或坚持原来的意见，或被其他意见所同化，或对某一事件的意见更为强化等，也是量变与质变的体现。在具体分析中，要找到量变达到质变的阈值，争取使正面态度保持在阈值之内，使负面态度跨越阈值向正向方向发展。

---

① 张静、赵玲：《论网络舆论理性化与情绪化的博弈》，《现代情报》，2013（06），14-18 页。
② 桂勇、李秀玫、郑雯、黄荣贵：《网络极端情绪人群的类型及其政治与社会意涵基于中国网络社会心态调查数据（2014）的实证研究》，《社会》，2015（05），78-100 页。
③ 于家琦：《"舆情"社会内涵新解》，《天津大学学报》（社会科学版），2011（02），164-167 页。

从态度变化的原因看，影响态度变化的内生性因素和外生性因素，可以分别视为态度的量变和质变。在态度层次的网络舆论研究中，内生性因素指个体既有态度的影响因素，如兴趣偏好、议题认知、社会信任度、意见坚持度等，是个体态度的基准线；外生性因素指舆论过程中生发的态度的影响因素，如舆论议题、讨论氛围、媒介环境等，是在内生性因素基础上舆论过程对个人态度的影响，反映的是态度增量的变化。在具体分析中，还要注意区分是个人既有的态度倾向还是舆论生发的态度改变。

（三）行为层次的网络舆论研究，需实现线上与线下的整合

现实社会中以集体行为为代表的行为舆论非常活跃，以互联网为中介的行为舆论更是此起彼伏。这里的行为舆论，不仅表现为由网络引发的现实集体行为，也表现为现实集体行动者在互联网上进行的话语抗争。特别是随着移动互联网的兴起和普及，公众可以实时直播集体行动，也可以通过转发、评论等参与话语抗争。由此，基于互联网的线上抗争行为舆论和以互联网为中介的线下集体行动，成为研究网络舆论的重要层次。

总体上看，线上线下的互动机制大致有三种：其一，作为组织工具，通过网络发起线下政治活动；其二，线上带动线下，网络作为平台，直接进行线上活动，进而带动线下活动；其三，线下带动线上，传统线下活动组织为了拓展其活动范围，扩大活动规模，将线下活动复制到线上。当然，第一种作用机制中，网络只起到联络作用。第二、三种机制中，网络起到了关键性作用，实现了现实与虚拟的互动，促进了公众的社会参与和集体行动。有研究者运用英国 2003—2005 年进行的牛津互联网调查数据研究发现，现实政治参与比网络政治参与更具有适应性，网络促进线下政治参与，线下积极参与者也会积极参与网络活动。[①] 线上抗争行为舆论体现了线下对线上的影响，而以互联网为中介的线下集体行为体现了线上对线下的影响，因此分析过程中要实现线上和线下的整合，注重对其互动关系进行深度研究。

---

① Di Gennaro, C., Dutton, W., "The Internet and the Public: Online and Offline Political Participation in the United Kingdom", *Parliamentary Affairs*, Vol. 59, No. 2, 2006, pp.299-313.

三、调适原则：网络舆论的引导策略

认清网络舆论的本质、分析不同类型的网络舆论，进而提出具有建设性和实效性的引导策略是网络舆论研究的价值体现。网络舆论引导要顺应系统运作规律，将互联网视为利益协调平台及对话沟通的重要机制。当前，网络舆论引导面临着新挑战，如表达者的群体失衡和复杂诉求、平台的割裂与传播的偏向、观点的分化和共识的缺乏，[1]这也对网络舆论引导提出了更高的要求。所以，要在把握网络舆论本质和研究维度的基础上，根据社会不同系统的运行规律与舆论主体的利益诉求，探索和总结相应的调适原则与引导策略。

（一）遵循网络舆论引导的系统规律

网络舆论通过表征信息意涵、展示个人心理，从而反映社会现实。网络舆论引导要遵循信息系统、心理系统、社会系统的运行规律，突破传统舆论引导的瓶颈，从管理控制主导转向信息沟通主导，从短期信息调控转向长期心态调适。

首先，网络舆论引导要从信息管控主导转向信息沟通主导。网络环境下，舆论引导要从舆论管理理念转向舆论引导理念。当下中国社会存在结构性的利益失衡和发展矛盾、部分群体的心态比较消极、社会信任结构面临失衡风险等问题，基于这些社会性问题而生发的舆论，仅仅靠强势管理或控制的方式进行舆论引导，无法真正起到良好的效果。由此需要从传播、信息的角度，以信息为中介，以沟通为机制，展开理性的对话和具有说服力的交流，在尊重公众独立思考和理性意志的基础上促进共识的达成。

其次，网络舆论引导要从短期信息调控转向长期心态调适。短期信息调控能够为舆论场提供新能量，驱动舆论场的演化和发展。但是短期信息调控通常主要是对具体事件和议题的"运动式"调控，可以解决"入眼"清朗的问题，无法达到"入脑入心"的说服效果。比较而言，社会心态具有即时性、动态性、直接性等较"表面性"的特征，是较易被感知、被认识到的心理层面的内容。[2] 社会心态也是整个社会的情

---

[1] 张志安、张美玲：《互联网时代舆论引导范式的新思考》，《人民论坛·学术前沿》，2016（05），16-23页。

[2] 马广海：《论社会心态：概念辨析及其操作化》，《社会科学》，2008（10），66-73页，189页。

绪基调、社会共识和社会价值取向的总和,这三个层次是由表及里的。① 对社会心态的研判,可以由表面的社会情绪基调深入到内里的社会共识甚至社会价值取向。通过研究社会心态,更容易把握个人的社会心理和公众对社会的整体评价,超越短期的信息调控、实施长期的心态调适,有利于构建舆论引导的长效机制。

(二)坚持网络舆论引导的导向原则

舆论演进的过程实际上是各利益主体不断进行博弈的过程,要达到理想的博弈状态,需要网络舆论引导以充分发挥各主体的功能、充分尊重各主体的利益为原则,即坚持权威性、合理性、公共性导向。

1. 权威性导向:发挥舆论引导主体的能动性,以理性话语调节情绪化表达

一方面,要逐步提高公众的理性认知能力。舆论引导主体主要包括政府、媒体、意见领袖,在具体引导中,政府要加强与公众的意见交流,以开放、透明的态度公布政府信息,提高公众对政府的信任度以及政治效能感。媜体要对公众普遍关注的、关系到社会长久发展的议题进行议程设置,运用社会深层意识解释客观事件,超越审视问题时简单的非黑即白立场,努力用理性思维客观地剖析问题,以更好地提高公众对社会复杂性的认识水平。

另一方面,要积极疏导公众的极端情绪。当前,网络舆论场存在泛政治化、泛道德化、泛娱乐化的情绪化表达,只有依托于政府、媒体、网络意见领袖这些具有权威性和影响力的主体引导,才能最大限度地遏制情绪扩散、疏导极端情绪,引导更多公众进行理性化的表达。对于极端化的情绪,要运用更为有效的话语方式,建立情绪应对的"话语包",不讲假话、大话、空话,更多运用理性、朴实、平等的公共话语,以事实来说服人,以理性来引导人。

2. 合理性导向:重视舆论引导的方法论,以科学性提高效用性

一方面,要基于数据挖掘和计算机技术,最大限度地了解公众的真实诉求。按照统计学和概率论的原理,如果对不同群体、不同议题、不同交互平台进行精准的

---

① 杨宜音:《个体与宏观社会的心理关系:社会心态概念的界定》,《社会学研究》,2006(04),117-131页,244页。

统计分析，可以在一定程度上把握相对具有代表性的舆论。值得注意的是，社会化媒体正在对舆论研究产生重要影响，①比如，公众的舆论表达机会较传统媒体平台得到了更大的提升，研究者能够更为全面地获取公众的意见信息；社会化媒体的数据采集数量与传统的调查等数据获取方式相比呈指数倍上升，研究者有机会从非抽样的数据中挖掘公众舆论的某些新的规律和特征。其实，即便不做科学研究，只要能够保持比较活跃的网络使用率和网络参与的主动性，就能更贴切地了解网络舆论的基本态势。

另一方面，要把握舆论发展和演化的规律，建立舆论引导的长效机制。一是要注重突发事件中的舆论引导。要针对不同阶段进行适度干预，如事件发生前，政府要尽量做到信息透明，健全新闻发布机制，减少不必要的误解，同时建立必要的风险预警和舆情监测机制；事件发生初期，首要任务就是公开信息，及时讲真话，避免谣言扩散和风险放大。二是要注重倾听民意、了解民心、容忍民怨。如果领导干部能经常性地倾听网民的意见，既能够从不同声音中找到公众关切的焦点，及早地发现和解决问题，也能够增强对不同意见的包容意识，避免处理突发事件过程中一些不必要的冲突和情绪。

3. 公共性导向：尊重舆论引导对象，积极回应民众诉求

一方面，要基于表达自由建构宽容的话语策略。表达权是公民的基本权利之一，网络为公民实践表达权提供了良好而便利的条件。网络舆论形成的前提是公众在相对宽松的环境下进行自由的表达和激烈的讨论，因此，舆论引导过程中要尽可能地尊重公民的表达权。同时，对公众不恰当或非理性的表达要有更多的包容。正如习近平总书记所描述的那样："网民大多数是普通群众，来自四面八方，各自经历不同，观点和想法肯定是五花八门的，不能要求他们对所有问题都看得那么准、说得那么对。要多一些包容和耐心。"

另一方面，要基于社会主流价值，通过扩大对话来凝聚共识。网络舆论场正能量的释放，必须首先围绕关乎公共利益和社会发展的重大话题进行公共表达、凝聚社会共识。在这方面，主流媒体的主要使命就是积极生产网络内容、加强网络文化建设，运用更加创新的形态和更加有效的方式来积极弘扬核心价值观，同时，也要

---

① 张伦：《受众、内容与效果：社会化媒体公共舆论传播的国际研究》，《新闻记者》，2014（06），32-37 页。

着力于加强舆论引导的"时、度、效"。如习近平总书记在"8·19"讲话中指出,要"把握好时、度、效,增强吸引力和感染力,让群众爱听爱看、产生共鸣,充分发挥正面宣传鼓舞人、激励人的作用"。

四、结语

深入学习和落实习近平总书记的系列重要讲话精神,既需要学者的科学研究和规律探索,也需要政府和相关行动主体的观念变革和积极实践。我们在对网络舆论进行"作为结果的舆论"和"作为过程的舆论"划分的基础上,更需要把握网络舆论的现实意义,把网络舆论跟舆情、民意等概念结合在一起辨析和分析,并真正理解舆论对社会发展的民主功能。网络舆论研究的层次性分析中,要注重研究的科学性和现实性,既要对网络数据进行更科学的挖掘,又不要单纯被网络舆论所左右。总体上,挖掘方法和社会洞察必须有效结合,线上舆论和线下舆论应该有效对接。在科学引导策略上,需要发挥舆论引导主体的权威性、研究本身的专业性、舆论引导对象的公共性,探索专业化、科学化、实效化的网络舆论引导新范式。

一　历史与时空

"舆情、舆论、民意"等词的定义与变迁
近现代中国"舆论"语义内涵的演变
关系视角下政党宣传范式的转变与创新
政治传播视角下的跨境网络舆论场

问题一

"舆情、舆论、民意"等词的定义与变迁[①]

杨斌艳

导　读

"舆论""民意"这两个经常混用的概念有何关系？其与近年流行的"舆情"有何区别？学界、业界、日常生活对其使用有何不同？

从学界角度看，虽然港台习惯使用"民意"，而内地习惯使用"舆论"，但二者存在更为深层的差异，即"民意"的词义内涵强调来自民间或大众的意见，而"舆论"一词的词义内涵更多与大众媒体发表的意见相联系。在业务实践中，采用舆情监测软件抓取的信息一般称之为"舆情"。而在传播媒介高度融合、自我表达深度嵌入的背景下，媒体意见（原有定义的"舆论"）和普通公众意见（原有定义的"舆情"）已经交融渗透在一起。那么，通常所称的"网络舆情"是代表媒体舆论还是代表大众民意呢，这个问题值得我们思考和审视。

日常生活中，我们对"舆情""舆论""民意"并未严格区分，特别是后两者经常被混用。通常，人们对"舆论"与"舆情"的内涵理解有所差异：舆论更多被视为媒体的意见，舆情则更贴近民意。但严格来讲，网络舆情不等于民意、舆论不等于媒体意见、舆论不等于民意。

总之，舆论、民意等相关概念要随着时间和实践的发展而不断调整，由此发挥其对概念本身的解释和阐述问题的意义。

[①] 本文首发于《新闻与传播研究》2014年第12期。

当前,"舆情""舆论""民意"这三个词的使用频率非常高,学界大部分关于这三个词的研究和辨析都会溯源到同一个英文词"public opinion",而国内学界常见的对于"public opinion"的翻译和使用还不仅仅限于这三个词,"公众意见、公共意见、公众舆论"等等也比较常见。这三个词能否以新闻传播学科基本名词进行概念建构和明确定义?能否通过学科名词的定义为三词的规范使用建立标准?本文认为还需要讨论词语背后更多的词源历史和惯用实践。

一、词义渊源与惯用实践

近几年,舆情、舆论研究再度升温,相关讨论成果显著。多数研究者认为港台使用的"民意"一词更为流行和普遍,不少港台学者坚持把"public opinion"译作"民意"而非其他语词。[①] 在大陆学者看来,"民意""舆论"或"舆情"一词的使用较为混淆。整体而言,更多人喜欢使用"舆论""公众舆论"这样的表达,而把"民意"多对应于民意调查、民意测验。新闻传播研究领域则更喜欢用"舆论""公众舆论"。"舆情"一词虽然古已有之,但是随着近几年网络舆情监测开始流行,"舆情"一词再次被广泛使用,然而一般的词典中还未有将其作为词条进行规范的定义和详细解释。

以《中国大百科全书》为例来看"舆情""舆论""民意"三词的词条收入和定义,会发现其中只有"舆论"一词,没有"舆情""民意"这两个词条,但是收有"民意测验"词条。该书第一版和第二版中都有"舆论"词条,在《中国大百科全书》第一版中,"舆论"作为词条,分别在心理学卷和新闻出版卷出现了两次。新闻学卷"舆论"词条的作者是甘惜分,他给出的该词的定义是"公众的意见或言论",紧随定义之后的是 2 500 多字的关于"舆论"的解释和阐述。甘先生从"舆"字开始说文解字:"舆"字的本义为车厢或轿,又可以解释为众、众人或众人的……"舆论"作为一个词组,最早见于《三国志·魏·王朗传》……其中"舆论"即公众的

---

① 邵书锴:《"公共舆论"还是"公众意见"?——兼对 Public Opinion 术语不同翻译的商榷》,《国际新闻界》,2009(10),22-26 页。

言论，或公众的意见。①作者通过中国古代和欧洲古代的历史说明舆论的观念在中西古已有之。2009年出版的《中国大百科全书》第二版直接按照字母排序，并没有对词条进行学科归属的划分，其中明确将舆论与媒体相关联，"舆论通常指在一定范围内的多数人的意见；有时也特指大众传播媒体发表的意见，人们常把媒体视为舆论的承载者"②。

笔者查阅了10多部辞典，发现将"民意"作为独立词条的比较少见。③较为典型的是1986年出版的《政治学辞典》。该词典对"民意"的解释如下："指社会大多数人对于某一事件或某项政策表现出的带有共同倾向性的态度和愿望。它是一种自发的、不系统的、不定型的社会意识。"④1993年刘建明主编的《宣传舆论学大辞典》写道："民意又称公意、公言、民心。是人民整体意志的象征，全体人民的追求所凝成的力量。一种笼罩整个社会的表层意识。是人民意识、精神、愿望和意志的总括，是社会舆论这一意识现象的主导部分。"⑤另有，1988年的《社会心理学词典》、1992年孔祥军的《公共关系大辞典》和刘建明主编的《应用写作大百科》中也出现了"民意"词条。一些学者把民意、舆论与公共关系联系在一起，比如：中国社会科学院新闻研究所于1989年出版的《揭示公共关系的奥秘——舆论学》（孟小平著）；1992年孔祥军主编的《公共关系大辞典》中也收有"民意"词条。学者们以公共关系视角给出的民意的定义是："社会成员对其关心的政治、经济、社会问题所持有的态度和意见。是国家实行的大政方针和政策在一定社会成员中的知悉、理解、影响的反映，既是国家调整政策的基础，也是国家做出新的决策的前提和根据。"⑥

从以上各类词典的词条来看，"舆情"作为词条，在辞典中几乎看不到，"民意"更多的是港台学者对"public opinion"使用的一种习惯，在国内的传统和习惯下，较少作为一个独立的词条出现，而多以"民意调查""民意测验"的复合词形式出现。

---

① 中国大百科全书总编辑委员会：《中国大百科全书·新闻出版卷》，北京：中国大百科全书出版社，1990，457页；中国大百科全书总编辑委员会：《中国大百科全书·心理学卷》，北京：中国大百科全书出版社，1991，524页。
② 中国大百科全书总编辑委员会：《中国大百科全书》（第27卷），北京：中国大百科全书出版社，2009，210页；中国大百科全书部编辑委员会：中国大百科全书（第16卷），北京：中国大百科全书出版社，2009，110页。
③ 查阅《中国大百科全书》一版、二版，《新闻学大辞典》《新闻传播百科全书》以及几个版本的社会学辞典、几个版本的公共关系辞典，都没有"民意"这一词条。
④ 丘晓等主编：《政治学辞典》，成都：四川人民出版社，1986，168页。
⑤ 刘建明主编：《宣传舆论学大辞典》，北京：经济日报出版社，1993，336-337页。
⑥ 孔祥军主编：《公共关系大辞典》，太原：希望出版社，1992，74页。

而"舆论"一词则较为普遍地出现在多种辞典词条中,而且已经形成了较为明确的所指和内涵,舆论学也成为新闻传播领域的重要话题之一,并被广泛研究和讨论。作者认为,"民意"和"舆论"不仅是一个港台和大陆使用习惯的问题,港台学者将"public opinion"翻译成民意所使用的词义内涵,其实也不同于大陆使用"舆论"的词义内涵,所以这也不仅仅是一个不同翻译习惯的问题。"民意"的词义内涵强调来自民间或大众的意见,而"舆论"一词的词义内涵更多与大众媒体发表的意见相联系。

二、"舆情"作为流行词的再现

2008年中国开始流行网络舆情监测,很快,网络舆情监测和研究成为一个专门的行业在国内迅速普及,"网络舆情""舆情"也演变成流行词汇和专门词汇。天津社会科学院舆情研究所王来华等人,则在更早的几年前就开始关注舆情方面的理论研究,他们对于"舆情""民意""舆论"三个词做了一些从词源开始的回溯和辨析。他们的研究指出:"'舆''情'两字的连用,最初应是指百姓的情感、情绪。在现在的《新华字典》中,也采用了这个解释。在《辞源》中,则把'舆情'解释为'民众的意愿'。"[1]他们研究了关于"舆情"一词起源的古文献,指出,据现有文字记载,"舆情"一词的最早使用在中国唐朝,出自《全唐诗》中唐诗人李中所作《献乔侍郎》一诗:"格论思名士,舆情渴直臣。"[2]并研究指出,古人关于"舆情"一词的使用,其基本含义是指民众的意愿。

而当前"舆情"一词不仅是社会流行语,而且在研究领域也被广泛使用。以国家社科基金立项项目为例,2005年至2013年的立项中,有关舆情的项目达80项,其中48项为网络舆情项目。"舆情""社会舆情""网络舆情""微博舆情"等等都直接出现在研究项目的题目中。同时,"舆论""网络舆论""微博舆论"这些词汇也广泛出现在国家社科基金的项目题目名称中,有关舆论的研究题目从1992年持续到2014年。[3] 2005年开始,尤其是2008年以后,随着"舆情""网络舆情"等以舆

---

[1][2] 王来华、林竹、毕宏音:《对舆情、民意和舆论三概念异同的初步辨析》,《新视野》,2004(05),64-66页。

[3] 通过国家社科基金数据库检索,以题目中含"舆情""网络舆情""舆论"等进行检索的结果,http://gp.people.com.cn/yangshuo/skygb/sk/index.php/Index/search。

情为词组的相关词汇在中国的普及和广泛使用,引发了学界关于"舆情""舆论""民意"词义的重新辨析和思考。①

当我们通过考证和研究,认同古人关于舆情是指民众的意愿的基本内涵时,我们更不能忽视当前网络舆情行业的实践。现在绝大部分的网络舆情和舆情研究机构主要依托搜索引擎技术在互联网上抓取目标信息,然后对其分析。这样就出现了一个新的问题:舆情监测软件抓取的信息一般被视为舆情,但是在互联网传播深度渗透,各种传播媒介高度融合的今天,互动、社交、自我表达已经成为深度潜在传播过程和互联网运用的各个层面及各个信息扩散过程中的习惯行为,在人人都可以参与和表达的媒介环境下,我们其实很难区分媒体的意见和普通公众的意见。作为原有定义的"舆论"(主要指媒体意见)和"舆情"(主要指民众的意愿)其实已经交融在一起,并互相渗透。所以现在通常所称的"网络舆情"是代表媒体舆论还是代表大众民意,其实已经成为一个非常复杂的问题。

三、词定义的重新审视

简而言之,"民意"一词在各类词典中出现频率极低,定义较为笼统。"舆情"一词只用于学术讨论,没有被作为词条。"舆论"一词在新闻传播学中已有较广泛的定义和使用,但是其定义也有不同侧重和表述。

"舆论"一词虽然在各类词典中都比较普遍,但是也没有统一的定义,从两版《中国大百科全书》的定义来看,第一版甘惜分的定义,比较偏重于公众意见这样的广义,更靠近社会学、政治学的定义,将新闻传播、大众媒介只是视为反映舆论、形成舆论和引导舆论的工具,"舆论是新闻报道的重要内容,新闻报道是舆论传播的主要方式"②。在详细的阐释中,甘先生集中了比较常见的关于"舆论"的五种定义,最后总结道:"有多种关于舆论的定义。……虽然众说纷纭,但有以下共

---

① 王来华、林竹、毕宏音:《对舆情、民意和舆论三概念异同的初步辨析》,《新视野》,2004(05),64-66页;李昌昊:《民意之概念检讨及其价值探寻》,《中共南京市委党校学报》,2009(01),60-67页;张元龙:《关于"舆情"及相关概念的界定与辨析》,《浙江学刊》,2009(03),182-184页;王来华、冯希莹:《舆情概念认识中的两个基本问题》,《天津社会科学》,2012(06),73-76页。
② 中国大百科全书总编辑委员会:《中国大百科全书·新闻出版卷》,北京:中国大百科全书出版社,1990,457页。

同点：(1) 舆论是一种公众的意见；(2) 这些意见涉及多数人普遍关心的重要问题；(3) 表达这些意见的人们具有共同的利益。"①而在第二版的《中国大百科全书》中，则将"舆论"分为广义的公众意见和狭义的媒体意见，并对何种公众意见才能称为"舆论"给了"七要素"②作为判定方式，意在说明"舆论"只是符合"七要素"的公众意见，而不是所有的公众意见都能称为"舆论"。当前，新闻传播学界对"舆论"一词给予较为细致全面定义的是陈力丹，他的定义为：舆论是公众关于现实社会以及社会中的各种现象、问题所表达的信念、态度、意见和情绪表现的总和，具有相对的一致性（有一定数量规模）、强烈程度和持续性，对社会发展及有关事态的进程产生影响，其中混杂着理智和非理智的成分。这一定义融入了"舆论七要素"，对公众意见进行了限定性的定义。

"舆情"的概念还不明确，用法更为多样。王来华等在研究了"舆情""舆论""民意"三者的概念差异后，认为"舆情"的政治指向性更为明确，更关注意见背后的社会学、政治学变化的过程，而"舆论"则更关注传播过程和传播学变化的构造和后果；"舆情"更多是民众的社会政治态度，"舆论"不仅包括公众的"声音"，而且包含了国家或政府的"声音"以及媒体自身的"声音"。他对于"舆情"的概念曾做过如下定义：舆情是指在一定的社会空间内，围绕中介性社会事项的发生、发展和变化，作为主体的民众对作为客体的国家管理者产生和持有的社会政治态度。③这一定义对客体提出了较为明确的限定，即"国家管理者"，而其他的定义少有对客体的这样规定性的界定，一般泛指现实社会，以及各种社会现象、问题等，即"公众议论的对象"。④两种定义其实有明显不同的意见客体指向，王来华的定义明确了舆情是民众对人群/组织（国家管理者）的态度，而其他定义多是指民众对社会事件、社会现象的态度。

就当前中国的舆情实践来看，"现实社会，以及各种社会现象、问题"这样的客

---

① 中国大百科全书总编辑委员会：《中国大百科全书·新闻出版卷》，北京：中国大百科全书出版社，1990，457页。
② 舆论形成七要素：(1) 舆论主体；(2) 舆论客体；(3) 舆论自身；(4) 舆论需要有一定量的边界（主导意见达到三分之二）；(5) 舆论总要有一定的强烈程度；(6) 舆论一经形成，总要持续一段时间，少到数小时，多至数年；(7) 任何被称为舆论的意见，总要对舆论客体产生各种形式、或大或小的影响。参见中国大百科全书总编辑委员会：《中国大百科全书》(27卷)，北京：中国大百科全书出版社，2009，210页。
③ 王来华：《"舆情"问题研究论略》，《天津社会科学》，2004（02），78-81页。
④ 中国大百科全书总编辑委员会：《中国大百科全书》(第27卷)，北京：中国大百科全书出版社，2009，210页。

体界定更为适用些,也就是通常所说的,舆情是以公众对公共事件的态度为主,而这种态度并不一定直接指向政府(国家管理者)。王来华认为,"舆论"更关注传播学变化方面,"舆情"更关注社会学、政治学变化方面。[①]国家社科基金112个"舆论"相关项目中,有72项属于新闻传播学,占到64.3%;而以"舆情"命名的项目中,新闻传播学的比例为1/3,其他项目则涉及图书情报学、政治学、社会学、管理学、党政管理等多个学科。

四、思考与讨论

以"public opinion"进入中国后的发展路径作为一种观察视角,可以看到,在"public opinion"的概念最初进入中国时,新闻传播学领域对"public opinion"进行的相关跟进和研究比较多,当时传统媒体在中国处于意见领袖的强势地位,所以在一定时期内形成了传播学、新闻学和舆论学密切相关的发展现实。而互联网传播发展起来后,中国民众发表言论和参与公共事件讨论的机会越来越多,这种民众关于中国社会公共问题的网上讨论和表达参与,慢慢生成了所谓的"网络舆情",通常简称为"舆情"。所以,现在对于"舆情"一词的使用其实是新时代对于旧词的重新挖掘和赋意。虽然学者引经据典,能够将"舆论""舆情"二词的发源联系到一起,但在当前的现实生活中,人们对"舆情"和"舆论"两个词还是存在着较为明显的内涵理解上的差异:舆情更贴近于民意,是从普通民众中挖掘的意见和声音,在当今中国,人们更容易把基于互联网的各种民众自生产内容(跟帖、论坛、博客、微博、微信等平台的内容)视为舆情,认为其是民意的方便和直接反映;而将舆论更多地视为媒体机构、媒体组织的意见和声音。需要强调的是,现在服务于社会的舆情监测、舆情公司等产品和报告,所监测和抓取的既有传统媒体网站的内容,也有论坛、博客、微博、微信的内容,而这些内容既包括媒体的意见,又包括普通网民的意见。

当下对"舆情""舆论""民意"的使用较为混乱,存在众多的误解和误用。尤其是对于舆情,人们经常是不做定义,或者直接将舆情与舆论对等,进而将网络舆

---

① 王来华:《"舆情"问题研究论略》,《天津社会科学》,2004(02),78-81页。

情等同于舆情；或者将舆情等同于民意，进而将民意等同于舆论；或者将舆情等同于媒体舆论，进而将这个媒体默认为互联网；甚至有一些观点直接将舆情对等于媒体（尤其是互联网）上的负面信息、对政府或公共组织的批评意见或突发社会重大事件等等。很多舆情公司的监测是以网上传播的量来发现和定义舆情事件的，所以舆情很多时候成为短时期网上集中讨论或传播的话题或事件（这里隐藏了两种危险逻辑：一是传播量大的是否一定是公共事件；二是重大公共事件是否传播量一定足够大，能被监测发现）。对于舆论和民意虽然已有很多年的传统和西方舆论学理论的影响，但是其使用也非常模糊，最常见的是将舆论等同于媒体，或将舆论等同于民意。就以上常见混淆使用现象，以下从三个方面进行简单辨析。

首先，网络舆情不等于民意。虽然中国网民规模已经达7亿，但是并不是所有网民都热衷于在网上交流和发表意见，而且在网上交流和讨论的内容不一定都是公共事务，因此，将网络舆情等同于民意，存在较大偏差。其次，舆论不等于媒体意见。在我国舆论学研究的传统中，虽然有将舆论狭义地等同于媒体意见的定义，但是，更多的是将舆论视为一种满足一些特殊条件后的公众意见或大多数人的意见，"舆论七要素"判别法，就是通常所用的判断何种公众意见可以成为舆论的基本条件。但是在这"七要素"中并不包括大众传播媒体意见，将媒体视为舆论的载体更为合适。关于媒体意见与舆论的关系，在英文"public opinion"的解释和定义中，也有较为明确的表述。自1984年起开始出版的《媒介与传播研究词典》(*Dictionary of Media and Communication Studies*)已经出版到第八版，在第五版中对于"public opinion"有一个500多字的解释，直接就追溯到了古希腊，其词条的作者指出，对于媒体而言，主要问题是如何更好地表达和传播公众意见，如何更好地塑造公众，只是从19世纪中期开始，报纸才成为公众意见的主导。[①] 可见，媒体更多是舆论的载体，在报纸发展的鼎盛时期，报纸是公众意见的主导，随着媒体形态的发展，广播、电视等也可能在某一时期成为公众意见的主导，现在互联网一定程度上可以主导公众意见，但是任何一种媒体都不是舆论。最后，舆论不等于民意。在"舆论七要素"中对于何种公众意见能够成为舆论有详细的限定，所以舆论和公众意见不能简单地画等号。一些学者对民意与舆论的关系进行了表述，"当民意由小到大，发

---

① James Watson and Anne Hill, *Dictionary of Media and Communication Studies* (*Fifth Edition*), London: Arnold, amember of the Hodder Headline Group, 2000, pp.254-255.

展到比较自觉、比较系统、比较定型时，就会成为公众舆论"①，民意是社会舆论这一意识现象的主导部分②。可见，网络舆情不等于民意，网络舆情也不等于舆论。

此时，让我们再次回到"public opinion"的定义。《大英百科全书》对于"public opinion"的解释可以翻译为：（public opinion）是通过特定社区或群体对个体就某一特定话题的看法、态度和理念的整体表达。③其在进一步的阐释中给出的也是社会学家和政治学家的定义和解释。从英文本义上，"public opinion"译成"民意"简单易懂，译成"舆论"雅致、有内涵。而"舆情"一词虽然古已有之，但是近些年这一词语再次流行，却是因为互联网传播在中国的影响力与日俱增。当前时代我们再次广泛使用舆情一词时，我们是在互联网传播的新环境下，我们不得不仔细地思考时代和生活实践赋予词汇的新意。

舆情行业近两年飞速发展。舆情一词现在应用很广，已经远远超越了学者按照古义"舆情"给出的狭义的民众对管理者或公共事务的意见的定义，大数据挖掘等技术也引入舆情研究和实践领域，在很多时候，舆情服务机构、舆情研究行业其实把舆情等同于基于互联网搜索技术的数据挖掘和分析，舆情监测软件抓取和研究的对象，远远超出了社会科学研究领域所谓的社会现象、社会问题、政府管理机构和管理者等，而包括了行业数据、消费者数据、用户数据等等。

鉴于以上回顾和讨论，笔者建议在定义舆情时，应考虑以下几方面的关系：（1）词汇在古文中原有意思和使用习惯与社会发展变化后对于同样的词赋予的新意思和新用法；（2）英文词汇在中国的多种翻译与不同使用偏好；（3）学术理论圈的表述与普通大众理解的差异；（4）对应的英文词汇本身词义的变化和拓展。

基于以上，对"民意""舆论""舆情"三词的定义建议如下：

（1）"舆论"。已经形成了广泛接受和较为普遍的定义和翻译，认可度和统一度较高。建议基于原来的定义进行微调。

（2）"舆情"。中国古代关于舆情的使用和表意已经与当前时代舆情实践和现实发展差异太大。如果用古义的概念来框定舆情，既不符合当前舆情发展的实际，也容易把舆情限制在了一个狭小的发展圈，更不能反映互联网时代的搜索、大数据挖

---

① 时蓉华主编：《社会心理学词典》，成都：四川人民出版社，1988，189页。
② 刘建明主编：《宣传舆论学大辞典》，北京：经济日报出版社，1993，336-337页；刘建明、张明根主编：《应用写作大百科》，北京：中央民族大学出版社，1994，233页。
③ 大英百科全书网络版，Encyclopaedia Britannica, reviewed from http://global.britannica.com/EBchecked/topic/482436/public-opinion。

掘技术等对于舆情研究和中国社会民意研究的变革。而且，狭义的舆情与民意概念区分度太差，所以笔者建议应该重新讨论舆情的定义。

（3）"民意"。从以往的研究来看，将民意作为独立词条的极少。字典和已有的词条定义比较偏重用"大多数人的意见""全体人民的意志"这样的概念。但有学者认为民意应该按照"民"所代表的群体不同而分成不同层次，未必是大多数人的意见，可以是少数民意、个别民意。所以，"民意"可以按照惯例，以前后加限定的方式来进行更为明确的定义和表达。

问题二

近现代中国"舆论"语义内涵的演变[①]

史文静

导 读

西方的"public opinion"在中国多被翻译为"舆论",但从中国自身看,历史上的"舆论"与从西方翻译过来的"舆论"并不必然对应。

政治学的民主思想等是舆论产生的重要思想来源之一。中国古代具有"清议"之说,其与"舆论"意涵有相通之处。近代林语堂先生的《中国新闻舆论史》生动地呈现了舆论在国家发展中的作用,也凸显了舆论的政治功能。之所以呈现出这种状态,与中国近代社会的政治状态不无关系,这使得发源于西方历史与政治的"舆论"话语被重新洗牌。

现代知识阶层、现代报刊、传统大众媒体等的出现,使得"文人论政"成为政治生活的常态,也成为"撬动"僵化政治的有效出口。由此,古代"清议"被"舆论"所代替,成为一种新的代言模式。但是,抗战时期在需要劳动大众而非知识分子来推动社会变革的情况下,之前的代言机制也发生了变化,报刊宣传成为首要任务,也有了"舆论宣传"的概念,而这时的"舆论"已经成为一种政治符号。

所以,基于中国语境,结合词语翻译、历史发展、意识状态、文化心理等角度探讨"舆论"内涵在中国的演变,能够深化我们对中国舆论发展历史、中国政治思想演变的认识,并为当下舆论治理提供启示。

反观中国的舆论治理实践,则更需要一种政治文化的熏陶。中国是伦理本位的礼俗社会,强调"共同体"和组织化,以及国家与政府对人民的组织和控制。"舆论"所表达的是寻求一种共同体形式上的"我们"。依此来看,真正意义上的舆论治理不能简化为政治治理技术,它始终需要且实际上得到了文化伦理的内在支撑。

[①] 本文首发于《国际新闻界》2015年第2期,系国家社科基金青年项目"舆论格局的嬗变与地方政府执政理念研究"(12CXW004)系列成果之一。

一、从翻译看"舆论"语义的中西溯源

在古汉语中,"舆论"一词出现较早,其中的"舆"字在中国古籍中出现得也较早,比如《老子》中的"虽有车舆,无所乘之"的"舆",但与现代意义上的"舆论"中的"舆"可是风马牛不相及。① 汉语的"舆论"一词最早出现在三国时期,曹魏谏臣王朗上书文帝的奏疏中的"惧彼舆论之未畅也"中出现过,其意为"谨防舆人对圣旨不解而议论纷纷"。② 同时石天河依据"尧置敢谏之鼓,舜立诽谤之木"的记载认为中国的舆论思想最早出现在原始社会。③ 其实中国古代所称引的"舆论"一词,不过是一般的泛称,其意涵与通常习用之民谣、谏挣、清议并无太大差别。

现代西方的"public opinion"一词,直到18世纪才作为一个独立的词组出现,这个词组包含了产生于文艺复兴时代"人民 主权"的理念。1762年,法国启蒙学者雅克·卢梭(J. Rousseau)在他的《社会契约论》中首次将"公众"与"意见"组成一个概念,即"舆论"(法文 public opinion)。卢梭之前,17世纪的英国哲学家约翰·洛克(John Locke)对舆论(当时尚没有public这个定语)的论述为后人提出"public opinion"做了思想准备。洛克把"舆论法则"(the law of opinion or reputation)作为一个范畴,与"神法""民法"相提并论。④ 马克思使用过"舆论的陪审团""名誉审判席""批判的法庭"等用语,恩格斯使用过"舆论的权力""诉诸公众""诉诸公论"等用语,即每个人都会感受到周围一种无形的精神力量的制约。这是一种全方位的特殊的精神交往形式,传统、现实、社会关系、心理因素等等交织在一起。⑤

"public opinion"为何翻译为"舆论"呢?就语言来分析,拉丁语、法语、英语是同一语系,拉丁语的publicus是"公"字的先祖,法语和英语的public都是同一个字,德语有关"公"的用语中,也有publikum。从语源来看,publicus是从populus(人民)而来,还受到pubes(成年男子)的影响,意思为"属于人民全

---

① 黄旦:《舆论:悬在虚空的大地?——李普曼《公众舆论》阅读札记》,《新闻记者》,2005(11),68-71页。
② 刘建明:《社会舆论原理》,北京:华夏出版社,2002,12页。
③ 石天河:《舆论溯源》,《书屋》,2005(05),27-31页。
④ 陈力丹:《舆论学——舆论导向研究》,上海:上海交通大学出版社,2012,1页。
⑤ 陈力丹:《精神交往论》,北京:中国人民大学出版社,2008,148-180页。

体的""与人民有关的"。^①"opinion"来源于希腊语"doxa"或"doxeo",意指猜想,以及表面的看法显现。^②现代的"opinion"含义与本意相比有所扩展,指"对特定事物的观点、判断或评价""弱于知识,强于印象的信念""被称为确实的东西而广泛流行、普遍接受的观念"等。哈贝马斯也认为"舆论"一词的本源包括社会的名誉和民众的意见,都与群众性口头传播有关,且所述内容都含有浅表性、易变性等特点,相对于真理、理性没有得到充分论证的带有不确定性的判断。这里尤其值得关注的是"public"一词,在字义上,public被翻译成"公共的,公众的",一直带有人民的意味,但事实上汉字"公"是以国君为语源,与"人民"的关系相当稀薄。^③按照美国社会学家米尔斯的说法,18世纪"公共意见"(the public of public opinion)中的"公共"这个概念,是伴随着自由经济市场的经济概念而来,犹如这个市场由自由竞争的企业所构成,公共的讨论则是以身份、地位等类似的群体来划分圈子。西方的"public"最初是指"民有",即民众可以接近,后来逐渐含有"民享""民治"之义。在西方使用的"舆论"一语,已包含了自17世纪以来欧洲的革命常识。

很多研究者认为中国人的公共性比较薄弱,也许是文化结构使然,但传统中国的社会价值观中并不缺少与"公"相关的观念。由于中西方分歧的语文背景使然,public一词传入之前,中国本土的"公"看不到任何重要的"公开"涵义,这个成分不但强度不如原有的意涵,即政府朝廷或政府事务,其理念的内在结构也颇松散,但"公"很早就有"共"的意思,这也是受传统文化影响,东汉郑玄注《礼记·礼运》的"天下为公"就释"公"为"共"也。在政治领域中,"公议"一词较重要,指多数人的意见或评价,伦理色彩强,含正确之义。"公议"成为中国社会政治生活中的常用概念。在魏晋南北朝到隋唐时期,"公议"主要是用来描述朝廷上的政事讨论。这种类型的"公"字据学者考察,在中国语境中不是思想发展的直接产物,而是从"公"的语义逐渐衍生而来。^④在中国历史漫长的发展过程中,作为积淀着深厚文化的语词,其语言和观念层次有时不一定完全对应,有时语言"公"所

---

① 〔日〕成濑治:《"市民的公共性"理念》,〔日〕柴田三千雄:《世界史》,东京:岩波书店,1989。转引自许纪霖、宋宏:《现在中国思想的核心观念》,上海:上海人民出版社,2011,563页。
② 程世寿:《公共舆论学》,武汉:华中科技大学出版社,2003,122页。
③ 〔日〕成濑治:《"市民的公共性"理念》,〔日〕柴田三千雄:《世界史》,东京:岩波书店,1989。转引自许纪霖、宋宏:《现在中国思想的核心观念》,上海:上海人民出版社,2011,563页。
④ 陈弱水:《公共意识与中国文化》,北京:新星出版社,2006。转引自许纪霖、宋宏:《现在中国思想的核心观念》,上海:上海人民出版社,2011,563页。

反映的社会现象要比观念层次上的意思要广阔，当然对于那些还没有形成固定概念的语义成分，在后来的发展中影响力怎样，我们可以在后面的论述中来分析。

关于"public opinion"译为"舆论"是否恰当，大陆学术界一直存在争议。有学者说，就现有的文献资料来看，学术界对这一术语翻译主要呈现为三种主流意见，一种是"舆论说"，一种是"民意说"，一种是"公共/公众意见说"①。在20世纪20年代之后的近代文献中，美国著名记者专栏作家李普曼的舆论思想成为引用率最高的西方思想资源之一，对近代中国舆论思想的演变产生了重要影响，到现在李普曼的舆论思想还是国内外学者研究的兴趣点（现有两个翻译版本，一个是阎克文、姜红的译本，另一个是林珊的译本，本文引用的是阎克文、姜红的译本）。李普曼（Walter Lippman）的《公共舆论》（*Public Opinion*）诞生于1922年，是最早被广泛地介绍到中国的西方传播学思想专著。该书揭示了一个想象构建的虚拟环境，人的主观性认识的局限无法穷尽客观真实。一般认为，李普曼的舆论思想属于精英意识视角的公众舆论观。在李普曼之前和之后，有无数人试图回答"舆论是什么"的问题。在我们通常读到的教科书和舆论学书籍中，舆论的定义各不相同。据德国女传播学者伊丽莎白·诺尔诺曼研究，在20世纪60年代，舆论就已有至少60个定义，要求放弃对舆论下定义的呼声日强。尽管舆论的定义难以统一，关于舆论的特点的表述却是大致相同的。一般认为：舆论的主体是公众，公众是由社会中占大多数的具有独立自我意识的人组成的；舆论的客体是与公共利益有关的公共事务；舆论的本体是意见，即公众对公共事务的评价性意见。② 国内外学者对于舆论的定义各抒己见，到目前为止已多达七八十种，但一直未能有一个公认的定义。回顾总结可以发现，虽然各学者众说纷纭，但舆论的定义基本可以归纳为以下三种：第一，舆论单纯的只是一种意见（包括评价、看法、议论），包括共同意见、一致意见、公共意见。持这种观点的学者占多数；第二，舆论不仅仅是一种意见，它还包括信念、态度、情绪或者集合意识，是意见、信念、态度和情绪的总和或汇集，或是集合意识及共同意见。第三种观点则认为舆论是信念、态度。③ 学者们通过对现有文献的分析还指出，近代知识精英对舆论的讨论所依据的学科范畴，经历了从

---

① 郜书锴：《"公共舆论"还是"公众意见"？——兼对Public Opinion术语不同翻译的商榷》，《国际新闻界》，2009（10），22-26页。
② 姜红：《舆论如何是可能的？——读李普曼〈公众舆论〉》笔记》，《新闻记者》，2006（02），84-85页。
③ 曾庆香：《对"舆论"定义的商榷》，《新闻与传播研究》，2007（04），47-50页，96页。

政治学、社会学、心理学与新闻学这样渐进的过程,具有跨学科的性质,从另一角度看,舆论的研究思想来源众多,是一个多重观念的混合体。其中,政治学中的宪政民主思想、社会学与心理学的交叉学科——社会心理学,成为受过西方学术训练的近代知识精英进行舆论研究最重要的理论依据与思想来源。①

二、以"public"语义在中国的演变为切入点的舆论研究

根据目前所掌握的国内外研究现状,本文试图结合历史语境、意识形态、文化心理三个层面思考舆论中的"public"语义的内涵与演变。"public"可翻译成"公众、公共",这个概念在中国语境中来自于国家内涵中的"公"并与"私"相对,可以说是"公众"概念具有中国舆论传统的里程碑意义,因为在人类传播史上,舆论的主体由"臣民"到"国民""公民"的身份变更,是社会由"传统"到"现代",表征社会进步的重要标志。"舆论"相较于"清议"标志着一种新的代言模式的诞生。近代以林语堂先生在《中国新闻舆论史》中的经典论述为"舆论"研究的发端,在林先生的论述中,舆论在国家处于危机时往往可以突变为常规的民众运动,成为有组织和能够表达思想,并进而演变为支配舆论的有生力量。②此外还有西方舆论思想的开创者卢梭。卢梭进入中国人的视野是在清朝第一位驻英公使郭嵩焘的日记中提到的,郭嵩焘叙述了舆论对法国建立民主政体的贡献。学界普遍认为,梁启超(1873—1929)是中国全面研究舆论问题的第一人。梁启超通过《清议报》《新民丛报》等媒介向国人介绍"天赋人权"及卢梭的"社会契约论"等思想,主张"人人既相约为群以建设所谓政府者,则主权不在一人之手,而在此众人之意,所谓公意是也"③。虽然梁启超并非使"公意"话语在现代复活的第一人,但他肯定是在现代意义上使用"公意"并使之普及的第一人。在西方舆论思想开创者——法国思想家卢梭那里,"公意"一词并非所谓的"语义学革命",而是深植于自然法传统与西方文明漫长的演化史中,关于新教所建立的人在堕落状况下个人自由的规范性与国家等政治权威的强制性事实之间的尖锐对立,作为17世纪自然法思想的基本概念框

---

① 倪琳:《近代中国舆论思想演迁》,上海:上海大学2010年博士论文,21页。
② 林语堂:《中国新闻舆论史》,王海、何洪亮译,北京:中国人民大学出版社,2008,4页。
③ 梁启超:《卢梭学案》,梁启超:《梁启超哲学论文集》,北京:北京大学出版社,1983,63页。

架,构成了用功利主义—个人主义的社会理论分析社会行动的主导形态。卢梭的"公意"学说虽拒绝了霍布斯、洛克所认可的每个人追求私利的绝对权利,但"公意"的最微妙政治后果却是通过一种变通迂回的方式,把个人利益转变成公共利益。由于不同语境中西方对"舆论"内涵的提问方式不同,因此容易混淆中西语境中"舆论"与public opinion两个概念的语义分歧与差异,进而导致这两个特定历史过程的产物在漫长的历史演变中进一步本质化与神话化。下面我们主要分析一下中国的境况。

中国古籍中的"舆人"泛指地位低下的人,也反映了历史上大多数的中国人缺乏必要的文化知识从公共的角度运用他们的理智,从而被排除在了公众讨论领域之外。"舆论"一词中的这种公众意识的出现,是同传统社群中的人际关系网的解体以及人可以自行组织起来相联系的,是文化现代转型的一部分。德国社会思想家滕尼斯对此有过分析,他将人类社会分为两种类型:一种是以人际关系为主轴,以乡土及血缘为纽带的传统型社会组织,我们称为共同体;另一类型的社会组织,则以个人为本位,以理性计算的契约为纽带,我们称为社会。① 传统中国社会,是一个伦理本位的礼俗社会(共同体),政府组织到县为止,国家和政府的组织力、动员能力需通过绅士乡村自治作为中介。甲午战争以后,士大夫认为中国社会组织上下不通,政府动员能力微弱,机制松散,于是士大夫思考把个人、家庭、国家三个层次紧密结合的办法之首要步骤是加强内部组织性,将个人凝聚为集体的力量,特别是强化国家对基层民众的动员力。② 这是在中国语境下"舆论"一词中"公众"语义项形成的社会基础。而中国近代思想中个人的特色也不是西方启蒙传统中"权利的个人",而是中国式的"人格化的个人",比如严复笔下的"民"之含义,更倾向于一个个具体的、组成国家的个人。而梁启超所理解的"民",更倾向于卢梭式的整体性的人民,这种整体性的国民概念,与孟子"民本"思想中的"民"是内在相通的,因为中国儒家思想中的"民",不是拥有权力的个体,而是一个需要被整体对待、整体代表的集合性概念。这是舆论的"公众"义项的认识基础。此时近代精英所认识的舆论的"公众"义项从一个最高的抽象的对与错的原则——比如古代的公与私的观念,转变为一种争取最高原则的具体的政治力量,甚至与之相配套的舆论

---

① 〔德〕斐迪南·滕尼斯:《共同体与社会:纯粹社会学的基本概念》,林荣远译,北京:商务印书馆,1999,6-7页,9-10页,12页。
② 金观涛、刘青峰:《观念史研究:中国现代重要政治术语的形成》,香港:香港中文大学,2008,3·2节。转引自许纪霖、宋宏:《现在中国思想的核心观念》,上海:上海人民出版社,2011,563页。

概念也演变成为一种具体的政治力量发出的言论,[①]而这种转化的原因正在于历史语境。近代中国内忧外患的半封建半殖民地非常政治状态,迫使发源于西方历史与政治的"舆论"话语经过重新洗牌,构建出适合中国社会发展需要的表达方式。1905年科举制度的废止,促使现代意义上的知识阶层诞生,现代报刊的出现则提供了迥异于固有表达方式的社会建制。传统大众媒体发轫正是作为以意见引导和宣传为目的的"政党报",在知识分子报刊活动十分活跃的清末社会变革时期,报刊曾是爱国文人参与政治活动、重回社会中心的重要渠道,报刊是同民族与国家命运紧密联系在一起的,西方列强以大炮轰开国门、中华民族危机逐步加深之后,在现代民族意识觉醒的同时,中国报刊业主要成为舆论阵地、意见引导的工具,并且具有了政治认同和文化认同的意义。晚清时期到20世纪早期,编辑与记者形成了一种新的代言机制,"舆论"这一带有西方理念的新词,取代了更多具有传统政治色彩的"公议",成为舆论阵地的报刊的涌现和繁荣,给近代知识分子带来了新的体验与感悟。

到了中国的抗战时期,报纸的宣传主题由个性主题向社会主题转换时的特定形态出现,即个体主体意识与社会主体意识如何交融,以及社会意识如何引导和消融个体意识。此时社会变革的主题由思想解放走向阶级解放,变革社会的力量主体由精英知识分子变成劳动大众,宣传中原有的推崇知识分子及精英阶层的道德人格变为对公众群体尤其是对群众(人民)的推崇。以社会动员为主的宣传对于民族和国家建设至关重要。由于历史文化语境使代言机制发生改变,"舆论"的"公众"义也随之改变。相对于美国等西方国家的自由主义报刊理念来说,以宣传实践为根基的中国的党报理论具有西方自由主义报刊理念所没有的社会动员力量,这种对资本主义制度和价值理念的批判,成为"五四"以后丧失民族文化合法资源的现代中国的新的民族文化语言符号,并在中国文化语境中置换为民族精神的支撑和文化价值的根据,这种宣传体现了当时的社会需要,并且有着自己独特的、具有感召力的精神模式和价值规范,而且对经典宣传形象的塑造具有自己独特的读解系统与特殊的阐释空间。此时的"舆论宣传",即后来被人论及的中国共产党的党报思想。在国家意识形态建构中,"舆论"已被当作政治变革的理论资源和政治动员的文化符号。欧洲传统二元张力的具有社会批判性的"舆论"一词的内涵,在中国特有历史文化语境下成为为本民族国家提供群众斗争精神资源的一元

---

① 倪琳:《近代中国舆论思想演迁》,上海大学2010年博士学位论文,21页。

学说，其批判精神在当时中国特有历史语境里的目标指向主要是对敌人的拒斥和政治动员方式。

1949年后，随着历史唯物论和马克思主义的关于社会一般发展理论成为官方意识形态，阶级论成为社会科学的主要方法。当时所谓"舆论"，并非西方舆论学意义上的公众舆论，其所指仅仅为阶级舆论，具体化为"党的主张"，主要强调的是报刊是"党的舆论工具"，其压倒一切的任务是"忠实地传播中央的声音"，传播所谓的"公众舆论"不作为其主要任务。改革开放之后，在对"舆论"的认识上，领导人讲话和中央相关文件中不再将"舆论宣传"中的"舆论"仅仅限定在党的路线、方针、政策与各种主张等的宣传层面，而是逐渐认识到新闻媒体凭借其所传播的信息而形成的舆论和社会公众自发形成的舆论——即新闻舆论与社会舆论的重要性，在强调新闻媒体做好党的路线、方针、政策宣传的同时，引导社会舆论也是重要问题。有学者对改革开放以来各个时期领导人讲话和中央相关文件进行全面考察后认为，中共新闻舆论思想的产生与发展经历了三个阶段，即强调"舆论宣传"阶段、强调"舆论导向"阶段和强调"舆论引导"阶段。①

之后"舆论"概念中的"公众"语义又发生了一次意义上的位移，所指涉的对象从政治层面被推广到意识和文化层面。历史上，市场经济和私有财产自古就存在，但公共空间却等到17世纪之后才形成，其原因正在于个人权利观念等到17世纪后才真正成熟。由于中国传统文化中几乎不存在保护个人和私人领域的观念与机制，"私"一直作为"公"的对立面处于被批判的对象，这使得"舆论"在中国出现了变异，走了一条与西方不同的道路。不仅由于中西意识形态不同，其现代意识也有巨大的差异。西方舆论先驱卢梭笔下的"公意"并不等于所有人所欲望的东西的总和，所有人所欲望的仍然可以是各自的私利，卢梭将其称之为众意。② 当然，进入20世纪90年代以后的中国社会，个人具有了越来越多的权利意识，互联网的应用也给了众人公开表达自己的意愿和声张自己的权利的空间，但由于价值伦理本位让位于工具伦理，人成为单向度的"经济人"，如马克斯·韦伯所说的——具有了更多的工具理性。当国家从私人领域退了出来，而社会的公共领域尚未完全开放时，人们在私人领域获得了前所未有的自由，进而脱嵌（disembedding）于原有社会。这已与传统观念中的个人的价值取决于在共同体中的位置的观念截然不同。在

---

① 樊亚平、刘静：《舆论宣传·舆论导向·舆论引导——新时期中共新闻舆论思想的历史演进》，《新闻学论集》（第26集），北京：光明日报出版社，2011年。
②〔法〕卢梭：《社会契约论》，何兆武译，北京：商务印书馆，2011，39页。

唯我式的"众意"泛滥的社会，更需要一个强大的"利维坦"维持稳定与秩序，才不致陷于"一切人反对一切人的战争"。① 这种背景下的"舆论"内涵所指逐渐变成被社会对象化了的某种存在与作为个体人之间影响的非个体性，它反映了一种社会和价值关系。舆论在中国已变成了一个广泛使用的跨文本语词，影响着人们的思想与决策，比如舆论监督或舆论导向等词语。对于中国人而言，舆论似乎携带着某种不言自明的力量，甚至一种反抗政治腐败与社会不公的民间权力。在 21 世纪初的数年内，有学者认为，今天的互联网舆论，就相当于古代的清议，不同的是言论主体从在总人口中占比很小的精英阶层，扩展到几乎囊括社会各阶层的网民大众，这里使用的"网络舆论"概念是宏观意义的，在具体情形下，某种意见是否为舆论，目前尚没有科学的测量方法。②

在考察了"public"的"公众"义的演变后，我们发现，无论是以"公众"或"共同"为主要含义，还是观察不同时期的代言机制的变化，"舆论"所表达的都是寻求一种共同体形式上的"我们"，寻求某种方式和范围内的相互承认、认同和同一性，舆论产生过程和舆论概念所指向的人的普遍交往关系，是对共同体"我们"的无限扩大和重新阐释。这里的共同体主要是家、邻里等血缘共同体、地缘共同体和精神共同体，特别要指出的是包含在自然生活中建立在共同生活、共同居住和共同劳作基础上的"心意相通"（consensus），这也暗合了传统中国社会的伦理本位观。马克思曾指出，社会不是由个人构成，而是表示这些个人彼此发生的那些联系和关系的总和。毛泽东时代的集体主义，作为一种战争年代遗传下来的革命集体主义，在现实层面是以人民为名义的国家整体利益，有学者据此把这种体制称之为毛式伦理经济（Maoist moral economy）③，但毛泽东时代的国家却摧毁了传统的家族、地域和信仰的共同体关系。④ "舆论"是否能对现代社会秩序进行有效引导，回到滕尼斯笔下的"共同体"⑤，其所面临的道德前提与伦理困境是否能找到解决问题的答案？马克斯·韦伯认为，被统治者服从统治者的支配有暴力、经济等因素，但是，除了这些以外，通常还需要一个更深层的要素——对正当性的信仰。

---

① 〔英〕托马斯·霍布斯：《利维坦》，黎思复、黎廷弼译，北京：商务印书馆，1985，4 页，8-9 页。
② 陈喆、祝华新：《网络舆论的发展态势和社会影响》，《国际新闻界》，2009（10），17-21 页。
③ Perry, Elizabeth J. Crime, Corruption, and Contention, M. Goldman, R. MacFarquhar, *The Paradox of Chinaps Post-Mao Reforms*, Cambridge: Harvard University Press, p. 317.
④ 许纪霖、宋宏：《现在中国思想的核心观念》，上海：上海人民出版社，2011，563 页。
⑤ 〔德〕斐迪南·滕尼斯：《共同体与社会：纯粹社会学的基本概念》，林荣远译，北京：商务印书馆，1999，75 页。

每个权力体系"都会试图建立并培育人们对其正当性的信仰"①。因而真正意义上的"舆论导向"不能简化为政治治理技术,它始终需要且实际上得到了文化伦理的内在支撑。

三、结语:舆论语义的文化延续

舆论在中国文化中变迁、演变,并成为重要语汇和观念至少也有两千多年的历史,在这段漫长的时间内,这个词语中所包含的观念几经分化、演变,并在意涵上相互重又叠,乃至各种语义彼此渗透,构成了一个复杂的文化意义网络。在多语言的跨语际运作下,也造成了"舆论"语义上的漂移。当我们回顾"舆论"这个词中的"公众"内涵在中国语境中的变化时会发现,舆论的语义内涵通过语言实践中意符(signifier)与意指(signified)的位移转换,并非仅仅意味着自由、权利的积累与扩大,更多的时候在历史语境中变成了社会、政治与道德斗争的场域,并通过所制造出的知识的健忘机制构成了一个冲突、权力与支配的新的空间。经过一套跨语际(translingual)的语言运作过程,目前指代的"舆论"一语已脱离原有语境,成为一个深受西方政治学说影响,具有特定意涵的崭新名词。"舆论"的语义是在舆论主体与超越意识的对象客体包括作为意识对象的意识本身的联系中才得以不断地被构成。舆论内在的"公众"意义的演变形象生动地勾勒出舆论思想所经历的跨文化传播的实践过程。此外,在中西方文化碰撞的历史语境下,看似在自然社会时间中产生断裂的"舆论"之内涵,在主体人的文化心理中却得到了延续生产。"舆论"语义的演变既是作为文化个体的大众体验历史的心理过程,却又不完全属于每个中国人的内心行为,舆论在中国人文化心理中的流动是对中国传统文人的民本思想的复活生成、展开的过程,虽几经裂变,却始终未能脱离中国传统政治变革的历史和认识的轨道。

---

① 〔德〕马克斯·韦伯:《经济与社会》(第一卷),闫克文译.上海:上海人民出版社,2010,319页。

问题三
关系视角下政党宣传范式的转变与创新

张 宁

导 读

政党宣传本质上是针对政党生存和持续发展过程中的合法性、稳定性及风险性而为的关系维护与风险规避的信息传递活动。而政党宣传效果的获得,很大程度上依赖于政党与社会之间的互动关系,这种互动关系也深刻地体现在不同阶段的宣传工作中。

中国共产党在不同时期采用的是不同的宣传范式:战争时期采用革命范式,新中国成立时期采用政党范式,改革开放时期采用稳定范式,社会转型时期采用引导范式。当前中国呈现出社会多元化、技术普及化、信息传播去中心化等特点,在这种情况下,"可沟通"理念或可以运用于当下政党的宣传活动。

所谓"可沟通"理念,包括可沟通的受众关系、可沟通的传播环境、可沟通的宣传机制。可沟通的受众关系,指允许并容纳多元主体参与进来,通过不同的话语体系和传播方式达成政党宣传的目标;可沟通的传播环境,指让非主流意识形态和政治亚文化形态与主流意识形态共同构筑一个多元互动、融合竞争、宽容良性的社会信息生产与传播环境;可沟通的宣传机制,指新时期执政党应该把宣传部门视之为一个重要但相对自由裁量空间的职能部门,允许宣传以独特的创新方式走在政党战略的议题推广、政策实施和工作落实之前。

新时期政党宣传的"可沟通"范式,也与传播作为人类基本生存范式和社会构成基础的重要理念相一致。通过可沟通的传播关系,可以积极促进社会关系的有效融合和政治国家的稳定发展。

一、导言：宣传中的政党社会关系

政党宣传本质上是一种政党为达成其目标，与受众以进行关系维系为目的而进行的信息传递行为。在政党领导[①]的国家，政党宣传不仅仅如一般的社会宣传现象，起到发布主张、传递理念、解释说服、团结大众、社会整合等作用，同时宣传也是一种领导方式和管理行为，在调和维系政党与社会的关系，增强政党面对风险的承受能力和化解能力方面发挥着重要的作用。在新媒体时代，社会信息传播环境发生了巨大的变化，这种变化甚至引发了社会关系的变化和社会阶层的重组，在这种环境中，不但政党宣传的机制面临挑战，政党宣传的范式及其研究也需要调整角度，基于新的关系和环境，设置新的问题意识，从理论层面上给以往的研究一些新的启示和讨论。

本文将从政党—社会关系的角度梳理中国共产党（以下的简称的"政党"都专指中国共产党）政治宣传体系的发展脉络及其机制特点，并把政党—社会关系细化为"政党—公众关系"和"政党—环境变迁"两个分析入手点，试图分析并发现在政党发展的不同阶段，政党与公众有着怎样的关系，这种关系如何规定了政党宣传的主要目标和宣传范式，在进入不同的社会发展阶段后，政党宣传机制及其面对的环境发生了怎样的变化，面对社会关系和社会环境的变化，政党宣传的现在和未来将会有哪些挑战等问题。

二、文献综述：宣传之于政党

关于政党宣传的绝大部分文献都是基于党史研究的角度展开的，采用历史学、政治学、传播学等分析框架，对政党宣传的发展脉络、阶段特征以及经验教训等进行了梳理。这些文献大致可以分为以下几个角度。

[①] 政党领导不等同于"政党执政"，前者指通过革命获得国家政权，执政党则指通过选举获得国家管理权。

有关政党宣传中的"人民取向"。刘建明认为政党的办报方针一开始就十分重视宣传对于公众的传播、教育作用①，例如在1930年《红旗》上发表的《提高我们党报的作用》明确指出："无产阶级的先锋队——共产党，必须有全国范围内的经常的政治机关报，有系统的对全国无产阶级广大的劳苦群众作为广大的政治教育，深刻地解释一切政治问题，战胜统治阶级的欺骗，指出正确的革命斗争的策略。"从中可以看出政党对于其宣传对象的定位是"传播与教育"。张书林在分析政党宣传中"人民"的定位时指出，党成立90年来，党的领导者都十分重视"人民"，例如毛泽东提出"全心全意为人民服务"，邓小平提出"实现全体人民共同富裕"，江泽民提出"三个代表"（代表最广大人民的根本利益），胡锦涛也提出"立党为公、执政为民"的执政理念②。政党领袖的表达形式虽然不同，但是党的领导理念中所蕴涵的对"人民"的价值取向始终没有改变，这也会体现在政党宣传的导向中。郑保卫在总结中国共产党90年新闻宣传工作的经验时指出，"十六大"以来党中央以"三个代表"重要思想为指导，提出了"以人为本"的重要思想，并将其与"立党为公，执政为民"和"权为民所用，情为民所系，利为民所谋"等一起，作为共产党执政的思想指南和行动依据，党中央提出"三贴近"的重要思想，这些强调以民为本的理念为政党宣传确立了明确的指导思想和工作原则。③陈明通过总结政党早期宣传文件的要义来分析当下宣传的弊病，指出当下政党宣传的教育功能依然重要，但是政党与受众之间的权势关系却不断弱化，这就要求政党宣传要改变原先的教育面孔，将受众提高到决定宣传效果的主体地位，尤其在受众越来越多元化、分众化的今天④。

各个时期的政党宣传中"人民"的重要性不断被强调，但是杨汉卿等的研究也指出，在宣传过程中，政党与群众的关系是坚定不移的主导与被主导地位，例如江

---

① 董乐铄：《中国共产党党报理论的三个里程碑——建党九十周年前夕访清华大学新闻与传播学院刘建明教授》，《新闻研究导刊》，2011（07），14-19页。
② 张书林：《中国共产党90年思想建设的历史考察》，《中国石油大学学报》（社会科学版），2011（03），1-6页。
③ 郑保卫：《中国共产党90年新闻宣传工作经验及启示》，《中国广播电视学刊》，2011（06），10-12页。
④ 陈月明：《宣传5W模式：党的宣传鼓动工作"一般办法"——兼与传播5W模式比较》，《新闻界》，2012（02），22-26页。

泽民在中央宣传工作会议上指出的"如果放弃马克思主义的指导地位，在指导思想上搞多元化，势必导致人心大乱、天下大乱，给党和国家带来灾难"①。

有关政党宣传中的"机制和规律"。袁珠萍以《人民日报》为例分析新中国成立初期执政党党风宣传教育时发现，《人民日报》作为党报在新中国成立后就端正党风和工作作风，共产党员标准教育，增强党内团结教育，抵制资产阶级思想侵蚀教育等过程中发挥了重要的作用，社论、系列文章和跟踪报道是其发挥党内教育功能的主要手段。②肖东波在分析政党的宣传规律时指出，党规定了每个党员都有对外宣传的任务，这个义务是面向人民的。而且党的宣传工作要靠党的宣传部门和每个党员来完成，③他引述刘少奇所说的"一切共产党员都有向人民宣传马列主义的义务，这是党章上规定了的。每个党员要把党的主张、党的政策向人民作解释、做宣传，宣传我们党的基本观点，以马列主义的观点反对一切错误的观点。每个党员都要这样做"。以及"宣传部应当作为一个计划机关、指挥机关、领导机关来推动全党的宣传工作""宣传部门的工作主要有两项，一项是研究情况，做计划，发指示，供给宣传材料，总结宣传经验，审查宣传内容合乎不合乎马列主义原则，方法是不是适合群众的需要。另一项就是要动员全党来做宣传工作。我们党从来的宣传工作不是单靠宣传部门来做的，而是依靠全党以及党外的共产主义者，马列主义者，党外的积极分子做宣传工作的。这样才能把宣传工作做好"④。

有关政党宣传的作用与功能。王晓岚在总结党报的社会功能时指出，一直以来党报都是政党的宣传者、鼓动者和组织者。党报必须无条件地宣传党的方针政策，这就决定了党报在不同的历史时期会有不同的社会功能，例如（1）推翻反动统治的工具：组织示威、暴动，扩军退敌，鼓舞士气；（2）阶级斗争的工具：在历次政治运动中推动党内外各种斗争；（3）经济建设的工具：推动社会主义市场经济体制的建立等。⑤王峰把中国共产党90年的发展历程分为创业时期、社会主义建设时期和改革开放时期三个阶段，认为党的宣传工作的作用从斗争利器、执政法器发展到

---

① 杨汉卿、唐明勇、邓亦林、谢涛、秦抗抗：《90年来党的宣传思想文化工作的宝贵经验》，《红广角》，2011（12），28-32页。
② 袁珠萍：《建国初期的执政党党风宣传教育》，《重庆社会科学》，2015（05），94-100页。
③ 肖东波：《建国初期党对执政党理论宣传规律的探讨》，《中共宁波市委党校学报》，2006（04），51-55页。
④ 刘少奇：《刘少奇选集》，北京：人民出版社，1985，55-56页。
⑤ 王晓岚：《90年来党报社会功能的演进与经营理念的变迁》，《保定学院学报》，2011（05），1-12页。

舆论重器，在不同的阶段发挥了不同的社会作用。①

有关政党宣传的宣传方式和宣传环境。刘颖在分析抗日战争时期中国共产党的社会动员方法时指出，党采取的民众动员方法既有以满足民众物质利益为特征的物质型社会动员，也有以精神鼓励为内容的精神型社会动员，政党的社会动员是一种通过多种形式的组织吸纳广大民众参加抗战的参与型社会动员。②徐鹏通过划分不同历史时期来归纳政党宣传的具体方式方式，认为党在民主革命时期形成了以领导大规模阶级斗争和形成统一战线为中心政策策略的动员方法；新中国成立后到改革开放前形成了群众运动型动员和口号宣传鼓动的动员方法；改革开放后形成了物质利益刺激与精神激励相结合的动员方法。不同时期体现了政党宣传和社会动员的不同方式。③孙晓辉则分析了当下政党宣传面临的新形势的三个特点：（1）人本化：以人为本的传播意识增强；（2）多元化：大众文化传播的新技术使受众的价值观走向多元化；（3）市场化：文化开始以商品文化的形式传播，文化传播走上追求利润的市场化运作之路。④这也是政党宣传面临的新挑战。李东东在总结90年来党领导的新闻宣传工作的经验时指出，坚持党性原则、把握舆论导向、坚持以人为本，尊重传播规律，推进改革创新，是政党宣传的重要经验。由此可见政党对宣传的绝对主导和方向确定是首要的，同时兼顾对宣传对象的人本关怀，对传播规律的运用和宣传手法的创新。⑤

以上的文献在梳理我国政党宣传的历史脉络、基本理念和宣传机制的特点时有很大的学术参考价值，但是基本都是基于政党宣传本身的活动、作用、经验、特点，以及党报报道的功能的角度进行单向分析，较少涉及政党宣传中的政党—社会关系以及这种关系与政党宣传的互动作用。虽然有部分学者对政党宣传的不同时期做了划分和总结，但是只关注了这个时期政党的基本任务和宣传特点，并没有关注不同时期的社会变迁尤其是与政党宣传有关的社会公众、传播媒介组织和新媒体技术带来的环境的变化和特点。本文试图从政党—社会关系的角度出发分析

---

① 王锋：《与时俱进地创新发展党的传媒理论与实践》，《中国广播电视学刊》，2011（07），11-13页。
② 刘颖：《论抗日战争时期中国共产党的社会动员方法》，《兰州学刊》，2006（04），43-45页。
③ 徐鹏：《90年来中国共产党社会动员方法的历史考察与现实启示》，《西安社会科学》，2012（01），48页。
④ 孙晓晖：《大众文化传播影响下执政党宣传方式的创新》，《中共银川市委党校学报》，2006，（04），60-62页。
⑤ 李东东：《始终把坚持正确舆论导向摆在突出位置——90年来中国共产党领导下的新闻事业》，《中国广播》，2011（07），4-7页。

不同历史时期政党宣传的特点，重点关注中国共产党政党宣传在长期的发展持续过程中的两条时间脉络："政党—公众关系"以及"政党—环境变迁"。前者主要分析政党对宣传对象的定位及其宣传对象作为自变量给政党宣传带来的挑战，后者主要分析环境变迁给政党带来的风险和挑战，以及政党宣传为何在新媒体时代越来越重要的问题。

三、分析框架：宣传因何而在并且重要

本文视宣传为一种客观的社会现象，基于历史政治学和新闻传播学的理论对政党宣传的范式进行分析。之所以采用政党—社会关系的分析框架，是因为以往的研究大多基于政党作为一个自变量如何展开宣传的单向角度进行分析，社会之于政党的互动与制约作用往往被忽视，而这种关系的双向互动和持续维系其实才是政党宣传存在的基础。以往的大多数研究也多从政党宣传的成功之处进行经验性总结，得出的是一般传播活动的基本功能，并没有从本质上说明政党宣传为何重要以及今后更加重要的根本原因。

本文认为，政党宣传的本质是针对政党生存和持续发展过程中的合法性、稳定性和风险性而为目的的关系维护和风险规避的信息传递活动。

（一）合法性

合法性是指统治者或者统治组织在政治态度和情感归属上获得被统治者认可的可能性。中国共产党是领导党，是基于党的社会理想而进行政权获取和国家治理活动的。它不同于合法性来自社会法律系统的执政党，领导党的领导地位来自于革命战争和政权夺取，党的合法性需要自己来构建并通过传播获得社会认可。因此，领导党的宣传与其他一般执政党的宣传或者社会宣传有着根本的区别，对合法性的传播构建是最为中心的任务。或者可以反过来说，正是由于政党领导的正当性并非来自国家制度和社会成员的主观意愿，政党从一诞生就面临着自身合法性的构建和社会认同的获得，对于宣传行为有根本性的、持续性的、意义重大的需求；随着政党

发展过程中周围环境的变化，合法性还会不断遭遇各种问题和挑战，因此宣传也是政党始终的任务。

（二）稳定性

政党在获得政权后进入社会建设和发展时期，除了自身合法性仍然需要不断强化之外，社会建设和发展亦需要稳定的政党领导氛围，政党"作为政权的一部分"要"直接介入政治权利的运作"[①]，因此，政党领导的中心地位和领导过程的稳定性也变得十分重要。越是在社会迅速发展的时代，这种稳定性不管是在政党内还是政党外，都变得越来越重要。"十六大"就把"维护社会稳定"作为重要内容和工作方向进行了论述，不少学者也认为我国的政治过程带有明显的"稳定政治"的色彩。[②]政党宣传正是一个通过"用自己的价值和目标影响国家和社会，使这些价值和目标为社会所认同、接受、支持和追随的过程"，并"体现为制定国家和社会发展的路线与大政方针、提出和议决经济社会发展的重大事项、动员民众、向国家和社会推荐官员、协调各种政治力量和社会群体"[③]等各种作用。

（三）风险性

由于政党的诞生和发展都基于政党的理想，政党成长的过程就是一个不断遭遇风险并成功应对风险的过程。从早期的政权夺取、抗日战争到新中国成立后的社会建设和"文化大革命"，再到进入现代化风险社会，政党除了为自身的合法性、稳定性进行不懈的努力之外，如何应对现代化社会的各种风险和国内外多元关系博弈及各种突发复杂事态，保证社会建设的稳定发展，是政党领导过程中一个最为关键也是最为迫切的问题。是否能顺利应对各种突如其来的危机，也关系到社会对政党领导能力的认可，与上述的合法性和稳定性密切相关。

合法性关系到社会成员对政党的政治认同，政治学领域的研究表明通过四种方式可以获得政治认同，即暴力、社会契约、权威和论证。"论证"是哈贝马斯提出

---

① 王长江：《中国政治文明视野下的党的执政能力建设》，上海：上海人民出版社，2005，29页。
② 唐皇凤：《"中国式"维稳：困境与超越》，《武汉大学学报》（哲学社会科学版），2012（05），17-25页。
③ 王长江：《中国政治文明视野下的党的执政能力建设》，上海：上海人民出版社，29页。

的，他认为合法性"是普遍讨论的结果，而不是普遍意愿的结果"①，并指出合法性的构建可以有四种方式，即神话或者意识形态、宗教或者伦理、法律和宣传。②宣传本质上是一种信息传递活动，但是宣传行为本身却带有即时性、多样性、包容性、灵活性和有效性，也是一种灵活有效的领导方式。它在方法上可以借用可能使用的一切传播渠道，从组织传播、大众传播到人际传播等，都是宣传可以涵盖的。在内容上可以包罗万象，融各种主张和理念于千变万化的信息中。在机制上有很强的灵活性，可以设置专门的宣传部门和机构，派出机动团队，也可以让所有组织成员成为组织的宣传者。在效果上，宣传又是一种集中而密集地深入人心的信息传达活动，比起制度、法律和意识形态，它可以在较短的时间内获得社会认可，达成共识，团结大多数，是一种有效的社会协调和整合活动。同样，借助宣传的上述特性，政党对稳定性的追求也离不开宣传，稳定性是社会成员对政党领导的绩效、成就和正面结果的感知和认识，既是一种个人主观的认知印象，也是一种信息传递和情感交流的结果，使用宣传的方式通过信息传播来提高政党的稳定性是非常适合的。风险往往不可预知并突如其来，需要迅速、灵活、全面而适合的应对，宣传行为的及时、灵活和全面亦令其成为一种风险应对的重要工具。

如上，领导党对合法性、稳定性和风险性的建设需求与应对需要决定了其对宣传的根本性重视，政党宣传可以看成是政党为争取合法性和稳定性，为应对风险而进行的领导方式和管理行为，而在不同的历史时期，政党的目标及其社会关系规制了政党宣传的范式。本文将在下面通过"政党—公众关系"的不同时期和关系定位来分析政党宣传范式的特点，同时通过"政党—环境变迁"来分析政党在立国和治国过程中的风险的种类和特征。

四、历史脉络：宣传作为一种领导方式

中国共产党的政治宣传可以划分为四个不同的历史时期，即战争时期（1921—1949年）、新中国成立时期（1950—1978年）、开放时期（1979—2002年）和转型

---

① 郭晓东：《重塑价值反思之维——哈贝马斯政治合法性理论研究》，《云南行政学院学报》，2006（02），23—28页。
② [德] 尤尔根·哈贝马斯：《公共领域的结构转型》，曹卫东译，上海：学林出版社，1999，23页。

时期（2003—2015年）。从不同时期政党的中心任务和社会环境来看，战争时期和新中国成立初期政党宣传的主要任务无疑是政党的合法性构建，新中国成立中期开始到转型期后期，合法性的建设任务依然存在，但是宣传工作的另外一个方面则是以政党领导下的社会稳定、国家治理稳定为中心目标的，而在这个阶段的后期，社会矛盾的表面化、社会风险的显露已经有了较明显的警示，从这个时期开始，新时期的政党宣传的主要任务，就集中在面对复杂社会事态、应对多元社会风险上来了。以上的政党宣传的时代划分是基于一种历史政治学的分析视角，通过这个宣传时间段的划分，我们更加可以看到政党宣传在不同时期的传播范式的特点。

（一）战争时期：宣传的革命范式

中国共产党成立初期，在其最早的党内文件中就已经明确指出党的宣传工作的目的性："宣传工作是在于把一个问题从理论上解说明白，使比较少数的人了解这个问题的原因、结果、前途和发展规律，给比较少数的人以许多观念。鼓动工作是在于从一个问题中抓住人人都知道的事实，给广大群众一个观念，极力激起群众的感情。"[1] 1921年中国共产党第一次全国代表大会也明确表明党对宣传工作的绝对指导："一切书籍、日报、标语和传单的出版工作，均应受中央执行委员会或临时中央执行委员会监督。每个地方组织均有权出版地方通报、日报、周刊、传单和通知。不论中央或地方出版的一切出版物，其出版工作均应受党的领导。任何出版物，无论是中央的或地方的，都不得刊登违背党的原则、政策和决议的文章。"[2] 由于党的生存环境十分危险而复杂，宣传作为一项重要的工作一直受到党的重视，同时也被严格管理。宣传的指导权属于中央，很多有关宣传工作的指示都直接来源于党的高级领袖。这个时期的政党宣传有以下几个特点。

1. 组织即宣传

以党组织为框架组织宣传队伍，宣传渠道的初期建设依赖党组织的指挥和方针来建设，多位党的领导者要求宣传队伍不能自己干，要和组织部一起进行宣传工

---

[1] 中共中央宣传部办公厅、中央档案馆编研部：《中国共产党宣传工作文献选编（1937—1949）》，北京：学习出版社，1996，250页。
[2] 中共中央宣传部办公厅、中央档案馆编研部：《中国共产党宣传工作文献选编（1937—1949）》，北京：学习出版社，1996，325页。

作。这种集中领导、组织的宣传模式从一开始就有以下特点：其一是集权式的绝对领导——党的高层领导亲自指导宣传工作，留下大量的针对党的宣传工作的指导文献，党的顶级文件明确规定宣传工作的领导权，事无巨细，层层有指示。其二是严格的管理方式——关于宣传工作规定了宣传内容和出版的请示制度、审查制度和报告制度。其三是形式多样，党的宣传方式和宣传队伍种类较多，行动力十分强大，例如有各种宣传队、动员团、战地剧团和青年团等承担宣传工作的团队，深入到工厂农村、学校医院、车站街道，或者奔赴战争前线。这些宣传团队通过召开宣传会、公演话剧、发布传单、张贴海报、教唱歌曲等方式进行广泛的传播鼓动工作。可以历数多种党的宣传出版物，如《战地通讯》《老百姓周刊》《红旗》《战斗》《抗战》等，抗日战争时期甚至有包用日语印发的传单和标语。抗日根据地也不断展开各种宣传活动如唱歌、戏剧表演、读报、演讲动员、张贴标语、散发传单、办墙报壁画、编辑出版书籍报刊、召开茶话会、举办游艺活动、识字班、展览和纪念活动等。宣传的方式因地制宜，十分丰富。

2. 宣传即教育

由于这个历史时期人们的社会文化和思想觉悟有限，政党宣传针对传播对象的主要任务基本上都是"教育"，甚至是"灌输"相关的政党理念，例如在这个时期的政党宣传文献中，多使用教育、端正、提高、唤醒、启蒙等词汇，对中国农民形象的认知是"相对保守""愚昧""组织上涣散，行动上盲从"[①]的，被描述为"背上背着旧制度包袱"[②]。从这个时期政党宣传文件中对人民的定义中可以看出，政党宣传的主要功能和作用被定义为"教育"，这个功能不断被突出，事实上，这个功能也为政党的合法性建设发挥了重要的作用。

3. 宣传为革命

战争时期党的宣传工作的另一个重要使命就是为革命战争服务，因此党性、阶级性成为政党宣传的突出色彩。夺取政权、击退日寇、革命立国是党当时的主要目标，从工农运动到抗日战争和解放战争，政党要在残酷的环境中获得合法性和社会认同的这个目标，规定了政党宣传话语的浓厚的党性色彩。

---

① 陈一收：《舆论引导能力建设研究》，北京：社会科学文献出版社，2012，49 页。
②《毛泽东选集》，中文 1 版（第 4 卷），北京：人民出版社，1991，178 页。

（二）新中国成立时期：宣传的政党范式

新中国成立后，中国共产党对政治宣传工作的重视并未松懈。1949年9月27日，政务院下设新闻总署，统一管理新中国的新闻宣传工作，重点是对全国的私营新闻机构进行社会主义改造，这也是基于党对宣传工作在新中国成立后要为社会主义建设提供稳定的意识形态和舆论环境的合法性建设需求。新中国成立初期社会环境依然复杂，政党面临巨大的社会改造和社会建设的压力，也是受苏联政党宣传模式的影响，这个时期的政党宣传依然视宣传者和宣传对象的关系为主导与被动的关系，因此该时期的宣传的特点是：

1. 运动式宣传

新中国成立后的政党宣传以政党为中心，以国家稳定为目标，党对宣传工作的领导开始进入通过各级宣传部门进行日常化管理，并对全国报刊的新闻报道内容进行具体指导，这个时期仍然可见多位党的高层领导人物对报刊的新闻报道和记者的工作做出具体指示。新中国成立后政党的整体宣传体制还是有模仿苏联政党宣传模式的浓厚痕迹，例如宣传以意识形态灌输为主要内容，伴随大型运动和社会动员，反复的单向信息轰炸，正面的主动的宣传攻势形式，并且有全国性的无孔不入的全局宣传计划。这个阶段的宣传方式简单、机械，以灌输和批驳的方式为主，是基于政治压力和领袖崇拜的运动式宣传，在某个阶段甚至发展到整个社会参与的社会运动。这种社会总动员式的宣传在政党的组织和发动下通过全国所有大众传播媒介、出版物、大字报、口号标语、样板戏、典型人物的新闻报道等方式展开，渗透至全社会。有学者认为，新中国成立以后至改革开放前30年间的社会宣传具有革命后"革命"的特点。[1] 从这种集权式管理和运动式传播的机制上来看，当时的政党已经成为高于政府、社会和大众传播媒介之上的最大最强的传播媒介。

2. 宣传的泛政治化

在这个时期，政党宣传的突出特点是将政党主张和理念作为几乎是唯一的价值观和意识形态进行大力宣传[2]，同时把其他的社会文化传播都作为辅助载体，也强硬

---

[1] 王邦佐：《执政党与社会整合——中国共产党与新中国社会整合实例分析》，上海：上海人民出版社，2007，38-39页。
[2] 如1966年2月到4月，《解放军日报》连续发表7篇文章要求"突出政治"，指出"思想工作高于一切，决定一切，压倒一切"。

搭载主流意识，承担宣传功能，其结果就是主流意识形态的单一化和社会宣传的泛政治化——被极力传播的主流意识形态被扭曲，而其他形态的社会文化内容因承载过多的政治功能而丧失活力。①政党宣传的泛政治化在这个时期有各种表现，例如1957年提出"政治家办报"，突出社会传播的政治性和政治控制，在历次政治运动中，报纸的主要版面都不得不让位于斗争宣传。"文化大革命"作为一个特殊的狂热的宣传阶段更是扭曲了政党宣传的主要方向和基本方式，让宣传成为政治大批判的工具。同时，全社会所有传播媒体都必须全力以赴参与配合反右斗争、"文化大革命"等意识形态的宣传，没有其他选择。

3. 划分宣传对象

这个阶段的政党宣传对宣传对象有了一定程度的分类，如党内成员、党外群众、不同时期特定的宣传对象如新中国成立初期的民族资本家、"文化大革命"前的知识分子、"文化大革命"中的资产阶级、小资产阶级等。政党宣传的主要任务是坚定党内成员思想觉悟，教育指明人民群众的政治方向，批评教育特定的阶层和人士。这个阶段党的宣传工作文献中用于描绘宣传对象的词汇有"幼稚、思想改造、克服保守思想、提高觉悟、加以引导、启发和鼓励、提高积极性、教育"等。1950年3月，胡乔木在论述新闻工作问题时认为"报纸就是负责地每天告诉了人民群众：应该走向何处去，不应该走向何处去"②。

4. 宣传是建设工具

1950年后，社会建设和经济发展成为政党领导社会发展的重要工作，因此通过党报推动全国经济建设的全面展开也是当时政党宣传的中心工作。1950年3月29日至4月16日，中央人民政府新闻总署召集全国新闻工作会议，就当时新闻工作的主要情况和问题加以讨论，要求全国报纸为适应全国逐步转入以生产建设为中心任务的情况，"用首要的篇幅来报道人民生产劳动的状况"，"报纸的新闻、通讯、评论、信箱、专门性的或一般性的副刊，都应当尽可能地服从于这个任务"③。1950年人民日报用第一至三版加大对经济新闻的报道，增加了"京市新闻"和"财经简讯"的栏目。

---

① 傅华：《执政党文化传播的特殊性与宣传思想工作的有关思考》，《理论动态》，2006（12），14-16页。
② 胡乔木：《关于目前新闻工作中的两个问题》，1950。
③ 胡乔木：《中央人民政府新闻总署关于改进报纸工作的决定》，《山西政报》，1950（5）。

（三）开放时期：宣传的稳定范式

进入改革开放时期，媒介经营的开放化和市场化经营方式让媒介传播的内容发生了巨大的变化，从灌输模式到受众导向，从理念传递到迎合受众，在这样的信息环境中，政党宣传受到很大的挑战，党报发行量受到市场的巨大影响。政党宣传在改革开放的大环境中迎来了三个挑战：传播内容上的人本价值凸显挑战以往的政治主导意识；社会价值观多元化质疑以往的单一政治观念；市场机制倒逼党报和宣传机制反思社会传播效果。这个阶段政党宣传的方向是维护政党领导的有效性和社会发展的稳定性，一方面作为宣传对象的社会公众在信息环境、生活方式、思想观念和价值观方面已经日趋开放和多元，另一方面政党的宣传范式有所变化也有所不变，具体如下。

1. 从直接到间接

党的领导地位没有变，但是领导方式发生了变化，政党主要通过国家机关间接控制宣传，展开具体的宣传工作。在宣传模式上有了政党组织和国家机构的双重信息输出和话语场域——党报继续宣传党的理念和战略主张，隶属国家的其他新闻媒介成为企业化经营的事业单位，允许其报道内容在不违反国家法律和法规的情况下有一定的自由裁量权，但是如果出现违法违规和政治错误，会受到法律制约和政治压力。同时宣传工作开始注重专业化、知识化，开始关注宣传的社会效果。胡锦涛2002年1月指出要科学地认识和把握新形势下宣传思想工作的特点和规律，形成新思路，探索新办法，开辟新路径，取得新成就。政府新闻发言人制度也是从这个时期开始形成并发挥作用的。

2. 从教育到防御

改革开放后我国社会发生的巨大变化之一就是信息环境的开放和变化，这段时期经历了党报改革、新闻媒介的市场化、互联网的普及以及信息全球化，不但社会传播模式，政党宣传的受众也发生了很大的变化。这个时期政党宣传首先敏感地认识到传播环境的变化，其对策是防御式的，这从党的高层领导者的相关讲话中可以看出。1985年9月邓小平在中国共产党全国代表会议上的讲话强调社会主义精神文明建设；1987年5月赵紫阳在宣传、理论、新闻、党校干部会议上的讲话强调加强对改革的舆论宣传；1989年11月江泽民在新闻工作研讨班上强调坚持党性原则，指出新闻传播媒介是党、政府和人民的喉舌。可见，改革开放的初期，政党宣传的环境开始进入多元化的信息传播时代，但是面对多元化的挑战，其应对基调是抵御，强化意识形态净化，用宣传抵制资产阶级思潮，加强对改革的正面宣传，是这个时期宣传的主题。

3. 从党内到社会

并不是说这个时期的政党宣传忽视了思想政治教育，这部分的功能更多地体现在党内集中型的、以思想教育为主的宣传活动上，如延续以往的党内政治思想教育宣传模式和惯例——组织理论团队解读党的理念和精神，在大众传播媒介上进行重点传播，组织理论专家编写普及读物，组织宣传团队到基层进行深入传播等。例如20世纪80年代至90年代初期开展的"坚持四项基本原则""反对资本主义自由化"活动，1994年至1997年的"双学"活动，"十五大"后的"邓小平理论""三个代表"活动等都有全国性的展开。这些活动在党内展开教育的同时，也通过党报和其他新闻传播媒介进行社会传播，促进了社会参与和社会动员，上述大规模的全国性宣传也增加了社会对政党合法性的认同和意识形态上的靠拢。

（四）转型时期：宣传的引导范式

转型时期政党宣传面临的形势特点可以归结称为三个关键词——市场经济、新媒体和公共危机。这个时期是改革开放和市场经济迅猛发展的时期，政党依旧拥有领导社会建设和社会宣传的主导地位，但是社会话语权由市场化媒体所体现，社会成员的话语权通过互联网被赋予、被放大、被显现，成为能与以往政党话语场域抗衡的话语场，多元话语博弈十分激烈，以往单纯的政党宣传主导的局面不复存在。同时，随着现代化的建设和发展，我国也进入现代风险时代，2003年的"非典"危机就是一个标志，从此以后社会发展带来的公共危机和互联网传播带来的舆情危机成为领导党在社会管理过程中必须面对和应对的新问题。转型时期的政党—社会关系更加复杂而多元化，社会阶层更加分化，具有互联网影响力的新代表性人士和阶层也出现了，政党的宣传对象不再是单纯的和单一的。这个时期政党宣传的任务是强调政党领导的正义性并重点维护社会的稳定发展，与上述几个时期的宣传范式中的"鼓动""教育""动员"不同，"引导"成为该时期宣传的新特点：

1. 舆论引导

这个关键词成为该时期政党宣传的新定位，可以看出政党对其社会成员及其相互关系的关注和尊重，以及政党—社会关系开始平等化，以往宣传的刚性被淡化，宣传的柔性开始被强调等特征。胡锦涛在2008年6月的讲话中指出，要坚持把实现好，维护好、发展好最广大人民的根本利益作为新闻宣传工作的出发点与落脚点。要认真研究新闻传播的现状和趋势，深入研究各类受众群体的心理特点和接受习惯，加强舆情分析，主动设置议题，善于因势利导。这番讲话中强调的是"维护利益""研究新闻传播趋势""受众群体的特点和习惯"，以及"舆情分析"和"设置议题"，与以往的"教育式"宣传相比"引导式"宣传多了一些对传播规律的认知和对受众信息接收方式的理解。

2. 新媒体渠道

随着互联网技术的普及，党报机构如《人民日报》、新华社和中央电视台都开始向新媒体转型，通过网站、微博和微信的方式进行新闻宣传。政府部门也在2010年和2012年开始了政务微博和政务微信的普及化，政党宣传通过"两微一端"扩展新媒体受众，同时新媒体渠道的开拓也让政党通过新的传播渠道扩展了新的社会关系。

3. 危机传播

以宣传应对风险是这个时期政党宣传的重要任务，伴随新媒体时代的到来，我国也同时进入风险社会，社会矛盾的表面化和社会冲突的频发让政党领导时时面临突发事件的挑战，政党宣传的首要任务之一就是危机传播，即危机发生之后通过大众传播媒介向社会公众进行说明、解释和社会动员，这是政党领导的一种应急管理方式，也是维护社会稳定最有效的渠道。政府设置的新闻发言人制度也在危机发生时发挥了重要作用。

（五）小结

梳理 90 年来政党宣传的历史脉络可以发现，政党宣传范式是产生于政党创建、阶级斗争激烈而复杂的背景中的，因此政党宣传一开始就不可避免地带有阶级斗争和战争立国的刚性色彩。同时，伴随着政党的发展和目标的转变，宣传工作肩负着重要的为争取政党合法性和领导的稳定性，以及应对不同时期各种风险的职责和作用，其范式也对应不同时期发生着变化。这种变化从政党—社会关系的角度则体现为：建党初期政党的宣传对象是需要被教育、需要被提高革命觉悟的，这种定位从战争时期一直延续到新中国成立时期和改革开放初期时期，即政党以"领导与被领导""教育与被教育"的关系定位来认识宣传对象，因此宣传范式即使到了改革初期，仍然带有统一管理、自上而下、刚性灌输和教育防御的性质。这种运动式、泛政治化的宣传范式确实也在过去封闭的时代里发挥了较大的作用，并在获得合法性、稳定性和应对风险方面被认为是有效的。但是，互联网带来的是一个断裂式转型时代，新媒体技术和社会影响促成了政党和社会原有关系的解构和重构，政党高高在上的金字塔式的传播样态开始扁平化、非线性化和多元化，以往领导与被领导、教育与被教育的垂直关系开始趋于平等互动，政治认同和意识形态构建的过程中，个体主观经验和个性化信息渠道的作用越来越重要，自上而下的单向、灌输、指令式传播在网络赋权、众声喧哗、议题分化、共识难成的时代业已失效，政党在为合法性、稳定性和风险应对进行的宣传活动中会遇到越来越多的竞争者、竞争话语和竞争场域。因此，政党宣传范式已经到了不得不进行根本性转型的时期了。正是基于此，2003 年之后的政党宣传进入了引导范式时期，这一转变体现了政党对社会关系新变化的顾及和重视。

政党宣传是政党实现理想和领导目标的重要工具，它不但体现着政党目标的转变和政党领导方式的转型，也体现着政党和社会的关系互动及其关系内涵的变化。当下，政党面对的是教育程度、知识水平、信息拥有和独立思考能力不断提升的社会公众，现实生活中他们是个性化和碎片化的个人，网络世界里可能迅速成为强大而显示力量的网络集群，如何通过信息传播与这样的社会公众建构新的社会关系，是政党宣传面临的新任务。以往的政党宣传可能直接以获得合法性、稳定性和应对风险为直接目标，但是现在，如果不能从政党与社会公众的关系构建的角度出发，不厘清政党与社会公众当下的关系内涵，政党宣传难以发挥有效作用（表3-1）。

表 3-1　政党宣传的不同时期及其宣传范式的特点

	政党工作重心	政党宣传中心	宣传范式及特点
战争时期 1921—1949	传播党的纲领，发展党员，推动工农运动和军事斗争	鼓动工农运动，配合军事动员，为根据地建设提供舆论支持，发展人民民主统一战线。	革命范式：以政党理想和革命鼓动为中心的单向教育式宣传。
新中国成立时期 1950—1978	（1）社会主义建设 （2）抗美援朝 （3）党内斗争	围绕过渡时期总路线的三大改造的社会主义教育。针对援朝的爱国主义教育。以阶级斗争为主的政治教育。	政党范式：政党为中心的垂直管理和运动式宣传。
改革时期 1979—2002	（1）经济改革 （2）现代化建设	以经济发展和改革开放为社会发展主要目标，全面进行现代化建设。	稳定范式：以改革目标和社会稳定为中心的正面宣传。
转型时期 2003—2015	进一步改革开放，应对社会风险	保持社会可持续发展和社会稳定，应对各种社会矛盾和风险。	引导范式：尊重传播规律和社会舆论的引导式宣传。

五、范式创新：新时期政党宣传的可沟通范式

随着现代社会的多元化发展及通讯技术的革新，新媒体技术的普及和日常化使用，信息传播日益呈现出多中心、碎片化、开放性和再生性的特点，这对传统的政党科层式管理形成了新的挑战。同时，社会发展也进入了风险化时代，矛盾凸显，危机频发，如果作为领导者的政党不能迅速做出反应和应对，其合法性、稳定性和应对风险的能力将受到质疑和挑战。

我国进入互联网时代后，政党—社会关系的内涵是：政党来自社会，社会需要政党更好地应对新时代社会内部的多元关系维系和社会发展过程中社会与国家之间的博弈关系。① 而这种关系维系的艰巨性带有明显的时代色彩：

第一，互联网社会组织形态和大众存在方式的无中心化、去权威化和原子化，让政党—社会关系形态趋于"疏离"，而并非以往时代主要由人际传播和组织传播维系的那般"紧密"。

第二，社会大众的信息接收渠道和方式、内容发生了巨大的变化，网络上民声

---

① 袁超：《政党、社会和民众关系的内涵分析——从普遍意涵到时代意涵的理论阐释》，《江西师范大学学报》（哲学社会科学版），2015（05），15—21页。

显现，民情汹涌，民意具有"倒逼"的力量，以往被宣传被教育的一方有了明显的主动、自我和独立的意识，与过去的时代相比，"党强民弱"变成了"党民互动"的时代。

第三，与政党宣传同时进行的还有多种多样的商业宣传、社会宣传和境外宣传，这些宣传主体都同样企望获得来自大众的合法认同和长久的关系维系，它们灵活运用新传播技术和渠道，迎合社会大众话语体系，也会导致政治冷漠，从另一方面削弱政党—社会关系。

最后，我国互联网时代与现代风险社会的时期重合，也让政党—社会关系在社会公共危机发生的时候被危机情景和复杂事态所牵制，变得敏感、脆弱和复杂。政党领导的危机应急管理水平成为其社会关系的晴雨表，危机事态中双方关系的互动也直接关系到社会成员对政党的合法性和领导的稳定性的认同。

2016年2月，习近平总书记主持召开党的新闻舆论工作座谈会并到人民日报社、新华社、中央电视台调研。关于党的新闻舆论工作，习近平提出了九个方面"创新"和两个"增强"，即"创新理念、内容、体裁、形式、方法、手段、业态、体制、机制，增强针对性和实效性"①，体现了党的领导人对政党宣传的最新定位和要求。与上述四个时期不同，政党宣传开始进入第五个时期，新时期的政党宣传需要从宣传范式上进行创新，建设推动一种能维系政党—社会良好互动关系的可沟通的宣传范式。

"可沟通"一词原本用于城市传播的相关研究中，具体指这样一种状态：（1）视沟通或传播视为人类的生存方式和社会构成的基础；（2）促成多元主体通过信息传播进行多元融合；（3）融合历史和现实提升认同，建设社会共同体；（4）传播构筑社区、国家间的连接与互动。②也就是说，城市传播研究中的"可沟通"不是单指城市的媒介化水平，更是指在数字化信息网络建构新型城市里，推进社会发展，弥合社会鸿沟，促成有共同文化认同的社会共同体的状态。③这种"可沟通"理念也可以用于我们对新时代宣传范式的创新建设中来——以信息传播构筑政党—社会关

---

① 新华网：《习近平总书记主持召开党的新闻舆论工作座谈会并到人民日报社、新华社、中央电视台调研侧记》，2016-02-20，http://news.xinhuanet.com/politics/2016-02/20/c_1118106530.htm。
② 复旦大学信息与传播研究中心课题组、谢静：《可沟通城市指标体系建构：基于上海的研究（上）》，《新闻与传播研究》，2015（07），5页。
③ 吴予敏：《从"媒介化都市生存"到"可沟通的城市"——关于城市传播研究及其公共性问题的思考》，《新闻与传播研究》，2014（03），6-19页，126页。

系，多元主体共同参与政党宣传活动，以建构社会共同体，促成社会认同和共识为传播目的。

因此，本文认为新时代的政党宣传范式的特征可以用"可沟通"来概括。

（一）可沟通的受众关系

任何一个时期的政党宣传目标无疑都集中在政党合法性、领导的稳定性的获得和风险应对能力的巩固上，因此，政党宣传范式中最重要的要素是宣传客体即社会公众。可沟通宣传范式主张对以往的"宣传者—宣传对象""主动—被动"的固有逻辑关系做创新式改变，政党宣传体制中允许容纳多元的主体参与进来，通过不同的话语体系和传播方式达成政党宣传的目标。正如政党来自人民，党性和人民性一致的道理，政党宣传要重视社会的力量，通过对多元社会主体的引导、吸纳、协同和合作，来展开政党宣传。当下社会成员的阶层多元，身份复杂，有不少以往不明显的"新代表性人士"存在并具有较大网络影响力。积极灵活地借助多种社会良性力量来进行传播，促进认同、达成共识，是新时代政党宣传的首先要进行的观念创新。所谓宣传范式的可沟通，在社会关系层面上就是要根据社会公众的群体心理和个体特征的变化灵活地改变传播的方式方法，以人为本，适应传播对象的主观愿望和客观需求。

（二）可沟通的传播环境

一般认为政党宣传的内容就是社会的主流意识形态，作为主流意识形态必须强势占领所有社会意识形态空间，不允许非主流意识形态或者其他亚文化政治形态的存在。但是，互联网时代就是一个不断创生多种多样的非主流意识形态和千变万化的政治亚文化形态的时代，这个时期的政党宣传需要认清形势，与其他非主流意识形态和亚文化种类保持共生但主导的互动关系，保持一定的距离，或留有中间地带，并在这些亚文化领域里适当地传播主流价值观。互联网时代，对于政党宣传来说，非主流意识形态和政治亚文化形态的存在也是有其存在的价值和意义的，第一是和政党主流意识形态共同构筑一个多元互动、融合竞争、宽容良性的社会文化氛围，让社会公众处在一个自然而轻松的信息接收环境和自主选择环境中，避免信息强压带来的逆反心理，宽容和谐的传播氛围才是可沟通传播效果的基本保障。

（三）可沟通的宣传机制

正如政党历代领导人一直非常重视政党宣传工作并时刻强调政党宣传的重要性那样，政党宣传的机制在新时期也需要适应新的形势才能完成自己新的使命。新时期政党争取合法性、稳定性和应对风险的任务并没有减轻，反而越来越艰巨。合法性建设遇到网络时代信息去中心、去权威的特点，多元传播主体和多种传播场域同时进行议题博弈和声音竞争，政治认同和社会共识的形成更加困难。稳定性建设遭遇社会公众价值观世界观的多元化，伴随网络普及而成长起来的一代，其政治兴趣和思想觉悟与前代人有明显的代沟，代际意识形态的分化和鸿沟让政党旧有的宣传话语不但可能失效，而且会遭遇解构和误读。同样，政党宣传在过去的时代里所发挥的团结社会、万众一心、共渡难关的危机应急作用，在互联网风险社会里可能无法应对繁杂的事态和复杂的博弈关系。这三点都需要政党宣传在机制上进行进一步的创新建设。政党宣传机制原本脱胎于政党组织内部，天生带有集中统一管理的僵硬色彩，在传播意识和方式上难以有更多的改革意识和创新举动。政党应该把宣传部门视之为一个重要而相对有自由裁量空间的职能部门，允许宣传以独特的创新方式走在政党战略的议题推广、政策实施和工作落实之前，允许宣传部门有优先运用新的传播方式和渠道，创新前所未有的传播模式的机会。

在人、环境和机制创新的同时，传播方式也要注重"可沟通"建设，以新时期社会创新稳定发展为政党宣传的目标，以社会舆情为风向标，通过大数据收集和社会科学分析来解读分析社会心理和民众心态，进行科学有效的政党宣传。

问题四
政治传播视角下的跨境网络舆论场

钟智锦

导 读

我国内地与香港、澳门的协同发展关系成为中国政治发展的重要组成部分，港澳的稳定是中国社会稳定的题中之义。当前港澳与内地关系趋于紧张，而媒体、互联网等媒介在其中扮演了重要角色。

一方面，网络信息传播在港澳社会政治讨论形成、政治身份认同、政治行为动员中发挥了重要作用；另一方面，对互联网的人为区隔造成了跨境舆论场的分化，阻碍了港澳与内地的协同发展。其中，防火墙在舆论场区隔中扮演了重要角色。防火墙作为技术工具对舆论场看似表面的区隔，背后则是对意见交流、舆论场跨越的阻碍。

"占中"事件中，港澳舆论场呈现了不同的状态；"帝吧"事件中，境内舆论与境外舆论的不平等状态都表明，内地与港澳、境内与境外舆论场区隔已成为不争的事实，而这也对内地网民发挥"跨境影响力"提出了新要求。

由此，我们可以反思互联网在政治传播中的作用。互联网在政治传播中主要发挥传播和散布政治消息及政治知识、鼓励与促进政治互动（行为）的作用。那么，当以防火墙为代表的技术成为网络信息沟通的壁垒，并且以技术的形式侵蚀互联网对于政治传播效用的发挥乃至直接影响到现实政治态势时，我们有必要辩证地看待互联网与政治传播的关系。

总之，网络舆论场本身是一种政治场域，港澳与内地舆论场、境内与境外舆论场的区隔直接影响了互联网在舆论场中的角色甚至在政治传播中的作用，这也要求培养内地网民在舆论场中的"跨境影响力"。

一、绪论

互联网作为舆论场的功能和角色在近些年很受重视，尤其在社会转型期的中国，新闻传播学、政治学、社会学、计算机科学等各个学科均有大量文献关注互联网给中国公民带来的话语权力和机会，公民在网络中的自由表达和言说，形成了喧嚣、复杂、多变的网络舆论场。

关于舆论场的研究，在很大程度上是建立在布迪厄的"场域"理论基础上。布尔迪厄认为，场域是由社会成员按照特定的逻辑要求共同建设的，是社会个体参与社会活动的主要场所，它超越了地理空间的概念，是一个关系争夺网络，是力的较量场所和空间场域，场域内充满着权力和资本的影子。[①]中国学者将场域理论应用到虚拟空间，提出"网络舆论场"的概念，网络舆论场是存在于网络空间中的特殊的时空环境，它是现实社会的映射和延伸，与现实社会有千丝万缕的勾连，同时又区别于现实社会，二者相互作用、相互影响。同所有场域一样，网络舆论场内也存在权力与资本的争夺。有学者认为，网络舆论场指的是"多元分层的网络舆论主体，为实现各自利益诉求，以碎片化的社会热点问题为议事题材，以争夺话语权为手段，通过互联网传播和讨论而达成共识性意见的时空环境"[②]。这一观点在国内的舆论场研究中具有很强的代表性，尤其是提出的"话语争夺"成为舆论场研究的重要着力点，意味着中国的舆论场具有浓厚的"竞争"色彩，这种竞争主要体现在舆论场的分类上。

迅速普及的互联网使得中国拥有世界上最大规模的网民和最复杂的网络舆论场。中国学术界关于舆论场的界定有多种取向，最常见的是根据舆论场的主体，可以分为官方舆论场和民间舆论场[③]；也有学者提出三个舆论场的分法，指政府舆论场、媒体舆论场和民众舆论场[④]。这种倾向主要关注不同的"舆论"生产主体在互联网空间里的特点和作用，如党和政府的各级机构能够通过微博、微信公众账

[①] 〔法〕布迪厄：《实践与反思》，李猛、李康译，北京：中央编译出版社，1998。
[②] 肖文涛、黄学坚：《全媒体时代网络舆论场力量对比失衡问题探析》，《中国行政管理》，2015（08），6-12页。
[③] 童兵：《官方民间舆论场异同剖析》，《人民论坛》，2012（13），34-36页。
[④] 刘九洲、付金华：《以媒体为支点的三个舆论场整合探讨》，《新闻界》，2007（01），36-37页。

号等媒体形式向民众发布消息，而党报、党刊、党台等党媒则主要发挥政治宣传的功能，在传递党和政府的声音，二者均是"官方舆论场"的化身。互联网的草根性使得普通网民可以在各种网络平台发出自己的声音，既能在自媒体上形成自己独特的言论，又能在社交媒体平台参与讨论，从而形成与"官方舆论场"不一样的意见、话语和情绪，这是"民间舆论场"的重要体现，学者们常用"汹涌的民意"来指代民间舆论场，探讨官方舆论场和民间舆论场的共生和竞争关系。

目前，开始有少量的学者从地理空间角度来探讨舆论场，比如张涛甫认为，中国舆论场有内外之分。内、外舆论场的互动，可从两个层次来理解。第一个层次的"内""外"指的是舆论事件所在地与外地舆论场之间的互动。一个地方发生舆论事件，不仅会诱发事件所在地的舆论反应，也会引发外地"旁观者"关注，产生与之呼应的外部舆论；如果本地舆论场由于种种原因受到压制，外地舆论场或者会因为消息不畅通而失声，或者会因为消息流通而对本地舆论进行声援。第二个层次的"内""外"指的是境内与境外。互联网的全球化使得舆论事件的传播极有可能跨越地理边境，引起全球舆论的关注。意识形态的多元和舆论的国际化促使国内舆论场与国际舆论场之间形成互动和反差，大大增加了舆论传播的不确定性。可以说，发生于中国内地的舆论事件，如果受到境外舆论力量的关注，被境外媒体报道，往往会增加其在国际社会的曝光率，对事件的呈现也会与国内不一致。从空间政治与国际政治角度看，国际舆论仍以民族国家为最主要的表现单位，由于政治、经济和文化力量的悬殊，国家之间的舆论话语权也是不平等的。目前，具有重要国际影响力的传统媒体主要掌控在美国、英国等发达国家手中，因而国际舆论话语权也被西方发达国家所掌控。[①]而作为没有边界、没有门槛的新型媒介，互联网已经在全球范围内渗透，中国的互联网普及率虽然不及发达国家，但在发展中国家中已经相当领先，然而，这并不意味着中国的网络舆论就具有国际影响力。换言之，世界上最大规模的网民在全球舆论场中并没有形成应有的影响力。本文试图从地域政治的角度，探讨跨境舆论场的现状，及其对互联网政治传播功能的再思考。

---

① 张涛甫：《当前中国舆论场的宏观观察》，《当代传播》，2011（02），39-40页。

二、政治传播中的互联网舆论场

随着互联网在人们日常生活中的深入,社会的方方面面都可以见到网络的踪迹。互联网的政治性在近些年成为社会科学研究的重要面向,这与网络的特质息息相关。一方面,网络具有传统媒体所具有的内容生产、信息传递功能,并且使得信息传播的速度大幅度增加,传播面大幅度增宽,同时极大地降低了信息传播的成本,拓展了信息传播的主体。"蝴蝶效应"就是网络强大的信息传播功能的体现。另一方面,网络又具有传统媒体所没有的组织功能,它的廉价性和普遍性使得人群聚合、组织的功能大大提升,基于互联网的网络社群则由于突破了地域的限制而更容易聚集起来,更容易达成共同的理念、目标、兴趣、爱好,其行为受现实身份及传统行政体制的影响也相对较小。[1] 正因为如此,互联网成为政治生活中的重要角色。学者们用"网络政治"的概念来描述网络在政治生态中的作用。戴维·波利艾(David Bollier)认为网络政治(netpolitik)是"一种力图利用互联网的强大力量来塑造政治、文化、价值观和个人身份的外交形式"[2]。我国学者李斌将网络政治看成是政治现象,并指出,"广义而言,网络政治是指互联网上涉及国家权力和特定利益关系的政治现象;狭义而言,特指互联网中客观存在的且与政治生活密切相关的政治现象"[3]。

从功能角度而言,网络在政治传播中的作用首先体现在对政治消息和政治知识的高效传播上。这种传播在一定意义上具有"政治启蒙"的功效,不仅让受众能更快捷方便地获得与政治相关的信息,还被证明能够提高受众的政治效能感,[4][5] 和政治意识[6]。网络对于政治传播的第二个主要功能是对政治活动(行为)的鼓励和促

---

[1] 蔡翠红:《国际关系中的网络政治及其治理困境》,《世界经济与政治》, 2011 (05), 94-111 页, 158-159 页。

[2] Quoted from David Briscoe, "Kosovo-Propaganda War", *Associated Press*, May 17, 1999, p.132.

[3] 李斌:《网络政治的政治学分析》,《社会主义研究》, 2003 (03), 46-48 页。

[4] Michael X., Patricia M., "Direct and Differential Effects of the Internet on Political and Civic Engagement", *Journal of Communication*, Vol. 57, No. 4, 2007, pp.704-718.

[5] Lee, Francis L. F., "Collective Efficacy, Support for Democratization, and Political Participation in Hong Kong", *International Journal of Public Opinion Research*, Vol. 18, No. 3, 2006, pp.297-317.

[6] Pasek J., Kenski K., Romer D., Jamieson Kathleen H., "America's Youth and Community Engagement: How Use of Mass Media is Related to Civic Activity and Political Awareness in 14-to 22-Year-Olds", *Communication Research*, Vol. 33, No. 3, 2006, pp.115-135.

进。有大量研究发现，网络促进了公民的政治参与行为①②③。互联网上高度的资源共享能够促进公共信息的流通，使互联网用户能够从各种渠道迅速了解公共信息，并且便捷地在网络平台上讨论社会公共事务。由于网络匿名的保护，人们可以在互联网上就社会公共事务大胆地表达自己的看法。④ 互联网减少了沟通的成本和参与社会公共事务的成本，消除了时间和空间对公民参与的限制。更重要的是，互联网降低甚至瓦解了公民参与的门槛限制，以计算机为媒介的传播能够打破既存的社会地位、组织和地理的界限，匿名的保护消解了社会经济地位差异对参与的拘囿，提高了边缘人群的参与度。互联网上密集的虚拟社区和网络群组能够培育社区意识，增加了人们对集体的责任感和对社会公共事务的兴趣。网友对虚拟社区的参与能够锻炼他们人际交往的能力，以及参与和管理集体事务的技能，这些都有利于促进他们对社会公共事务和政治生活的参与。此外，互联网极大地激发了网络行动主义（Internet activism⑤，cyberactivism⑥）特别是当它获得了必要的政治机会时，这种政治机会包括与传统媒体的互动、议题得到大多数人的关注、政策制定者关注网络民意等。网络行动主义指的是网民就社会问题发起抗议、倡议，或者通过网络组织公民行动，以求问题的解决。这些以网络为阵地开展的公民行动，包括各类网络维权、网络反腐、网络民间救助、网络捐赠，以及众多的网络社区、博客、微博、微信发起的集体行动。行动主义者可以通过社交媒体招兵买马，进行行动的动员，在社交媒体平台探讨行动的话语框架，甚至可以借助众筹平台筹集资金、形成跨地区联盟并影响公众意见。可以说，这些网络行动主义者的抗争已经成为新的国际政

---

① Collin P., "The Internet, Youth Participation Policies, and the Development of Young People's Political Identities in Australia", *Journal of Youth Studies*, Vol. 11, No. 5, 2008, pp.527-542.
② Bennett, W. Lance., Wells, Chris., Rank, Allison., "Young Citizens and Civic Learning: Two Paradigms of Citizenship in the Digital Age", *Citizenship Studies*, Vol. 13, No. 2, 2009, pp.105-120.
③ Kruikemeier S., VanNoort G., Vliegenthart R., DeVreese C., "Unraveling the Effects of Active and Passive forms of Political Internet Use: Does it Affect Citizens' Political Involvement?", *New Media and Society*, Vol. 16, No. 6, 2014, pp.903-920.
④ 胡泳：《众声喧哗：网络时代的个人表达与公共讨论》，桂林：广西师范大学出版社，2008，73页。
⑤ Yang G., "China since Tiananmen: Online Activism", *Journal of Democracy*, Vol. 20, No. 3, 2009, pp.33-36.
⑥ Ning Z., "Web-based Backpacking Communities and Online Activism in China: Movement without Marching", *China Information*, Vol. 28, No. 2, 2014, pp.276-296.

治力量。①

网络的政治功能使得互联网的存在不仅仅限于虚拟空间,而且会与现实空间发生密不可分的关联,虚拟空间里的政治活动对现实世界的政治生态有着不可忽视的影响。因此,有政治学者认为,信息是当前国际政治竞争的核心因素。国际社会的竞争除了传统的海陆空疆域之争外,还有新的疆域之争,那就是信息疆域之争。②换言之,网络舆论场本身就是一种政治场域,在这个场域中各种政治权力的争夺导致了目前的力量失衡格局。从国际政治角度而言,西方国家主导国际舆论,"西强我弱"的传播语境一直没有发生变化。近年来,尽管我国在对外传播能力建设方面做了大量工作,取得了一些进展,互联网的发展水平也逐渐与国际接轨,但总体而言,西方国家仍然主导着国际舆论。西方媒体凭借着强大的互联网技术优势、资本优势和语言优势,长期掌握世界话语权,国际传播格局优劣明显,"西强我弱"的传播语境长期以来并没有被挑战过,我国媒体,包括传统媒体和网络媒体,无论在自身形象的对外传播,还是国际议题的话语影响力方面都显得比较微弱。有调查研究显示,国际受众对于中国的了解主要借助于西方媒体,信息获取率高达68%,仅有22%的受众通过中国媒体了解中国。这表明,当代中国国际形象的树立主要源于"他塑",而非"自塑"③④,可以说,中国媒体的对外传播功能微弱,在某些议题上几乎失效。值得注意的是,这样一种力量失衡状态不仅存在于国际政治格局中,也存在于中国本身的地域政治中。

三、地域政治中舆论场的区隔与分化

中国的网络舆论与"政治"有着千丝万缕的联系,政策决策的宣传、政治新闻和事件的传播、政治领导人形象的全新塑造、政治规制的网络实施、网络意见对传统媒体的影响、对政策决策的影响。经过几年的磨砺和博弈,在虚拟空间充分呈

---

① 蔡翠红:《国际关系中的网络政治及其治理困境》,《世界经济与政治》,2011(05),94-111页,158-159页。
② 王海东:《政治的虚拟与虚拟的政治——虚拟空间政治学探析》,《云南行政学院学报》,2016(01),86-90页。
③ 孟威:《改进对外传播构建"中国话语体系"》,《新闻战线》,2014(07),82-85页。
④ 李希光:《畸变的媒体》,上海:复旦大学出版社,2003,431页,439页,440页。

现，显示出具有中国特色的网络政治传播生态。然而，在汗牛充栋的关于网络舆论场的研究中，绝大多数研究都将中国内地的舆论场作为独立的或者唯一的研究对象，而极少从跨境政治的角度研究不同地域舆论场之间的相互作用。

中国内地与香港、澳门的协同发展关系是国内政治中的重要面向，港澳的稳定成为中国社会稳定中的重要维度。香港、澳门两地回归祖国近20年时间，两地与祖国内地的关系在日益密切的经济、文化、社会交流中得到深入发展。但是，由于香港、澳门两个城市在历史、制度、文化、经济发展方面的差异，它们在回归后与内地的关系也有着不同的情况。一方面，港澳回归，正好与国际金融危机发生在同一时间段，香港受到金融危机的极大冲击，经济增长迟缓。对普通的香港市民而言，回归虽然在宏观层面上促进了香港经济的繁荣，但是在微观层面上却增加了生活成本，物价上涨、房价飙升、就业机会减少，市民生活状态不仅没有得到明显改善，反而变得愈发困窘。另一方面，随着自由行的推行以及香港与内地交流的深入，意识形态和文化的差异充分体现，内地的一些负面因素通过交流及媒体的宣传暴露在港人面前，这加深了不少香港民众对内地的排斥，包括对内地制度的反感、对内地居民的歧视、对中央政府的疏离。近些年，香港与内地的矛盾冲突屡屡出现，"双非孕妇""奶粉限购""蝗虫""地铁冲突""小孩便溺""反水客"等事件是两地矛盾冲突的典型表现。

香港与内地的关系趋于紧张，而媒体和互联网在两地关系中扮演了不可忽视的角色。港澳媒体生态和互联网环境与内地差异较大，尤其是民众使用互联网的平台不同，由于长城防火墙（The Great Firewall）的阻隔，中国内地民众无法使用脸书（Facebook）、推特（Twitter）等国际社会普遍使用的社交媒体，也无法登录访问香港、澳门的网站和论坛，而主要集中使用微博、微信等本地产品。港澳民众则习惯于使用脸书和本地论坛，虽然可以自由访问中国内地的网络，但却较少使用微博、微信和其他内地互联网平台。在这样一种环境下，三地民众构建的网络舆论场实际呈现出一种不平衡的格局。一方面，三个网络舆论场在地域上相互独立，尤其内地舆论场，尽管网民数量巨大，但相对来说较为封闭，缺少与港澳和国际舆论场交流的机会；另一方面，港澳舆论场则属于海外舆论环境中的一部分，网民既可以进出于西方世界舆论场，又可以自由访问内地舆论场，但港澳网民对内地舆论场却兴致寥寥。

受到长城防火墙的区隔，中国内地和港澳舆论场在多数情况下是相互分化和疏离的。舆论场的分化使得网民之间的交流与沟通减少。当双方出现社会矛盾或冲突时，由于缺乏顺畅的交流渠道，各自舆论场中的意见容易走向极化，加深了不同舆论场网民的认知裂痕，难以达成社会共识。比如，在"双非孕妇""奶粉限购""蝗虫""地铁冲突""小孩便溺""反水客"等事件中，一方面，香港互联网平台（如脸书、论坛）上，充斥着各种对内地游客的嘲讽、谩骂和负面评价。另一方面，内地舆论场（如微博、论坛）中，则到处可见内地网民对香港民众的谩骂的反击，评价中伴随着强烈的愤怒、焦虑情绪。部分香港市民对内地抱有深刻的偏见，一个并不严重的事件往往通过媒体的渲染和网络的"群体极化"讨论而上升到意识形态和政治高度，带来对内地和内地民众更强烈的不满甚至歧视。内地民众对香港的历史和社会现状缺乏了解，每每出现两地冲突，很多内地网民在港澳问题上表现出一种狭隘偏激的民族主义情绪，甚至出现一些极端言论，使得两地矛盾加剧，两地民众的心理距离愈行愈远。

更重要的是，由于舆论场的长期分化，各舆论场中话语、形式、议题逐渐定型，不同的舆论场形成不同的话语习惯、表达形式及讨论议题。由此，两个相互分离的舆论场相互吸纳、认可或学习、融合的可能性降低，甚至会因形态等不同而出现了舆论场互斥。王国华等学者指出，舆论场分化背后的实质是价值观念和意识形态的分化，这种分化状态长期维持下去，极有可能导致群体的分化，加速或加剧社会的分化。舆论分化是群体分化的征兆，而群体分化又会强化舆论分化，由此形成了相互强化的负向运动[1]。香港与澳门由于文化、历史、语言的缘故，已经逐渐形成了与内地舆论场迥异的互联网舆论生态，在网络语言、舆论平台、讨论议题方面都具有鲜明的地方特色。尤其是语言的差异，使得内地网民在港澳社交媒体中，常常会"暴露"出非本地人身份，很难真正融入当地人的讨论中。在香港，长期的资本主义社会意识形态生活使得香港社会中的很多民众对中国内地的社会制度充满了不信任与抵触。在"一国两制"实施过程中出现了重视"两制"、轻视"一国"的情况。[2] 香港同胞的中国国民意识未能随着香港回归而增强，反而在祖国内地制度和自我身份认同方面出现危机。由于意识形态的差异和身份认同的危机，内地舆论场中的很多议题在香港舆论场中往往遭遇抵制或讽刺，或者被扭曲理解。尤其在青年人群体偏爱的社交媒体中，表露出"爱国"情绪的网民有时甚至会成为众矢之的。

---

[1] 王国华、肖林、汪娟、周海灯：《论舆论场及其分化问题》，《情报杂志》，2012（08），1-4页，20页。
[2] 俞悦、蔡鑫：《20世纪殖民统治期间香港社会心理的变迁及影响》，《哈尔滨学院学报》，2015（01），129-134页。

因此，可以说，港澳与内地舆论场的分割，使得互联网应有的政治传播功能走向另一个极端。一方面，在本地政治环境中，网络促进了港澳社会中政治信息的急速传播、政治群体在社交媒体中的聚集、政治群体身份的建构、政治讨论话语框架的形成、政治行动或社会运动的动员组织，发挥了不可忽视的政治传播功效。香港社会近些年爆发的大规模社会运动中（如反国民教育、"占中"），互联网和社交媒体都承担了非常重要的组织动员功能。另一方面，在地域政治或跨境政治中，对互联网的人为区隔直接造成了网络舆论场的分化，不仅没有发挥互联网应有的"互联"功能，反而阻断了内地网民和港澳网民的交流通道，在香港与内地关系敏感、香港民众出现国家认同危机的形势下，这种舆论场的区隔使得两地民众无法进行正常的沟通与对话，无法就社会矛盾和社会热点事件进行观点的交流。而与此同时，两地内部的群体极化和观念极化现象使得两个舆论场的隔阂更加深刻，这对两地的融合和协同发展毫无益处。正如前文所说，内地与港澳舆论生态呈现出极不平衡的格局。港澳舆论场是全球舆论场的一部分，网民可以随意进出，容易受到西方世界舆论的影响，而西方世界舆论对中国内地的了解程度是有限的，在某些敏感议题上往往带有偏见，因此会加深香港社会对祖国内地的刻板印象。从国际互联网的格局来看，长城防火墙内的中国内地舆论场反而是孤立和封闭的，虽然防火墙可以"保护"内地民众免受西方舆论的"干扰"，但同时也阻碍了上亿中国网民对外传播的通路，阻碍了每个网民背后承携的国家强盛、社会和谐、人民生活水平与教育水平提高的真实面貌在全球舆论场中的展现。

四、跨境舆论场中的舆论差异：基于"占中"事件和"帝吧"事件的观察

不可否认，对其他网络平台感兴趣的民众，也可以拥有在其他舆论场发声的可能。对港澳事宜感兴趣的网民，可以通过翻墙软件登录海外网站；而对内地事宜感兴趣的港澳网民，则可以选择拥有微博或者微信账号。同时，三地在经济文化中的交流，也促进了人员的流动，在港澳工作的内地居民和在内地工作的港澳居民都能够在自己所在的地方登录当地网络，使得三地的网络舆论对流成为可能。

而这种跨越虚拟的长城防火墙或者基于跨越实体边境的网络交流行为，对舆论场的相互融合、舆论的相互沟通、舆论背后网民的相互了解、理解，甚至影响，都是非常重要的。下文将以"占中"事件和"帝吧出征"事件为案例，对此进行进一步分析。

（一）"占中"事件观察

在和港澳与内地关系息息相关的很多突发性公共事件里，互联网成为重要的信息传播手段，互联网为民众表达意愿和利益诉求，甚至参与决策制定提供了快捷的渠道。2014年香港的"占领中环"（Occupy Central，"占中"）运动中，香港、澳门舆论场就有较大的差异，反映了地域政治中舆论场政治传播的特点。笔者与澳门易研网络研究实验室团队曾采集了2014年9月14日至2014年12月3日期间，香港、澳门两地关于"占中"的舆论数据，以比较占中事件中港澳舆论场的差异。数据来源于四个渠道：传统媒体的报道；本地综合性网络论坛；社交媒体（脸书和新浪微博）上的专题或群组；YouTube视频网站上关于"占中"的视频。其中"新浪微博"特指微博的香港部分和澳门部分。

1. 香港部分舆论表现

香港传统媒体着重关注政府行动及"占中"的影响，强调"占中"的非法性。报道量最大的三个主题分别为："香港政府的行动及回应"（3,194篇）、"'占中'的影响"（1,874篇）及"'占中'诉求／意见"（1,692篇）。具体而言，以下五个话题在传统媒体中呈现的次数最多："'占中'属违法胁迫／暴力行为"（1,449篇）、"普选"（1,105篇）、"交通运输受阻"（738篇）、"美支持香港的传统及基本自由"（497篇）及"警方对示威者采取清场行动"（447篇）。

香港的网络论坛则密集讨论普选，关注美国对"占中"的意见。帖子主题排前三的分别为"'占中'诉求／意见"（8,320条）、"香港政府行动及回应"（7,202条）及"社会意见"（3,382条）。以下五个话题在网络论坛中讨论得最为热烈："普选"（5,282条）、"美支持香港的传统及基本自由"（2,764条）、"'占中'属违法胁迫／暴力行为"（2,639条）、"反占中签名／不满占中行为"（2,097条）及"警方对示威者采取清场行动"（1,617条）。

香港社交媒体中，民间诉求和政府行动基本相当，声音较量相对平衡。帖子主题前三分别为"香港政府行动及回应"（1,838条）、"'占中'诉求/意见"（1,808条）及"'占中'影响"（680条）。热门话题前五分别为："普选"（1,027条）、"警方对示威者采取清场行动"（690条）、"'占中'属违法胁迫/暴力行为"（509条）、"美支持香港的传统及基本自由"（351条）及"交通运输受阻"（318条）。YouTube视频网站则关注警方行动和普选。值得关注的是新浪微博的香港部分，虽然总量较小，但舆论比较关心香港普选和政改。帖子主题前三分别为："'占中'诉求/意见"（24条）、"香港政府行动及回应"（18条）及"'占中'影响"（4条）。具体话题前五分别为"普选"（9条）、"要求撤回/重启政改"（9条）、"'占中'属违法胁迫/暴力行为"（7条）、"吁公务员/警员谨守岗位/依法执法"（5条）、"警方对示威者采取清场行动"（4条）、"拒绝撤离占领区"（3条）、"'占中'策略/要求与特首对话"（3条）、"美支持香港的传统及基本自由"（3条）及"坚决反对破坏法治违法行为"（3条）。

2. 澳门部分舆论表现

澳门传统媒体密集报道"占中"的非法性和普选。报道主题前三分别为"香港政府行动及回应"（1,653篇）、"'占中'影响"（1,169篇）及"'占中'诉求/意见"（797篇）。具体话题前五分别为"'占中'属违法胁迫/暴力行为"（684篇）、"普选"（488篇）、"交通运输受阻"（441篇）、"警方对示威者采取清场行动"（344篇）及"扰乱社会秩序"（215篇）。

网络论坛舆论在讨论政府回应和"占中"影响的同时，担心"占中"被外力利用。帖子主题前三分别为"香港政府行动及回应"（1,406条）、"'占中'诉求/意见"（842条）及"'占中'影响"（490条）。具体话题前五分别为"'占中'属违法胁迫/暴力行为"（588条）、"普选"（567条）、"警方对示威者采取清场行动"（221条）、"批有人借助外力图将港变独立"（203条）及"忧集会人士被利用"（159条）。

澳门社交媒体则关注普选及美国的态度，帖子主题前三分别为"'占中'诉求/意见"（302条）、"香港政府行动及回应"（269条）及"社会意见"（181条）。具体话题前五分别为"普选"（236条）、"美支持香港的传统及基本自由"（127条）、"'占中'属违法胁迫/暴力行为"（106条）、"忧集会人士被利用"（88条）及"'占中'区域环境堪忧"（75条）。YouTube影片则反映了澳门民众从香港普选联想到澳门政改。新浪微博的澳门部分关注香港普选，担忧集会被境外势力利用。

在态度和立场方面，澳门地区民意整体上对"占中"持中立/客观态度，表现为在六大民意渠道中持中立/客观意见者居多，分别为澳门讲场（79.7%）、新浪微博（56.7%）、YouTube（37.5%）、脸书（59.9%）、论坛（55.7%）、传统媒体评论（44.8%）。在 YouTube 上的支持意见占比重最高（25%），在评论中的反对"占中"的意见最多（44%）。澳门民众对"中央政府"和"香港政府"也主要持中立/客观态度。在新浪微博中，对香港政府的反对/悲观态度最为明显（83.3%），并且几乎没有支持/乐观的态度。传统媒体的评论相对而言对香港政府持较多的肯定和乐观态度。几乎在所有的新媒体舆论中，澳门网民都没有对香港学生团体表现出支持/乐观的态度。具体表现为在澳门讲场、新浪微博、YouTube、论坛上，中立/客观分别占 90.3%、80.0%、100.0% 和 60.0%；而在脸书上，反对/悲观态度最多，占 66.7%。仅仅在传统媒体的评论中，有少量评论对香港学生团体持积极肯定的态度（3.7%）。澳门地区民众对"占中三子"主要持反对/悲观和中立/客观态度，其中，澳门讲场、YouTube 以中立/客观为主，分别占 84.6%、100%；论坛、传统新闻评论以反对/悲观为主，分别为 60.0%、57.9%；新浪微博、脸书则两种态度各占一半。与"学生团体"的情况类似，澳门网民对"占中三子"并无好感，只有 2.5% 的传统媒体的评论支持、肯定"占中三子"。

3. 跨境舆论场的差异与跨境网民影响力的可能

由上可知，澳门民众整体上对"占中"持审慎态度，无论是澳门传统媒体，还是澳门网络社交平台，对中央政府、香港政府的态度都以中立/客观态度为主；对"占中"事件、"占中三子"、学生团体，则以中立/客观和负面/悲观态度为主。这在一定程度上反映了澳门社会舆论与香港社会舆论对"占中"事件的态度、立场和关注点有比较明显的差异，澳门舆论能够较为理性和审慎地关注及讨论"占中"事件。值得注意的是，使用新浪微博的澳门网民，对中央政府、警察执法的肯定度最高，对香港政府的消极看法也最多，一个很可能的原因是使用新浪微博的澳门网民受到微博上内地网民的影响，或者是身处澳门的内地网民在使用微博，因而他们的观点与大多数内地网民是一致的。

就香港网民而言，脸书是一个与传统媒体和其他新媒体有较为明显差异的舆论场。研究发现，脸书中的热门话题意见量和发布量和新浪微博、论坛等其他新平台均没有显著相关。可见，脸书、推特这类国际性的社交媒体网站是港澳舆论研究的重点，在这些社交媒体上，香港网民数量庞大，而且容易受到来自世界其他国家和地区的舆论影响。但是，由于防火墙的存在，脸书、推特上难以出现中国大陆网民的意见和观点，内地网民的观点和态度难以在这些社交媒体上体现，也难以和香港网民进行意见的沟通与对话，对香港网民的影响更是无从谈起。

虽然目前还没有经验数据证明网民"跨境影响力"切实存在，但目前港澳与内地舆论场的隔阂却是不争的事实。"占中"事件中所体现的港澳舆论场差异也是探索"跨境舆论场"的初步尝试。从决策者的角度而言，长城防火墙的设立也是为了防范海外舆论（包括港澳舆论）对国内网民产生"跨境影响力"。但是，防火墙"防"的是内地网民在网络空间走向境外，却不能防止境外意见进入国内舆论场，这本身就是一种不平衡的机制，使原本"西强我弱"的话语格局变得更加恶化。在目前国家日益强盛、国内形势稳定、民众对党和国家认同感提高、网民素养提升的情势下，我们需要换位思考，重视中国网民潜在的"跨境影响力"。

（二）"帝吧"事件的再思考

"帝吧"出征事件是"跨境网民"的典型案例。上万年轻的内地网民，在爱国主义情结的驱使下，自行组织，跨越长城防火墙，来到台湾的网络舆论场，在三立新闻、《苹果日报》、蔡英文等的脸书主页大规模刷屏以反对"台独"。这次活动分工明确、纪律严明。事件结束后，国内的舆论有各种评价，一部分人认为"90后"年轻人的集体爱国主义行动让人有扬眉吐气之感，体现了新一代中国人的国家认同、政治热情、自我组织能力、内在凝聚力和自信心，具有"史诗般"的气魄。另一部分人认为，年轻网民用表情包、图片和诗歌等内容刷屏，是一种不理性和欠思虑的行为，甚至有人认为此举有损内地形象，不利于两岸的民间沟通。也有观点认为，台湾舆论对"帝吧出征"反应平淡，两岸网民各说各话、各自狂欢，"出征"只是一场"政治戏谑"，并未达到预期效果。还有人观察到，两岸年轻人"不打不相识"，从最开始在一些场景中的剑拔弩张，到后来对各种话题的欢乐交谈，政治话题反而变得不再重要了。

不论"帝吧出征"的结果如何，无论其对两岸关系是否产生了影响，该事件在中国互联网历史上都具有极其重要的意义。值得注意的是，笼罩在这个事件上的"爱国主义"光环，使得大规模"翻墙"行为成为"英雄"的举动。《人民日报》《环球时报》等权威媒体在赞许"帝吧出征"的同时，并没有对"翻墙"这一行为做出任何评价。《环球时报》评论写道："随着民进党上台，今后一段时间两岸年轻人的网上摩擦恐怕少不了，官方大可不必为此担心，不妨让这些网上的子弹'飞一会儿'。"[①] 可见，官方对两岸年轻人的网络相逢是有一定预期的，并且对"网络遭遇战"的结果和影响也是有所期待的。然而，这种跨境的网络相逢或者"遭遇"到底如何才能发生？是否必须经过一次又一次的集体"翻墙"？除此之外，是否还有其他的可能？"帝吧出征"这一行动中体现的"90后"年轻人的爱国情怀不由让人反思，在境外舆论能够自由进出国内舆论场的同时，阻止国内舆论出境，是否是一种合理的机制？如果没有"长城防火墙"，网民的"跨境"则没有那么大的障碍，或者说，他们无需钻研技术手段来翻越防火墙，并且在翻墙工具没有被屏蔽失灵之前，抓紧时间用统一的、机械的、快速的、未经思考的方式来表达自己的爱国之情。试想，在没有"墙"的情况下，网民能自由进入对方的舆论场，更理性从容地表达自己的观点，或许，不采用激烈的方式，反而能够增进沟通，潜移默化地发挥"跨境影响力"。在以"宣传"为核心的政治传播理念在国际传播、跨境传播中失灵的当下，这或许是一种新形态的政治传播方式。

五、结语

国内关于网络舆论场的研究汗牛充栋，但极少有研究从地理空间角度反思舆论场的格局。大中华地区的跨境政治包括香港、澳门、台湾与内地的关系与政治前途，网络舆论场在政治生态中的重要作用已经在国内外学者中达成共识，其在国际政治中扮演的角色也得到了国内学者的重视。但是，大中华地区跨境政治中的舆论场格局急需研究者的关注。尤其在香港的"人心回归"问题日益棘手、台湾领导人更替之后前途不明的局势下，是否应当继续以长城防火墙为工具，保持网络舆论场的区隔，是一个值得研究者和政策制定者深入探讨的问题。在政治传播和国际传播

---

① 社评：《不必夸张"帝吧出征"的两岸负效果》，《环球时报》，2016-01-21，http://msn.huanqiu.com/opinion/editorial/2016-01/8425254.html。

过程中，由于复杂的外部原因和专业操作的内部原因，党媒的"硬宣传"功能不一定能达到预期的传播效果。拥有几亿网民的互联网舆论场同时也是对外政治传播的极佳场所，网民本身就是传播者。虽然不能保证所有的人都传播"正能量"，但是只要相信社会在进步，国家在强盛，人们对国家的认同感在提高，假以时日，几亿中国网民会发挥潜移默化的"跨境影响力"，在国家的统一、人心的回归、国际形象塑造方面起到重要的作用。

二　网络与重构

网络舆情热点的总体特征和演变规律
基于关系网络视角的微博与微信舆论场特征研究
网络舆论的非理性及其因素研究
网络语境下舆论研究的反思与路径

问题五

网络舆情热点的总体特征和演变规律

曹　洵　张志安

导　读

  网络舆情成为体察社会态势的重要指标，而通过网络舆情发展态势的研判，能够为社会治理提供参考。

  近年来网络舆情热点有何特征？总体来看，网络舆情热点数量整体呈上升趋势；舆情"爆点"略降、舆情"燃点"占比居主导；微信等社交媒体促使舆情事件的周期缩短；微博、微信和自媒体已成为舆情事件的主要首发平台；中东部及经济发达地区舆情热度较高；官员违纪、民生话题和政府失责是舆情热点的集中议题；舆情事件关涉主体集中于涉及公权力的机构和个人。

  此外，当前网络舆情发展具有一定的规律性。舆情热度与议题的性质有一定的内在联系，舆情周期从几天到一两个月长短不一，事件后果越严重、波及面越广、涉及越广泛的公共利益的，其持续周期较长。事件当事人、与事件直接相关的组织或机构、意见领袖等三类关键节点，往往决定着整个舆情热点的基调和走向。同时，以微博、微信为代表的社交媒体，以播客、视频网站为代表的自媒体，以及贴吧、论坛等言论社区，共同构成了最基础、覆盖面最广的舆论生态圈，代表了网络舆论的原生力量。网民关注议题从自身走向全局，如更加关注社会公平、更加反思制度问题。

  在此基础上，未来的网络舆情研究需要从单一事件分析到复杂网络分析、从注重数据到重视关键性文本、从总结分析到研判预警几方面进行转变。

网络舆论是社会整体舆情的温度计，也是社会民意的风向标。层出不穷的热点事件，为网络舆情的爆发、扩散和演变提供了接连不断的议程，网络舆情的发展变化规律也成为社会治理决策参考的重要依据。本文以中山大学互联网与治理研究中心、中山大学大数据传播实验室的研究数据为支撑，综合人民网舆情监测室发布的《互联网舆情分析年度报告》、人民日报出版社出版的《中国社会舆情年度报告》等各类权威报告内容，分析总结近年来网络舆情发展态势、网络舆情的演变规律和主要特征，并针对舆情应对和舆论调适提出相应对策。

一、近年来网络舆情热点的总体特征

（一）舆情热点数量整体呈上升趋势

我们集中考察了从2009—2014年微博、微信、各大论坛及新闻网站的跟帖情况，并根据下列指标作为确定一个网络话题是否为"舆情热点"的标准：持续时间、文本数量、显著程度（话题的文本在该媒体平台上占全部文本的比例）、集中程度（讨论该话题的不同网友总人数）。根据以上指标，我们筛选出历年来的舆情热点事件数量如表5-1。

表 5-1 近年舆情热点数量的年度分布[①]

年度	2009年	2010年	2011年	2012年	2013年	2014年
数量（件）	248	274	348	455	413	381

总体上看，自2009年以来，舆情热点整体呈上升趋势，特别在2012年、2013年出现小高峰；之后尽管有所回落，但数量上居高不下，可见，整体的网络舆情活跃度较高。

---

① 表5-1的数据系根据中山大学大数据传播实验室，及喻国明等主编的《中国社会舆情年度报告》（2009—2015）提供的数据综合得出。

（二）舆情"爆点"略降、舆情"燃点"占比居主导

我们再根据事件所得的分值，区分出不同的热度等级，按照从低到高分别有4个等级：60~69分的为"温和"级，指该议题引发广泛关注，有一定的话题性；70~79分为"热点"级，指该议题表现较为活跃；80~89分为"燃点"级，指该议题吸引了公共舆论的强烈关注；90~100分为"爆点"级，指该议题不但成为公共舆论的焦点，某些负面事件还可能转化为社会危机事件，即便事件降温，影响仍然深远，属于需要高度警觉的级别。近年来各个级别的热点议题数量统计如表5-2。

表 5-2 舆情事件热度等级分布[①]

年度	温和级（60~69分）	热点级（70~79分）	燃点级（80~89分）	爆点级（90~100分）
2009年	25.6%	35.8%	30.5%	8.1%
2010年	15.7%	33.9%	40.5%	9.9%
2011年	12.9%	28.7%	49.7%	8.6%
2012年	17.9%	31.4%	37.5%	13.3%
2013年	14.8%	32.4%	39.5%	13.3%
2014年	14.2%	28.1%	44.6%	13.1%

综合几年来数据可见，需要引起警觉的"爆点级"舆情比例不大，且近两年来略微下降；"燃点级"舆情占有相当比例，在30%至50%间浮动；"热点级"舆情稳中有降；"温和级"舆情所占比例较小，浮动幅度不大。因而对整体舆情起关键作用的是"热点级"和"燃点级"两个部分。总体看来，舆情表现相对平稳，但"燃点级"舆情居高不下，社会治理面临较大压力；民众对议题保持较高的参与热情，同时也保持一定的克制度，社会整体上保持较好的容忍弹性。但要注意的是，"燃点级"舆情若处理不当，也容易升级为"爆点级"舆情，增加社会治理的风险。所以要科学处理好不同级别的舆情。

（三）微博微信等社交媒体促使舆情事件的周期缩短

"舆情周期"是指一个话题从出现、发展、高潮到消退的整个过程所经历的时

[①] 表5-2根据喻国明、李彪主编：《中国社会舆情年度报告（2015）》，人民日报出版社2015年版第36页表2-6改编。

间，以天为单位。近年来热点舆情的周期分布如表 5-3、表 5-4。

表 5-3　舆情事件的平均周期[①]

年度	2009 年	2010 年	2011 年	2012 年	2013 年	2014 年
平均周期（天）	16.8	15.1	21.4	23.2	21.6	14.2

表 5-4　舆情事件的周期分布[②]

年度	1～15 天	16～30 天	31～45 天	46～60 天	60 天以上
2009 年	70.3%	15.1%	6.9%	3.1%	4.6%
2010 年	73.9%	11.4%	8.8%	3.9%	2.0%
2011 年	50.2%	29.9%	13.3%	4.5%	2.1%
2012 年	48.9%	32.1%	12.7%	4.4%	1.9%
2013 年	50.5%	28.7%	14.2%	4.1%	2.5%
2014 年	57.4%	22.9%	12.3%	4.9%	2.6%

从以上两个表综合可知，近年舆情事件平均持续时间为 2～3 周，2012 年出现峰值之后有所回落，2014 年明显缩短。超过一半的舆情周期在 2 周之内；周期时间越长，舆情事件数量越少。通过数据可知，舆情的平均周期有缩短的趋势，这说明网民对议题的持续注意度有所下降。造成这种情况有多种可能的原因：一是互联网资讯传播的"快餐式消费"特征，一旦有新的议题吸引注意力，原有的议题便迅速降温；二是同类议题频频出现，网民出现了一定程度的疲劳感和麻木感；三是某些社会影响重大（特别是敏感的）议题出现之后，网络各媒体受到行政命令的限制或自我审查的结果，这是舆情周期的非自然衰减。

值得注意的是，在以微博、微信为代表的社交媒体环境下，舆情从萌发到达到高峰所需的时间越来越短。已有的若干研究显示，以微博驱动的舆情形成高潮一般在 24 小时之内，通过微信、论坛酝酿的舆情也不超过 72 小时，特别是危机类事件，可以说是从一开始就进入爆发期。所以对危机应对而言，从原来的"黄金 72 小时"不断缩减，新媒体时代或许只有几小时甚至更短的时间，视事件的

[①] 表 5-3 的数据系根据中山大学大数据传播实验室，及喻国明等主编的《中国社会舆情年度报告》（2009—2015）提供的数据综合得出。

[②] 表 5-4 根据喻国明、李彪主编：《中国社会舆情年度报告（2015）》，人民日报出版社 2015 年版第 45 页表 2-16 改编。

性质、影响程度和关涉主体等因素而异，这无疑给舆情危机处理部门提出了新的挑战。

（四）微博微信和自媒体已成舆情事件的主要首发平台

舆情事件第一时间出现的媒体平台称之为"首发平台"。综观以上数据可知，在微博出现之前，舆情的首发平台多数还是在传统媒体（通讯社、报纸、电视）。但2010年微博崛起之后，迅速成为最主要的事件首发平台，连年来占据首位；从2013年开始，微信也开始瓜分微博的份额，成为另一个重要的首发平台。"双微"加上论坛、贴吧、视频网站等自媒体平台，由网民主导的新媒体的总体份额已经远远超过传统媒体。传统媒体中，都市报还是重要的首发平台；通讯社的比例也略有上升。因而形成了三个信源梯队：第一梯队是微博和都市报；第二梯队是通讯社、中央大报；第三梯队是微信等自媒体平台。由此可见，由传统媒体完全掌控信源、设置议程的时代已经过去，专业媒体与网民都是网络舆论的共同参与主体（表5-5）。

表 5-5 近年舆情事件各首发平台所占比例[①]

年度	微博	都市报	通讯社	中央大报	广电媒体	微信	综合论坛	地方论坛	境外媒体	门户网站论坛	贴吧	视频网站	财经报纸
2009	传统媒体占 65.2%						网络自媒体 34.8%						
2010	12.7%	32.3%	6.9%	3.7%	6.5%	0.0%	20.0%	3.3%	1.2%	2.0%	2.5%	2.9%	3.7%
2011	22.0%	19.1%	9.8%	7.7%	9.8%	0.0%	8.9%	8.6%	0.9%	2.4%	3.0%	3.3%	4.5%
2012	32.1%	15.7%	10.3%	8.1%	8.3%	0.0%	9.8%	5.2%	1.1%	2.2%	3.1%	1.7%	2.4%
2013	25.7%	16.6%	11.3%	7.2%	6.5%	4.1%	8.8%	6.4%	3.7%	1.2%	2.7%	2.7%	3.1%
2014	24.9%	19.7%	14.2%	8.9%	8.3%	7.4%	5.8%	2.5%	1.5%	1.2%	0.9%	0.6%	0.0%

（注：2009年统计指标与其他有年度有差别，故单列）

---

① 表5-5的数据系根据中山大学大数据传播实验室、喻国明等主编的《中国社会舆情年度报告》（2009—2015）提供的数据综合得出。

（五）中东部及经济发达地区舆情热度较高

舆情热度主要体现为舆情事件的数量和影响力。近年来舆情热度较高的省份（直辖市）有广东、河南、湖南、湖北、浙江、北京等，多集中在中东部及经济发达地区。当然这并不能直接说明这些地区舆情更高发，还要综合考虑以下因素，如这些地区的互联网普及率高、媒体与通讯发达、民众的公共参与水平也相对较高等。上述地区也具有自身的特点，如广东、浙江地区经济和信息发达、媒体环境相对开放，外来人口多，因而舆情活跃度高；湖南、湖北为中部人口、经济、交通的重要省份，人口流动大、社会问题相对集中，故舆情事件多发；河南作为中原大省，经济水平不高，但人口众多，素质参差不齐，社会矛盾相对尖锐，社会管理水平相对滞后，一定程度上促成了当地舆情多发的态势（表5-6、表5-7）。

表5-6　近年来舆情热度较高的前十个省份[①]

	广东	河南	北京	湖南	湖北	江苏	山东	陕西	浙江	重庆
2009	7.7%	6.9%	3.1%	3.1%	8.5%	5.4%	3.1%	3.1%	7.7%	3.8%
2010	9.1%	10.3%	4.0%	6.3%	10.3%	5.7%	2.3%	4.6%	3.4%	2.9%
2011	9.7%	7.8%	5.8%	5.3%	4.9%	5.3%	3.9%	2.9%	7.3%	1.9%
2012	8.1%	8.1%	6.2%	8.6%	5.2%	5.2%	5.7%	7.6%	8.1%	5.2%
2013	6.1%	8.2%	5.8%	7.5%	4.1%	4.8%	4.8%	3.4%	2.7%	2.7%
2014	11.2%	7.4%	6.0%	5.3%	4.9%	4.6%	3.9%	3.9%	3.9%	1.4%

表5-7　近年舆情热点的行政级别分布[②]

	全国	省级	一线大城市	地市级	县级及其以下	港澳台	国际
2009	12.3%	1.9%	38.2%	17.5%	30.2%	0.0%	0.0%
2010	22.0%	6.7%	13.4%	26.8%	27.3%	3.8%	0.0%
2011	32.0%	4.0%	17.1%	17.4%	16.5%	10.6%	2.5%
2012	33.1%	14.4%	25.4%	13.6%	6.8%	5.1%	1.7%
2013	25.4%	2.4%	30.0%	20.1%	15.0%	5.1%	1.9%
2014	28.0%	21.2%	15.0%	15.0%	10.4%	4.9%	2.2%

---

① 表5-6根据喻国明、李彪主编：《中国社会舆情年度报告（2015）》，人民日报出版社2015年版第42页表2-13改编。

② 表5-7根据喻国明、李彪主编：《中国社会舆情年度报告（2015）》，人民日报出版社2015年版第40页表2-10改编。

综观几年来的行政级别分布，可见两类区域更容易发生舆情事件：一类是地市级、县级及以下区域，这些地区社会管理水平较低、信息相对封闭，一些现实中的问题或矛盾处理不当便容易转化为网上的舆情事件；一类是全国范围，其事件的主要特征是影响范围大，涉及利益面广，容易引发全社会关注。一线大城市近年的舆情比例在下降、港澳台地区所占比例不大，因为这些地区整体数量少，体现在统计数据上不明显；但这些地区本身具有重要影响，各种问题、事件也相对活跃，因而发生重大舆情事件的可能性一直存在，不可轻视。

（六）官员违纪、民生话题和政府失责是舆情热点的集中议题

由于舆情的议题类型多而杂，故先宽泛地将其分为时事政治、社会民生、文化教育、企业财经、公共卫生等10个类别（见表5-8）；再对近年来较为常见的议题作进一步的提取、细分，分为政府出台的政策、官员违法乱纪、民生领域、社会公平与贫富分化事件、网络文化事件等14个细类（见表5-9），以更有针对性地考察网络舆情的议题特征。

表 5-8　近年舆情热点的议题分布[①]

	社会民生	反腐倡廉	文化教育	涉警涉法	社会安全	时事政治	灾害事故	企业财经	公共卫生	其他
2011	11.0%	16.8%	15.0%	23.4%	5.2%	11.6%	2.3%	4.3%	2.6%	4.9%
2012	17.9%	16.7%	14.7%	14.9%	8.2%	14.2%	2.2%	1.5%	3.0%	6.7%
2013	19.6%	26.4%	8.2%	24.2%	3.6%	8.0%	2.4%	2.7%	1.9%	2.9%
2014	28.6%	24.7%	14.9%	14.1%	6.9%	5.3%	2.4%	1.3%	1.1%	0.8%

近年来，网民的关注点集中在社会民生、反腐倡廉、文化教育、涉警涉法等几个领域；社会民生类问题的关注度近两三年来迅速提升，涉警涉法、反腐倡廉、时事政治等问题关注度有所下降。可见社会民生类问题仍十分突出，已成为全社会的共同议题和民意基础。而反腐类、时事政治舆情的降温与中央近年大力度的反腐有关，随着大小贪官落马、相关信息发布及时，民众不必因反腐信息的不透明而猜测，也会出现一定程度上的关注疲劳。特别是当前经济形势整体不乐观，民

[①] 表 5-8 根据喻国明、李彪主编：《中国社会舆情年度报告（2015）》，人民日报出版社2015年版第38页表2-8改编。

众对反腐等宏观议题的关注度有所降低，政府一方面应尽可能让反腐的利益惠及民众，提高民众的参与感和互惠感；另一方面可着力解决民生领域的实际问题，让民众得到实实在在的获得感（表5-9）。

表5-9 近年常见舆情议题分类[①]

	民生领域	官员违法乱纪等	政府出台政策	政府行为不当	官员等不当言论	明星事件	社会公平贫富分化	重大突发事件	涉及国家利益事件	网络文化事件	国际事件	网络商业事件	涉及垄断特权事件
2010	8.5%	19.1%	8.5%	25.8%	4.7%	10.6%	4.2%	2.5%	1.7%	5.9%	3.8%	2.5%	2.1%
2011	8.5%	18.5%	6.9%	16.3%	5.3%	9.1%	4.4%	6.3%	1.9%	6.6%	7.2%	5.3%	3.8%
2012	23.0%	18.3%	4.0%	15.1%	6.4%	10.3%	8.7%	1.6%	1.6%	4.0%	2.4%	4.0%	0.8%
2013	19.3%	22.1%	4.9%	14.2%	8.1%	7.4%	7.4%	2.8%	2.0%	3.6%	3.3%	0.8%	4.1%
2014	30.9%	21.6%	7.8%	6.8%	6.8%	6.3%	4.0%	3.5%	3.5%	3.3%	3.0%	2.0%	0.5%

上述数据反映了社会民生、官员违法乱纪等行为、政府出台政策、政府行为不当等议题是近年来网络舆情中持续的关注焦点和民众的"痛点"，也折射出社会治理中的挑战。社会民生领域中的房价、医疗、教育、交通、环境等一直是民众最急切的关注所在，因为关乎每个公民的切身权益。再结合政府出台的政策、某些官员的不当行为引发民众的杯葛和"吐槽"，综合反映了当前政府整体的公共管理和服务水平有待进一步提高，在出台政策和日常管理中还不能充分满足民众利益。而官员不当言论、社会公平与贫富分化事件连年来也保持着一定的关注度，说明涉及公权力、社会公平的问题是民众关注的核心之一。

（七）舆情事件关涉主体集中于涉及公权力的机构和个人

每个舆情事件（话题）中主要的利益相关者称为"舆情事件关涉主体"。对关涉主体的分类统计便于更细致地考察舆情发生的根源、事件中的责任对象、网民的情绪指向等因素，以更全面深入地了解舆情的性质与特征。根据事件中各主体出现

[①] 表5-9根据喻国明、李彪主编：《中国社会舆情年度报告（2015）》，人民日报出版社2015年版第37页表2-7改编。

的频繁程度，列举出以下各类舆情主体，其各年度分布情况如表5-10。

表5-10 近年舆情事件关涉主体分布[①]

	公检法	市级官员	职能部委	县级及以下政府	明星	县级官员及以下	中央	市级政府	省级官员	央企等企业	外国	省直辖市政府
2009	19.0%	5.4%	14.2%	6.8%	6.3%	9.3%	5.4%	11.2%	2.4%	4.9%	12.2%	2.9%
2010	28.1%	5.2%	5.6%	6.5%	12.6%	9.1%	7.8%	6.5%	2.6%	4.8%	5.6%	5.6%
2011	22.5%	8.6%	12.7%	5.1%	11.4%	7.0%	3.5%	9.2%	0.6%	6.4%	7.9%	5.1%
2012	17.0%	9.4%	15.1%	2.8%	13.2%	5.7%	6.6%	13.2%	3.8%	5.7%	4.7%	2.8%
2013	22.7%	7.5%	10.4%	11.5%	6.7%	6.4%	9.6%	8.8%	0.8%	6.4%	5.6%	3.7%
2014	15.3%	14.9%	11.8%	11.1%	10.1%	9.4%	6.3%	4.9%	4.5%	4.2%	4.2%	3.5%

由上表可见，舆情关涉主体大部分是涉及公权力的机构或个人。根据统计可知，公检法、职能部委、县级及以下政府和官员、市级官员这些主体是舆情高度关涉的主体，这从侧面反映了当前频频发生的舆情事件实际上与公共管理中的公平公正等问题息息相关，公权力机构在保障公民利益方面还需提升作为。比如，公检法本来是社会公平正义的最后维护者，却成为历年来最主要的关涉主体，说明整个社会民众的利益诉求机制和表达渠道不通畅，因而更多依赖这最后的保障环节；同时，也说明目前司法公正存在不少亟待改进之处。职能部委也是重要的关涉主体，随着社会民主化水平的提升，公民意识不断增强，但一些职能部委却还停留在传统的管理思维和方式上，很难适应社会发展和民众需求，管理水平亟待提高。

此外，市级、县级官员也是重要的关涉主体。这是因为官员作为政府机构的代言人，有更多的接触媒体和普通民众的机会，在公共事件中也更容易被识别出来。而目前的很多舆情事件反映了部分官员执政观念相对落后（反映在各种"官员雷语"上）、执政水平有待提高，一些做法甚至缺乏基本的常识，导致政府公信力受损。

[①] 表5-10根据喻国明、李彪主编：《中国社会舆情年度报告（2015）》，人民日报出版社2015年版第39页表2-9改编。

二、舆情事件内部各因素关系和规律分析

（一）舆情热度与议题的关系和规律

我们发现，舆情热度与议题的性质有一定的内在联系。热度等级较高的舆情事件（"燃点级"与"爆点级"）具有以下特征：

其一，从议题类型看，多与民生和社会公正问题相关。这方面的议题集中在社会民生、涉警涉法、政府政策与行为、社会公正与贫富分化等领域，具体包括公共安全事件、维权抗争事件、食品与环境安全、政府出台政策、政府或官员行为不当、司法公安部门行为不当、大型企业（央企、事业单位、垄断型企业）不当行为等等。这些问题要么与民众的切身利益相关，要么与公共利益、社会公平公正相关，集中体现了当前广大民众的核心利益和共同关切。

其二，从事件的关涉主体看，多涉及有垄断性权力的机构或个体。如公检法系统、职能部委、市县级政府或官员、央企、大型企业等。这些关涉主体的共同特征是拥有某种垄断性权力和资源，有的是公权力的代表，有的是经济资本的代表。这些主体容易凭借自身特权谋取私利，即使行为不当也不容易受追责，最终损害了公民权利或公共利益，因而为广大网民所深恶痛绝。特别是若事件同时关涉多个机构部门（如维权抗争事件中的地方政府和公检法部门），或该主体有过前科（如百度公司），引发的舆论热度往往更高。

特别要注意的是，在一些复杂的事件中，既存在事件直接相关的"显性主体"，也存在非事件直接相关者及需要对此负责的"隐性主体"。有时候，隐性主体也受到强烈关注，关注度甚至超过显性主体，特别是当隐性主体是公权力机构时。如之前的"郭美美事件"，公众的注意力就从一开始的"炫富"转移到红十字会的公信力问题上；"百度贴吧"事件中，公众也质疑政府的监管缺位，导致类似的事件屡屡发生。近年来，诸如此类的舆情热点屡见不鲜，说明舆情背后折射出的社会矛盾更为复杂，也说明公民意识在不断提高，网民不止于"就事论事"，而是深挖背后的制度性、结构性问题。

其三，从事件发展过程看，事件本身话题点多或处理过程不够公开透明。舆情热度较高的一般为复杂事件，事件本身疑点多、有多个子话题；或者本来是简单事

件，但调查处理过程中不够公开透明，甚至有刻意隐瞒或扭曲真相的嫌疑，这些因素都是加剧舆情升温的"助燃剂"，特别是后者更容易引发民众的反感情绪，甚至进一步促发线下行动。

以上这些议题特征实际上集中反映了当前突出的社会矛盾和冲突的领域，也暴露了社会治理中的种种不足。可以说，之所以出现各种舆情热点，归根结底是社会在运行过程中出现了问题，包括公权力的滥用、社会治理手段滞后、社会保障和诉求机制不完善，等等。政府相关部门应从这些根本问题着手进行改进完善，而非针对舆情本身采取"降温"措施，这样只是治标不治本之举。

（二）子话题与周期的关系和规律

舆情周期从几天到一两个月长短不一。一般来说，事件后果越严重、波及面越广、涉及越广泛的公共利益的，其持续周期较长，反之则短，但其中一个重要的因素就是是否有新的话题出现。我们将一个舆情事件过程中后续产生的、与主要事件相关的话题称之为子话题。子话题通常有三种类型：一种是随着事态发展出现新的情况而产生的，在时间上有先后的关系，称为"后续型"子话题（如出现某一事件之后，警方的调查声明又引发新的舆情高潮，如之前的"躲猫猫"事件、新近的雷洋事件）；一种是围绕主话题派生出的其他相关的、或更深层的话题，称为"派生型"子话题（如杨达才因在车祸现场微笑而被扒出有多款名表的贪腐嫌疑）；一种是意料之外的、突发性的话题嵌入，造成某种诸如"反转剧情"的戏剧性后果，称为"突发型"子话题。

在事件性质相近的议题中，有子话题嵌入的事件持续周期更长，反之则不容易形成持续的舆论高峰。子话题类型越多样，形成的舆情形态也越复杂，周期也越长。如有研究在对若干舆情事件的研究之后得出"5天原则"：普通议题在5天之内若没有新的话题嵌入，高潮便慢慢退却，反之则仍会出现新高潮。[①] 基于不同个案，高潮出现的天数可能不一致，但却有一定共通性，说明子话题对舆情发展起到重要的"推波助澜"的作用。

基于微博、微信等社交媒体形成的舆情具有"速生速灭"的特征。此类舆情事件，出现时来势汹汹，但也容易被海量信息淹没或取代，要保持热度需要有更多可

---

① 刘康杰、于霄、王丹：《"双微时代"的危机传播趋势和影响因素研究》，《社会科学》，2016（8），23-34页。

供"发酵"的原料——子话题便是这种原料。一些网络推手便利用这个特征,不断制造新话题进行"炒作",以达到持续吸引公众注意的目的。这是舆情治理中需要注意的问题。

(三)不同网络节点对舆情事件的影响作用

在社交媒体上,不同个体或群体在网络中形成不同的节点。我们通常通过重要节点间的互动关系来考察其在舆情变化中的作用。节点可以是有广泛影响力的意见领袖,也可以是关键信息的提供者、传播者(如媒体人、报料者),也可能是普普通通的网民。在不同性质的议题中所起作用不同。

通常在某个舆情事件中,三种类型的节点受到更多的关注、评论和转发,属于关键性节点,分别是事件当事人(有时也是掌握第一手信息的报料人、媒体人等),与事件直接相关的组织或机构(如新闻媒体、政府部门、公安部门、企业等),意见领袖。第一类节点因为其承担了信源作用,对事件的发展演变有重大影响,是事件的一部分,自然受到特别关注;第二类节点像各种官方微博、政务微信等,可以通过调查取证、调解、处理等手段推动事件进展,或解决问题,或维护当事人权益,其发布的信息兼具专业性和权威性,因而成为重要节点。第三类是拥有众多粉丝、在网络上有话语权的意见领袖们,他们的评论、声援、转发等起到动员号召、凝聚意见、倡导社会正义、鼓舞人心等作用,可以影响舆论风向、推动舆论发展。研究发现,就这小部分的关键节点得到了 80% 的关注(包括转发、评论),而其余大部分的节点只创造了 20% 左右的转发评论量,[①]体现了典型的幂率分布特征:少量的言论影响了整体的舆论基调和走向。这是社交媒体环境下的重要的舆论传播特征之一。可见,节点特征对舆情治理有重要意义。

除了关键节点,积极参与评论、转发的无数普通网民才是构成舆论热潮的主力军,他们的参与规模和集体性的舆论动员决定着每个舆情事件的热度。实际上,很多舆情事件跟普通网民并没有直接利益关系,但却引发了舆情的"山鸣海啸",这是因为网民是这些事件的"隐性利益相关者",无论是公权力的傲慢与滥用,还是商业巨头金钱至上、恣意妄为,对普通公众而言,自己都可能是未来潜在的受害

---

① 谢耘耕、荣婷:《微博传播的关键节点及其影响因素分析——基于30起重大舆情事件微博热帖的实证研究》,《新闻与传播研究》,2013(03),5-15页,126页。

者。正是这种隐性的利益相关令其产生了强烈的共鸣，网民作为利益共同体发起声援，间接伸张自身权利。因此，判断一个网络舆情事件能否快速发酵成被普遍关注的事件，主要是看这个事件是否普遍激发了公众在利益诉求、安全感寻求、认同感建立方面的"情感结构"。因而，话题创建者和追随者之间的隐性利益关系决定了危机事件网络传播的趋势，而不能像某些官方言论所言，认为网民总是借机发泄、吐口水，扰乱网络言论秩序。这是政府相关部门需要澄清的认识。

三、网络舆情的发展动向和演变特征

通过对几年来网络舆情热点进行形态描述与比较分析，发现有以下若干重要的发展动向与重要特征：

（一）平台特征：互联网是舆情生发的主阵地，社交媒体作用越发重要

综观几年来舆情的首发平台和传播网络的变化可见，互联网已成为热点事件生发的信源地、舆情集结地和发酵池。从首发平台看，都市报、中央大报、通讯社也占据一定的信源比例。但随着媒体向互联网的整体转型，信息传播和舆论集结的重心将全面向互联网转移。这就意味着，未来舆论治理的主阵地是在互联网，无论是党办媒体、市场化媒体、草根型自媒体，都是互联网上的参与主体和舆论生态链上的一环，各主体都应遵守开放、平等、共享的互联网基本精神，以不同的身份角色共同建设理性和谐的网络舆论环境。

而以微博、微信为代表的社交媒体，以播客、视频网站为代表的自媒体，以及贴吧、论坛等言论社区，共同构成了最基础、覆盖面最广的舆论生态圈，代表着网络舆论的原生力量。这些平台在舆论的形成、扩散、深化、转移方面将越来越起到决定性作用。其中，诸如微博、微信等社交媒体，以强弱不等的个人关系进行无限联结，体现了无标度复杂网络的核心特征，因而其对舆论生发的影响不可忽视。

在这种媒介技术与生态变迁的背景下，传统的以信息垄断、等级分割的方式来引导或控制舆论的做法，其效果已经弱化。政府的舆论治理角色面临转型要求，应

由原来的直接管理者转变为规则的制定者，以法治的基本逻辑促进互联网运行的有序化，致力于培育健康的网络生态基质。

（二）议题特征：从关注切身利益到关注社会公平

近年来备受网民关注与热议的话题集中在两个方面。一是与自身衣食住行等生存发展密切相关的话题，统称为民生领域；二是与社会公平相关的、关乎公共利益的话题，如针对政府出台的政策、政府行为不当、司法不公、权贵势力对弱势群体的伤害、警察权力滥用，还有热度一直不减的公共安全事故、食品安全问题、环境问题与邻避事件、征地拆迁、维权抗争事件等。

这些议题具有鲜明的共同特征：与公权力的运作密切相关，体现了转型过程中社会的结构性矛盾（阶层差异、贫富分化等）。而且从总体比例看，与社会公平公正相关的议题越来越受关注，这说明公民意识正在不断成熟，因为公共利益归根结底还是每一个公民的具体利益，这些事件的走向和最终结果都会影响普通民众对社会公平的期待，进而影响对政府公信力的评价。这就要求政府要切实地回应民众需求，从制度建设到日常运作层面努力建构公平正义的社会环境。

（三）关注焦点：从追问事实到反思制度

不少议题之所以会引发持续的、具有影响力的讨论，往往因为事件所折射的深层问题超过事件本身，其中涉及政府监管缺位、政府职能不清晰、社会管理观念与方式滞后、政策或制度缺陷等。这些深层次问题若没有得到彻底纠正，即使解决了个别问题，类似的情况仍会不断出现。网民在讨论过程中不断追问事实真相、质疑官方的言论或行为，并对相关的政策性、制度性问题进行反思和探讨，这本身就是公民意识不断觉醒、积极行使公民权利的表现，其中不乏理性的、建设性的言论，包括批评意见，都是值得相关部门认真听取的。这要跟部分故意发泄情绪的挑衅性言论区别开来，不能因此对所有言论进行审查或限制，长久以往将不利于建设健康理性的公共讨论平台。

（四）话语策略：表达方式丰富灵活，戏谑恶搞是显著话语风格

当前的网络言论更鲜明地体现了戏谑和恶搞的风格，各种段子、笑话、恶搞的图片、歌曲、视频等构成了丰富多彩的话语景观。对这种戏谑化话语风格应该更理性平和地看待：一方面，"狂欢化""娱乐化"本来就是民间文化的特征之一，是一种自下而上的社会话语表达方式，并借助各种新型的媒体手段得到淋漓尽致的发挥，这些话语背后是情绪的宣泄和缓解，起到"安全阀"的重要作用。另一方面，娱乐化和无厘头的表达其实是公民社会来临的前兆，从戏谑的表达中体现出的是极具反思和批判精神的"民间智慧"，可以极好地锻炼广大公众的公民意识，一定程度上能促进公民社会的成长。因而正如学者指出的，让网民在这个空间里"吐口水""撒野"甚至"低俗"一下，这也是一个相对健全的社会应该容忍的。须知，虚拟空间的发泄性代偿总比现实的社会冲突代价低得多。[①]

结语：网络舆情特征与演变的研究启示

通过对近年来网络舆情热点的特征、规律、演变动态的分析与归纳，我们认为，未来的网络舆情研究可以从以下方面加强或继续推进：

（一）从单一事件分析到复杂网络分析

目前，大部分的舆情研究仍以事件为基本的分析单位和追踪线索，对其发展脉络和演变状态进行测量与研究。诚然，"事件视角"能对具体议题的类型、性质、程度、动因、影响制等因素进行相对系统的捕捉，深入剖析其内在机理，其重要性不容置疑。但随着数据采集技术进入大数据级别，数据分析处理能力进一步提高，引入"复杂网络视角"成为必然趋势，因为互联网是典型的复杂网络，节点与链接的无限性，以及核心节点之间的异质性所导致的演变路径与结果千变万化。这些特征使传统的分析方法在把握系统性的网状结构关系上显得力不从心。而借助深度的数据发掘，可以洞察节点群落关系及演变、关键节点的生成与消退、群落边界的形

---

① 喻国明：《中国社会舆情年度报告（2010）》，北京：人民日报出版社，2010，1页。

构与分化等复杂问题，使我们对舆情整体面貌及变化趋势的把握进一步增强。因而，超越"事件分析"，树立复杂网络的"关系"意识，是未来网络舆情研究的必要思路。

（二）从注重数据到重视关键性文本

目前舆情分析的数据导向非常鲜明，舆情分析一定程度上等同于数据分析。但"舆情"并非只是个抽象的、整体性概念，也不只是数据的集合，它实际上是由无数人的言论组成，具体体现为各种文本（包括文字、语符、图片、音频、视频等媒介形式）。因而，文本分析也应该是舆情分析不可或缺的一部分，特别是在具体的舆情热点中关注度高、影响力大的文本，如事件当事人、网络意见领袖所传播的文本，它们能为理解舆情发生的动因、发展逻辑、关系网络提供有益的研究依据。因而，网络中各种有分析价值的文本应该成为研究的重点对象，细致系统的文本分析是以后舆情分析特别需要加强的部分。

（三）从总结分析到研判预警

目前的舆情分析更多的是一种事后分析，当然，近年来越来越多地实现了实时的动态跟踪与数据采集，这是网络舆情研究从过去时向将来时演进的一个过程。在数据资料有相当充足积累的基础上，更多分析模型得以建立，以帮助研究者在某些特定的条件下、对某些网络舆论议题或群体聚合变化进行研判和预警，这也是网络舆情研究在社会治理方面可供探索的前沿应用之一。

问题六
基于关系网络视角的微博与微信舆论场特征研究

张志安　束开荣

导　读

　　以微博、微信为代表的社交媒体成为当前互联网中意见汇聚的重要平台,基于不同技术平台的微博、微信舆论场也呈现出不同的生态特征。信息技术的每次变革,都在激活人类活动的"人本"特质。

　　社交媒体的网络节点特性也启示我们从"关系"这一人类本性的角度看待网络舆论场具有的重要意义。从网络关系的角度看,微博、微信两种具有代表性的社交媒体在网络规模、网络密度、关系构成等方面都有差异。

　　微博是以社会资本与注意力资源的非均衡分配为特征的异质性网络,具有明显的"小世界"特性;微信是基于节点间关系的亲疏强弱所形成的异质性网络,具有明显的"无标度"特性。同时,一方面,微博空间中的信息生产与观点表达比微信更具动态性和开放性;另一方面,微博舆论场呈现出"话题驱动"与"节点效应"的特点。

　　相比之下,微信舆论场信息生产与观点表达的动态性有余,但开放性不够。一方面,微信舆论场的演化机制难以被准确描述,由现实社会关系所维系的群体交往边界被强化,出现舆论场分化现象;另一方面,微信舆论场呈现出"圈层区隔"与"层级互动"的特点。

　　技术发展、人类本性的相互交融启示我们,对社交媒体舆论的研究应该从整体的、动态的、关系的视角切入,充分重视平台要素的特殊性,立足转型社会与技术变革的语境,以关系网络与生态特征的逻辑关联为研究路径,聚焦平台内部的结构化特征之于个体(或群体)在信息传播及人际(或群体)互动方面的影响,以此建构社交媒体空间的关系网络与舆论场生态,把握社交媒体舆论的生成与演化机制。

引　言

伴随移动互联网的普及和网络舆论研究热度的提升，作为网络热点扩散、热门话题生成和舆论空间形塑的重要平台，微博与微信成为学者关注的焦点。总体上看，学术界对微博舆论场的研究比较多，比如基于特定个案对微博舆论的表达特点、分布格局、运作机理及变化趋势的实证研究，[1] 以及从网络舆论场的整体视角出发对微博舆论场域的生成基础、演化机制、影响因素及引导方式进行的思辨研究等。[2] 一些相关研究中，少数学者运用跨学科视角和复杂网络分析方法，建构了微博舆论传播的拓扑结构及其演化机制，研究发现，微博舆论的复杂网络拓扑结构呈现辐射链路型状态，"星型结构"的信息扩散模式降低了群体内部的反馈机制；还有学者考虑到"近邻和次近邻"对观点演化过程的影响，探究了微博舆论场的观点演化模型，验证了微博具有短时间内聚集民意的作用。[3]

相比之下，微信舆论相关的一些研究则方兴未艾，主要集中在对其传播模式、舆情效能等方面的探讨，从议题产生、传播扩散及意见形成等三个方面初步勾勒出微信舆论的生成过程。[4] 关于微信是否存在舆论场的问题一度曾有争论，[5] 不过经验事实与舆情事件表明，尽管微信空间难以形成公共广场式的开放舆论生态，要研究"作为结果的舆论"面临数据难以精准获取的阻碍因素，但其"作为过程的舆论"仍然可以通过观点扩散和社群讨论，对整体意见气候产生重要影响，也可以成为微

---

[1] 夏雨禾：《2010年以来的突发事件微博舆论及其变化趋势——基于新浪微博的实证研究》，《新闻与传播研究》，2014（03），52-67页，127页。涂光晋、陈敏：《突发性事件中的微博舆论场分析——以北京"7·21"暴雨事件为例》，《当代传播》，2012（06），8-11页。

[2] 谢耕耘、荣婷：《微博舆论生成演变机制和舆论引导策略》，《现代传播》（中国传媒大学学报），2011（05），70-74页；陈联俊：《网络社会"微博"舆论场域的生成与引导》，《社会主义研究》，2012（06），62-66页，132页。

[3] 李卫东、贺涛：《微博舆论传播的复杂网络拓扑结构模型及其演化机制》，《新闻与传播研究》，2013（11），90-105页，127-128页；杨柳、朱恒民、马静：《考虑近邻影响的微博舆论观点演化模型》，《现代图书情报技术》，2014（12），78-84页。

[4] 方兴东、张静、张笑容、潘斐斐：《基于网络舆论场的微信与微博传播力评价对比研究》，《新闻界》，2014（15），39-43页；雷跃捷、李汇群：《媒体融合时代舆论引导方式变革的新动向——基于微信朋友圈转发"人贩子一律死刑"言论引发的舆情分析》，《新闻记者》，2015（08），54-59页；熊忠辉、程刚：《微信的传播模式及其对舆论生态的影响》，《新闻战线》，2015（05），48-50页；王玉珠：《微信舆论场：生成、特征及舆情效能》，《情报杂志》，2014（07），146-150页。

[5] 中国新闻出版网：《空间封闭当习惯 微信舆论难成场》，2013-09-25。

信舆论研究的切入点。值得一提的是，有学者将 UGC 生产与关系视角结合，考察微信舆情的传播特点后，揭示了微信"圈子"关系中圈群之间压力逐渐减少的传播规律，并分析了其隐匿性、社会动员、跨界勾连等不稳定的舆情风险。[①] 也有学者研究了微信的话语赋权与社会关系对媒介生态的影响，认为微信的话语交际模式赋予了所有用户平等的话语权，不论是作为"物种"的微信还是作为"环境"的微信，都对媒介生态的进化产生了积极作用。[②]

不难发现，与网络舆论研究的传统路径相比，对微博、微信舆论的研究注重跨学科视角和关系论视角，但需要避免两方面的问题：一方面，在借鉴跨学科理论资源时，要尽量避免脱离舆论学研究的主导范畴，防止在量化数据分析和搭建舆论演化模型时抽离特定的社会语境，使舆论研究失去建构"地方性知识"的可能性；另一方面，关系视角的运用，需要以特定的网络平台为基础，让论述的对象更加具体、明晰。比如，微信的"圈子"关系究竟是一种怎样的关系分布？这种关系格局与微信舆论之间的关系是怎样的？现实社会关系在微博与微信空间中的投射意味着什么？笔者认为，社交媒体舆论研究的关键在于如何以本学科的学术取向为主体，立足舆论研究的中国语境，聚焦舆论学的基础命题，将新的研究视野与分析工具有机结合，为网络舆论研究提供新的知识。

一、舆论场与关系网络

有学者曾将国内的网络舆情研究现状总结为"学"为末、"术"为主、"策"为上。[③] 这虽然是整体评估，但确实在一定程度上反映了网络舆论研究重策略、轻学术的价值取向，而更多着力从"怎么办"的层面就"如何正确、有效地引导网络舆论"进行探讨。陈力丹在其《舆论学——舆论导向研究》一书中对"舆论研究"与"舆论引导研究"关系的表述颇有意味："本书的主题论证的是舆论学的基本原理，

---

① 熊茵、赵振宇：《微信舆情的传播特征及风险探析》，《现代传播》（中国传媒大学学报），2016（02）：79-82。
② 严玲：《微信：媒介化生存的新物种》，《现代传播》（中国传媒大学学报），2016（02），140-143 页。
③ 李彪、郑满宁：《社交媒体时代的网络舆情——生态变化及舆情研究现状、趋势》，《新闻记者》，2014（01），36-41 页。

说明舆论是自在的人民对于某些舆论客体的意见、态度、情绪，而副题（所）论证的……就涉及伦理和政治学的话题了。"①可见，作为一种知识生产的舆论研究，应该保持其研究的独立性和纯粹性，对它的概念阐释和理论演绎并不必然要跟"舆论导向"研究相对接，二者之间应该保持适度独立。

当然，在重视舆论导向的政经语境下，探讨引导策略无可厚非，甚至还有助于推动社会舆论的健康发展。但是，从舆论研究到策略提出必定根植于扎实、严谨、逻辑的学术探讨，回答"怎么办"之前，需要充分解决"是什么"与"为什么"的问题。同时，对学术问题的提炼需要兼顾舆论场域变迁轨迹与研究视野的前瞻性，善于把握重要的、有现实紧迫性的真问题。在这方面，周葆华对社会化媒体时代舆论研究重要议题的划分具有启发性：一是对网络"大众意见"的数据挖掘；二是对线上与线下"大众意见"的对比分析；三是对新媒介环境下舆论"可视化"动态过程及其动力机制的系统考察。②本文尝试回应第三个议题，以跨学科的复杂网络为理论工具，从关系论的视角考察微信舆论的演化与生成机制，分析微信舆论场的关系网络与生态特征。

在这里，"关系网络"并不特指"作为社会资本或社会资源"的经典社会学概念，而主要指在媒介与传播视域中，对行动者与技术中介的互动以及个人（或群体）主体间性纽带的考察。根植于移动化社交媒体的"关系"所形成的"网络"并非变动不居，因为"社会事实的内容既体现在行动的现实中，也体现在结构的现实中，二者同样重要，就存在于关系之中"③。也就是说，作为一种"社会事实"的关系网络，行动主体的能动性（即关系网络的动态性）与这个关系网络的结构化特征是统一的，属于各种类型、各种平台的舆论场，无不处于这样或那样的关系网络之中。

首先，本文主要从两个维度来界定关系网络。其一，个体与个体行为之间的互动，这是研究者在考察网络关系时的基本视角；其二，网络平台与用户行为之间的互动。在网络舆情及舆论研究中，后者并没有得到充分重视。我们一般讲网络空间中的交互性，多是强调人与人在某个媒体平台上的互动，经常容易淡化或者忽略

---

① 陈力丹：《舆论学——舆论导向研究》，上海：上海交通大学出版社，2012，1页。
② 周葆华：《社会化媒体时代的舆论研究：概念、议题与创新》，《南京社会科学》，2014（01），115-122页。
③〔法〕布迪厄：《实践与反思：反思社会学导引》，北京：中央编译出版社，1998，133页。转引自杨善华、谢立中：《西方社会学理论》，北京：北京大学出版社，2013，159页。

用户与平台本身的交互,而平台属性(基于社会性的技术设计)对用户信息生产与传播行为的影响是显而易见的,应该被纳入互动关系的研究。不过,在充分了解平台属性对用户间互动过程影响的同时,人与人的互动仍然是关系网络的研究主体。

其次,"节点"与"平台"是把握关系网络的两个关键词,前者是网络空间中的行动主体,后者是前者的存在方式和互动空间,二者的凸显与结合意味着互联网逻辑下传播生态的解构与重构。一方面,互联网平台上的个体和组织都被高度节点化[1],以各种社会性质的社会关系为节点形成一种普遍多元的传播机制[2],节点成为信息、意义生产与传播的双重主体,节点与节点之间的关系由互联网平台赋予平等、开放、互动的技术特性,信息资源与传播权力结构的重新配置呈现"去中心化"(decentralized)过程;另一方面,作为现实主体的不同节点,因为影响力大小所导致的相对位置关系,又造成"再中心化"(recentralized)的结果。这些再中心化的节点,分布在各自的社会领域和社群关系中,不同的知识背景、社会关系以及社会情境等因素,是其进行信息生产与意义创造的行动机制。

最后,在逻辑上,舆论场与关系网络是相互关联的两个概念,有什么样的舆论场,就有什么样的关系网络,反之亦然。国内较早对舆论场进行概念界定的刘建明提出,舆论场具有"同一空间的人群密度和交往频率""舆论场的开放度""舆论场的渲染物和渲染气氛"等三要素[3],强调意见互动所处的时空环境。不过,用时空环境去统领舆论场的三要素并界定其基本形态,略显宏观,难以说明基于特定时空环境中某种舆论场所依托的具体场景。这一场景正是被节点和平台所形塑的关系网络——某种特定的关系网络决定特定舆论场的基本形态与生态格局,而特定的舆论场生态也在强化着这种关系网络。因此,为避免化约网络舆论的复杂性,本文主张以一种更加具体的视角去考察微信舆论场,强调这一特定网络平台舆论场的特殊性,而不是以宏观视角来考察整个网络舆论场。

---

[1] 喻国明、张超、李珊、包路冶、张诗诺:《"个人被激活"的时代:互联网逻辑下传播生态的重构——关于"互联网是一种高维媒介"观点的延伸探讨》,《现代传播》(中国传媒大学学报),2015(05),1-4页。
[2] 陈卫星:《新媒体的媒介学问题》,《南京社会科学》,2016(02),114-122页。
[3] 刘建明:《当代舆论学》,西安:陕西人民教育出版社,1990,104页。

二、微博与微信舆论场的关系网络

当前,微博和微信已经成为主导网络舆论场的两大重要平台。比较而言,微博是一个相对开放的舆论场,在热点事件传播、公共观点表达、促发舆论方面,具有更加快速的信息传播和社会动员效果;微信则是一个半封闭、半公开的舆论场。除此之外,微信舆论场的基本形态与演化动力更有其特殊性,这种特殊性由其所依托的关系网络决定。

所谓的"复杂网络"(complex network),简言之就是呈现高度复杂性的网络,比如人际关系网络、生物网络、电信网、航空网,等等。这个概念产生于20世纪世纪60年代的数学图论研究,并逐渐成为各个学科领域的研究热点。[1] 有研究表明,互联网平台是典型的复杂网络[2],它具有一些基本特点:(1)极多的节点数量且呈现多种特性的网络结构;(2)节点和链接具有社会现实意义,即个体可以抽象成网络节点,个体间的关联可以抽象成节点间的链接;(3)网络中各节点状态随时间不断变化;(4)复杂网络经过不断演化发展,可能会形成难以预测的结果。20世纪末,海外学者分别提出"小世界网络"(small-world network)和"无标度网络"(free network)[3]两种模型,用于对复杂网络作进一步的考察。

根据相关文献的梳理显示,国内运用复杂网络理论关照舆论演化的研究已经逐渐兴起,但大多数研究集中在计算机学、系统学、物理学等自然科学领域。传播学、舆论学领域对复杂网络的关注总体上比较少,陈力丹曾在其《舆论学》中提到"小世界网络"对舆论生成与传播过程的影响。[4] 本文同时关注上述两种描述复杂网络特性的模型——"小世界网络"与"无标度网络",试图寻求这两种网络模型对

---

[1] 马骏、唐方成、郭菊娥、席酉民:《复杂网络理论在组织网络研究中的应用》,《科学学研究》,2005(02),173-178页。

[2] Duncan J. Watts., Steven H. Strogatz, "Collective Dynamics of Small-world Networks", *Nature*, Vol. 393, No.6684, 1998, pp.440-442. Barabasi AL; AlbertR."Emergence of Scaling in Random Networks", *Science*, 1999, Vol. 286, No.5439, 1999, pp.509-512.

[3] Duncan J. Watts., Steven H. Strogatz, "Collective Dynamics of Small-world Networks", *Nature*, Vol. 393, No.6684, 1998, pp.440-442. Barabasi AL; AlbertR."Emergence of Scaling in Random Networks", *Science*, 1999, Vol. 286, No.5439, 1999, pp.509-512.

[4] 陈力丹:《舆论学——舆论导向研究》,上海:上海交通大学出版社,2012,18页。

微博与微信关系网络的解释效力。

（一）小世界网络与微博舆论场

1. "小世界"网络模型

打个最直观的比方，在日常生活中，有时你会发现感觉上离你很"遥远"的人，其实离你"很近"，小世界网络就是对这一现象的模型化表达。在数学与计算机学领域，"小世界网络"特指由瓦茨（Watts）和斯托加茨（Strogatz）两位西方学者于1998年提出的W-S模型，该模型强调客观世界复杂网络的运作存在着许多最为有效的信息传递方式，即一个聚集了极多包含"局部连接"节点的网络，节点与节点可以实现"短路径"的随机连接，所谓的"局部连接"是指由特定节点发出的若干个与其他节点产生关系的技术方式，这些关系只是基于这一个节点的。节点与节点之间关系实现（即局部连接）的最有效方式之一，就是这里所谓的"短路径"。如果复杂网络中的一个节点代表一个人，节点与节点之间的连接表示人与人彼此认识或者可以彼此传递信息，而产生这种联系的方式只需要少数几步就可以到达。

不难发现，作为社交网络平台的微博，其用户关系网络在很大程度上符合"小世界网络"所描述的复杂网络特征。微博用户的ID是这一关系网络中的节点，节点之间的联系就是用户与用户之间相互添加的关注，用户可以根据自己的兴趣圈子有目标地添加关注。同时，也存在随机添加关注的情况，比如添加好友的好友、微博后台的推荐，等等。理论上，在微博平台的关系网络中，节点与节点之间产生联系的方式十分简单，任何两个彼此不相关的节点，都可以通过技术层面的——"添加关注"与"相互关注"实现信息互通。但实际上，很多时候微博用户的"添加关注"行为并不会导致"相互关注"行为（即互粉）的发生，更准确地说，他们也并不期待相互关注（比如普通用户难以获得社会名人的关注）。理论与实际的差距是基于"小世界网络"模型考察微博关系网络时不可忽视的现实因素，而这确实对微博舆论演化与形成机制产生了重要影响。

2. 异质性的关系网络与微博舆论场的结构化

微博空间的普通用户与粉丝群体数量庞大的"节点"用户共同形塑了异质性的关系网络。与微信不同，这里的"异质性"不是指社交关系的"亲疏强弱"，而是指用户之间在"社会资本与注意力资源"分配方面的结构性不均衡，微博空间中信息生产与观点表达的快速集散正是被这种"不均衡"状态所中介，更准确地说，这种关系网络的特征是微博舆论演化的基本驱动力。与大众媒体时代的意见领袖不同，依托于微博平台的意见领袖呈现出商业化、职业化、群体化的新特征，其身后是数以万计，甚至千万计的粉丝群体，作为行动主体的微博意见领袖通过与粉丝的互动获得社会资本，然后在舆论演化的过程中将其转化为注意力资源，以此实现他们对舆论格局的影响力。只是这种"影响力"是意见领袖在与其粉丝之间的微妙关系中获得的，在特定事件的舆论演化过程中，粉丝们的众声喧哗往往会被意见领袖随声附和，他们常常会成为"民意"的推波助澜者，而不是理性引导者，究其原因在于意见领袖害怕被其粉丝抛弃，从而失去自身的影响力。这样一来，到底是意见领袖领着粉丝前进，还是粉丝们推着意见领袖走，就成了一个难解之题。① 因此，在这种以社会资本与注意力资源再分配为基础的异质性关系网络中，普通微博用户的力量同样是不可忽视的，影响力的赋予体现为一种社会控制，这是不均衡关系网络中"均衡"的一面。

　　微博平台在信息生产与观点表达方面的互通、互动似乎是互联网空间的"桃花源"，但从微博在中国的迅速普及到渐趋衰落（相对于微信）的过程来看，微博舆论场的"开放度"逐渐呈现出结构化特征。借用卡斯特的"流动空间"概念，如果粉丝数达数十万、数百万甚至数千万级的微博"大 V"可以被视为流动空间中不同领域、不同级别的"中心节点"，那么由此形成的系统并不排斥"新兴节点"的加入，这里的"新兴节点"是指以特定网络事件为驱动，在极短时间内获得广泛关注，粉丝数呈现指数级增长的草根微博。但这些新兴节点难以动摇和平衡中心节点在信息生产和观点表达方面的影响力，被纳入"流动空间"的新兴节点需要按照舆论场既有的"游戏规则"进行运作，借助中心节点的影响力来"推销"自己也是常有的事。同时，由中心节点所形塑的微博流动空间与大多数普通用户所组成的微博"地方空间"相对，后者不具备前者所拥有的社会资本与注意力资源，也难以在特定事件中以成为"新兴节点"的方式被纳入流动空间，其在舆论场中有被进一步边缘化的风险。因此，微博舆论场的开放度是有限的，在某种程度上也是结构化的、渐趋封闭的，信息生成与观点表达的互通、互动彰显了微博舆论场作为公

---

① 李良荣、张莹：《新意见领袖论——"新传播革命"研究之四》，《现代传播》（中国传媒大学学报），2012（06），31-33页。

共空间（尽管它不那么理性）的动态性，但它们还不足以影响和拓展舆论场的开放度。

（二）无标度网络与微信舆论场

1. "无标度"网络模型

简单来说，无标度网络与随机网络相对，后者认为网络中的各个节点连接是随机的，整个网络比较均匀。与此相反，无标度网络强调复杂网络中存在着大量连接状况不均匀的节点，但具有大量连接的"核心节点"（Hub-node）是极少数的。[1] 也就是说，无标度网络强调的是复杂网络中节点与节点关系的异质性。在这里，我们可以借用另外一个概念"社区结构"（community structure）来把握这个模型的基本内涵。一般来说，由不同性质、不同类型的节点所组成的关系空间被称为社区。有研究表明[2]，一个具有现实社会关系的社区，其网络结构是不均匀的，它由许多子网络构成，每个子网络对应着一个现实主体，而每个现实主体在网络空间中是以"节点"的形式存在和行动的，子网络内部个体之间的关系比较紧密，而子网络之间的关系则比较稀疏。也就是说，各节点内部以及节点与节点之间的连接状况（即所谓的强关系和弱关系）形成了异质性的关系网络。

2. 异质性的关系网络与微信舆论场的分化

微信空间就是一个典型的复杂网络，且具有明显的无标度特性。一方面，如果将微信用户视为网络节点，这些节点在微信平台中的分布状况及其基本关系是异质性的。这里的"异质性"不是指特定节点的影响力与位置关系，而是基于节点间关系的亲疏、强弱程度所形成的一种不均匀关系网络。另一方面，微信空间的关系网络在很大程度上被现实社会关系所主导，节点与链接所承载的传播秩序进一步强化了社会群体的交往边界，出现了以群体为单位的舆论场分化现象，造成传播能力与舆论演化之间的悖论。

（1）关系网络形塑复杂的信息传播轨迹，舆论演化机制难以被准确描述。

---

[1] 吴俊、谭跃进、邓宏钟、朱大智：《无标度网络拓扑结构非均匀性研究》，《系统工程理论与实践》，2007（05），101-105页。
[2] 杜海峰、李树茁、W.F. Marcus、悦中山、杨绪松：《小世界网络与无标度网络的社区结构研究》，《物理学报》，2007（12），6886-6893页。

一个微信群不论大小，都是由一些具有相同社会特征（如血缘、家族、职业、兴趣等）的微信用户组成的，社群中的每一个个体（节点）有着各自的关系网络。相比微信群中的个体间关系，二者的稠密与稀疏程度不同。相对而言，节点内部（朋友圈）的关系网络是稠密的，一个特定节点的朋友圈由相互认识的好友构成，点赞、评论、私聊等互动须以朋友圈为基础才得以进行；节点与节点之间（微信群内）的关系网络是稀疏的。很多时候，微信群中的一个特定节点与其他节点并不都认识，群组的建立常常出于临时性的需要，不活跃的群组会在几天之内被其他群组及私聊窗口覆盖，潜水、围观、消息免打扰是微信群中常见的社交行为与功能设置。当然，节点内与节点间的关系紧密程度只是整体上的判断，因为一个用户与其朋友圈中每个好友的关系并非都那么紧密，也有明显的亲疏之分。此外，用户可以同时活跃在数个甚至更多的微信群中，那么，这些微信群自然是特定节点强关系网络的一部分。可见，对节点内与节点间关系的具体描述，更能体现微信空间中关系网络的异质性。

不难发现，信息在这种异质性关系网络中的流动和扩散至少表现为两个"面向"：一个是面向朋友圈的传播，另一个是面向微信群的传播。前者是节点内传播，作为一个子网络的节点，其朋友圈的关系是相对紧密的，信息传播的动力强、速度快；后者是多节点对多节点的群体传播，由于子网络之间的关系比较稀疏，信息传播的动力和速度会有所下降。但问题的关键是在这种网络空间中，微信群与朋友圈的互动过程让信息传播的路径更加复杂，舆论的生成及演化过程难以被准确描述。一方面，微信群中的信息可能会被分享到朋友圈，进入一个关系紧密的子网络，几乎在同时，朋友圈中的其他节点会将信息分享到关系较为稀疏的微信群组中去。如此循环往复、交叉传播，要想及时追踪关系网络中的信息传播轨迹，确实非常困难。此外，微信由于涉及个人隐私，其数据并不全面公开和外显，难以从统计数量上来评估发生舆情的热度和强度。①这些都给我们对微信舆论生成与演化机制的分析提出了挑战。

（2）社会群体间的交往边界被强化，出现舆论场分化现象。

微信平台作为一种私密性很强的虚拟社区存在于网络空间，这个网络空间由现实社会关系所维系。按照复杂网络的定义，作为个体的微信用户可以抽象成网络节

---

① 熊茵、赵振宇：《微信舆情的传播特征及风险探析》，《现代传播》（中国传媒大学学报），2016（02），79-82页。

点,而个体间的关联可以抽象成节点间的链接,微信平台的关系网络"建立在节点以及它们之间相互关联的基础之上"①,节点和链接具有社会现实意义。

与微博的"关注"与"被关注"不同,这些节点和链接所承载的传播秩序与微信用户的现实社会关系高度相关,看似海量的信息互通共享其实都各自在一个大小不一的圈子里流动,圈子与圈子之间的边界在很大程度上是被特定节点在现实社会关系中所拥有的社会资本或社会资源所划定,微信中群体互动与交流的空间呈现出明显的社会区隔,微信舆论场的良性沟通因此受到限制。正是在这个意义上,微信舆论场出现较为明显的分化现象,虽然自主发表意见的仍是作为社会个体的微信用户,但是不同社会群体间的交往边界在微信空间中得到再现或者强化。

不过,微信空间的关系网络并不是现实关系网络的简单复制。作为一种普及率相当高的社交媒体,其基本功能不仅在于维系社会关系网,也在于借助线上交往与线下互动的结合,来扩大或者修正现实社会关系。虽然线上与线下的关系网络重合度较高,但二者均具有流动性与动态性,微信空间中群体交往与圈层互动的潜力和效能并没有消失。

三、微博舆论场的生态特征:话题驱动与节点效应

1. 话题驱动:技术性干预形塑舆论场的日常生态,网络起哄影响舆论演化的深度

作为存在方式与互动空间的微博平台,一些功能设置——比如"大家都在搜""热门话题""热门微博"等——实现了对微博舆论场生态的技术性干预,微博平台越来越像一个网络论坛。毋庸说这种技术性干预提高了微博用户检索信息的效率,被后台程序算法捕捉到的"热门"话题会被舆论场迅速聚焦,譬如此前的"范玮琪晒娃"事件。但问题是,由机器学习并执行的算法,其中立性已经受到广泛质疑,它的首要任务是仿真和预测现实,不同的社交平台往往呈现完全不同的景观,数字媒体研究者泽伊内普·图费克奇(Zepnep Tufekci)发现,②推特的算法会更突出当下流行的新闻,脸书事件的播报则常常慢了好几拍。反观微博空间的热门话题,排在前十位的常常是商业性、娱乐性很强的信息,生活气息浓厚,鲜见严肃性的社

---

① 〔美〕曼纽尔·卡斯特、〔美〕马丁·殷斯:《对话卡斯特》,北京:社会科学文献出版社,2015,32页。
② 参见夕岸:《算法的政治》,微信公众号"怎么办",2015-09-21。

会公共话题。虽然重大突发事件通常不会被算法遗漏,但这种内容偏向性的技术性推送在形塑微博舆论场日常生态中的作用不可低估,作为舆论主体的公众与作为舆论客体的现实社会之间的自在联系被算法彻底"客体化"的风险也不是没有可能。

同时,话题驱动的舆论场生态在形式上表现为微博用户注意力的快速集中和快速转移,舆论聚焦能力获得提升的同时,并不意味着微博平台舆论演化的深度也得到加强。有研究者用"流动的群聚"(mobility)分析网络起哄现象的社会心理基础,① 这一概念所体现的含混性在于它彰显了一种流动的、弹性的,试图在个人与社会、自由与安全、隔离与连结的爱恨交织间求取平衡的群聚关系之兴起。这一概念对于我们理解公众在微博空间中多元、流动、多变的网络起哄现象有所助益,从社会心理学视角来解读,"流动群聚"的形式即是其目的本身,围绕特定话题所进行的信息生产与观点表达,舆论演化、生成的过程就是舆论主体在个人与社会、自由与安全、隔离与连结等矛盾对立的二元关系中求取心理平衡以适应社会变迁的过程。在这个过程中,公众依据其社会心理需求对多数话题时聚时散的关注状态,显然难以保持话题讨论的理性程度以及舆论演化的深度与广度。

2. 节点效应:基于"影响力"与"位置关系"的节点是微博舆论场的行动主体,多元节点之间的互动主导舆论演化的方向

从"去中心化"到"再中心化"是互联网生态由解构到重构过程的必然结果。被高度节点化的微博用户,通过对信息资源与权力结构的再分配,成为微博舆论场中的行动主体,相对于普通的微博用户,节点用户的"主体性"表现为知道如何言说,而且可以被公众听到。多元节点(个人、利益组织、新闻媒体)之间的互动主导着特定事件舆论演化的方向。基于影响力和位置关系的节点成为信息连结的关键"接触点",传统大众媒体与各种利益组织的定位下降到与个人一样,而本来是个人的传播主体有机会直接成为社会资源的接触者和操纵者。② 三种类型的信息节点——个人、利益组织以及新闻媒体,被平台赋予平等的技术地位,他们之间的竞争与互动,将对微博舆论的生成与演化过程产生重要影响。

---

① 黄厚铭、林意:《流动的群聚:网络起哄的社会心理基础》,台北,《新闻学研究》,2013(115),1-50页。
② 喻国明、张超、李珊、包路冶、张诗诺:《"个人被激活"的时代:互联网逻辑下传播生态的重构——关于"互联网是一种高维媒介"观点的延伸探讨》,《现代传播》(中国传媒大学学报),2015(05),1-4页。

但这并不是低估或者否定普通微博用户群体在舆论演化过程中的作用，特别是近年来，由普通网民主导的网络社会思潮在微博舆论演化中的能量不容小觑，网络草根们的情绪与意见表达常常成为资本与权力的统合对象，后者通过"借力打力"的方式实现强大的舆论动员。2016年7月15日兴起于微博的"戴立忍事件"，网络"民粹主义"和"爱国主义"通过对一些热点议程的设置，成功实现了与特定国家权力机构的合力，二者在与强大资本的博弈和较量中最终逼迫商业主义向国家主义认错。

四、微信舆论场的生态特征：圈层区隔与层级互动

作为一种社交空间的微信，具有现实社会网络的一些结构性特征，所以本文倾向于将微信界定为一种结构化的社交平台。微信舆论场的基本形态是由微信平台的技术特征与关系网络共同形塑的，与微博舆论场的互通、互动等典型特点不同，微信舆论场呈现出"圈层区隔"与"层级互动"的非典型生态格局。

1. 圈层区隔：平台内部与平台之间

所谓的"圈层区隔"主要表现在两个方面，其一是指每个朋友圈所在的关系网络在人际互动方面的技术性区隔，一个用户的朋友圈网络往往被区隔为多个圈层，这种区隔表现在平台内部；其二是指微信与微博在信息（包括观点）互通共享方面的区隔，前者相对于后者是一个几近封闭的"圈子"，如果说微博是"广场"，那么微信更像一个"客厅"或"后院"，作为"广场"的微博众声喧哗，作为"客厅"的微信聊天互动，这种区隔表现在平台与平台之间。

（1）微信舆论场的平台内关系：朋友圈关系网络的相对不可见与嵌入性。

微博用户通过"添加关注"的方式所构建的关系网络是可见的，而微信平台以"多层区隔"技术，不仅让朋友圈的关系网络"相对不可见"，而且具备"嵌入性"的传播能力，与"井喷"式的微博舆论相比，微信舆论场呈为"窃窃私语"式的暗流涌动，易形成所谓的"潜舆论"。[1]

---

[1] 刘鹏飞、周亚琼、张力：《2014年中国移动舆论场舆情发展报告》，2015（06），http://yuqing.people.com.cn/n/2015/0625/c209043-27204982.html。

首先，所谓多层区隔，是指一个用户的朋友圈相对另一个用户来说，并不完全可见，这主要体现在朋友圈状态"点赞"和"评论"行为的透明性上。譬如，用户A在朋友圈发布了一条状态，该用户的好友B和C都在此状态下方进行点赞或者评论，但倘若B和C不互为好友，那么，他们彼此就看不见对方在A状态下的点赞和评论。试想，如果一个用户的朋友圈有100个好友，那么这100个好友之间是被"相互区隔"的，按照排列组合的计算方式，这种区隔的方式和层次十分多样。这造成了舆论形成过程中，信息传播路径的不可见。

其次，这并非意味着"圈子"与"圈子"之间的隔绝，按照"六度分割理论"对社会化网络结构的描述，由熟人圈子转发分享的各类信息能够借助社会关系网实现不同"圈子"的相互接嵌。理论上，如果不考虑现实社会群体间的交往边界，一条信息可以在所有节点间传递，在无数个圈子中流动、扩散，这就是微信朋友圈的"嵌入性"传播模式。这种传播模式使得信息传播的速度在悄然间提升，传播的范围迅速扩大，但难以追踪其具体的传播路径。

（2）网络舆论场的平台间关系：微博与微信平台间信息流的"单向溢出"与舆论演化的"阶段性"互动。

如上文所述，作为不同"圈子"的微博与微信空间在网络舆论场中是相对区隔的，但二者之间并非完全隔绝。在技术层面上，微信相对于微博的入口是封闭的，但微博相对于微信的入口却是开放的，微博中的信息可以被自由分享到微信空间。这种平台间信息流的"单向溢出"现象，可以让微信获得来自微博空间的海量信息，以整合、更新平台内部的信息资源，同时，在二者之间设置单向的信息分享屏障，以维护微信空间的社交体验。不难发现，信息流的单向溢出对微信舆论演化与生成过程的一个较为直接的影响在于，它打造了一个相对自主的网络舆论场。

其次，二者通常会针对同一社会事件，在舆论演化的不同阶段进行平台间互动，这种互动是就微信与微博各自的平台功能而言的。作为信息集散地的微博平台，监测社会变动、酝酿话题、跟踪事态进展，为舆论演化提供充足的、动态的信息资源；另一方面，兼具观点生产与信息扩散功能的微信平台，更善于整合各类信息，从多种角度解读事件的社会意义，为舆论生成提供一个观点"交锋竞合"的空间，各类公众号充当着观点市场的多元主体。

我们以2016年4月6日引起广泛关注的"女子酒店深夜遇袭"事件为例。该事件自4月5日晚从微博爆出后，各大网站热搜榜前两位很快被此事件占领，截至

6日晚11点左右，已引起数千万网友参与讨论，浏览量达13亿人次。① 观察其舆情传导机制，微博与微信在舆情的承载和发酵过程中表现出明显的"阶段性"互动。事件起源于微博，微博上信息量最广，但更有价值的深度评论依然较多来自微信，信息率先在微博平台快速扩散，网民反映强烈，随后微信公众号的观点生产有效地推动了舆情发酵，信息与观点的集散在微博与微信平台间反复呼应、相互映照。换句话说，该事件的舆情演化过程具有很强的"微博—微信—微博"平台轮换、相互刺激的跨平台传播特征。②

可见，微博与微信在舆论演化的不同阶段发挥着各自不同的平台功能。二者的互动特征是阶段性的而非即时性的，而且这种"阶段性"的平台间互动具有多次反复、接力的特征。不过，总的来说，微博侧重于集中和交换信息，而微信在于整合和生产观点。此外，主流舆论场与网络舆论场在微信空间中互动和博弈，与微信公众号相比，普通公众的观点表达难以真正参与舆论的酝酿与形成过程，各类评论文章获得大量阅读和转发的背后，是公众表达稀缺所造成的观点跟风。

2. 层级互动：活跃于微信空间的精英群体与其他社会群体难以开展舆情沟通，微信舆论场中的群体互动受阻

转型社会的中国，阶层分化表现为一个相对动态的变迁过程。按照经典社会分层理论，变迁的方向和结果是社会逐步整合形成一个高低有序、分布合理、关系和谐的阶层结构，而这一社会过程必然反映在人们的社会交往行为中，其中一个典型表现就是社会交往的群际分化。作为一款私密性很强的社交软件，微信空间的信息流动秩序是由现实社会关系网络，即"社会资本或社会资源"的配置与协调状况所决定的。社会群体的交往边界在微信空间中得到再现或者强化，被强弱关系形塑的异质性网络具有以社群为单位的层级分布特征，信息扩散与流动的状态主要表现为同一或者相似社会群体的"层级互动"。

也就是说，微信空间中的群体内交往更加频繁，而群际分化的垂直结构则造成群体间交往的阻滞，它对舆论生成与演化过程的影响至少有两个重要方面。其一，对占有充足信息资源与其他社会资源的精英群体来说，他们之间的互动虽然频繁但却

---

① 长安剑：《女子酒店深夜遭袭舆论汹汹，大家都在等"反转剧"吗？》，2016-04-07，http://view.inews.qq.com/a/20160406A07L1B00。
② 舆媒素：《和颐酒店事件：舆情进入"十亿量级"时代的反思》，http://toutiao.com/i6270461241693569537/。

相对封闭，相对理性、多元的观点生产主要集中在精英群体内部，难以与不同层级的社会群体开展舆情沟通，产生舆论生成与演化过程中的良性互动，出现前文所述的舆论场分化现象。其二，不同社会群体被突发事件所激发的舆情态势有较大差异，官方智库及学者所做的舆情分析已经注意到这一点，不同的舆情态势其实反映了不同社会群体对同一社会事件在情绪、态度、观念以及意见上的多种向度。一般而言，容易滋生谣言、造成信息失控的舆情会不断在社会群体的下层堆积，且不易排遣。

结论与探讨

通过上文分析可见，对微博与微信舆论场的考察至少需要在两个不同层次上展开。首先，就研究路径而言，重视"关系网络与生态特征"的逻辑关联，开拓微博与微信舆论研究的理论视角；其次，就知识生产语境而言，把握"转型社会与技术变革"的关系，搭建微博与微信舆论场研究的整体性框架。二者层次不同但相互勾连，后者是前者的论述前提，而前者是论述后者的一种视角选择。

一方面，关系网络与舆论场生态同属一个逻辑范畴，由特定平台承载的关系网络形塑了特定的舆论场生态，信息生产与观点表达在特定舆论场中的流通互动，也在不断强化或改变着特定的关系网络。在逻辑上，二者相互构成，前者是后者的关系论视角。比如，微博与微信舆空间中各类行动主体或群体与技术性平台的行为关系、平台与平台之间的互动关系；后者将前者建构成一个信息流动与观点生产的特定场域，关系网络是维系舆论场样态及其功能特征的基础性资源，具有较强的稳定性，同时，关系网络各要素之间的动态关系，比如，微博舆论场中由"中心节点"组成的"流动空间"会时常将"新兴节点"纳入，以适当更新社会资本与注意力资源分配的非均衡状态；微信舆论场中的强弱亲疏关系不会一成不变、用户的自主性会对微信所提供的技术机制进行灵活运用、微博与微信的互动关系会随着舆论客体即社会事件的关注度不同而有所变化，这些都会对舆论场的生态格局造成有限的资源重组与关系协调，使其表现出一定的动态特征。

另一方面，在当下中国，转型社会与媒体技术变革已经是一种既具本土性又具普遍性的知识生产语境。转型社会与技术变革相关联，新媒体在中国的发展逻辑似乎是一个社会转型当中的信息重组逻辑,当一种旧的传播技术不再持有社会潜力,就会有一种新的传播技术来进行接力,这在表面上是一种客体性质的技术革命,实际上同时亦是主体性质的观念革命。另一方面,单看新媒体的技术变革,它具有两重性——新媒体的技术属性在于它是一种实现人与人之间信息交流的技术,培育或配置社会内部的协调性,它的社会属性则是围绕媒介技术的兴起而逐步构建和演变的社会文化实践。[①]不难发现,对转型社会与媒体技术变革之关系的理解和把握,极大地影响着学术问题的确立和研究旨趣的偏向,受到这种社会语境的影响而渐成显学的舆论研究当然也不例外。

但是,由转型社会与媒体技术变革共同形塑的知识生产语境在中观与微观的阐释实践中消失或者被淡化,宏观语境之于学术视野与理论问题的构建,并没有获得充分彰显,网络舆论研究在学术逻辑上的完整性很少被强调。其一,国内学者以及官方智库多是以现实应用为导向,对网络舆情和舆论的探讨尚处于"悬置"基础问题与严谨思考的策略研究阶段。基于数据、图表的实证研究又因其过于琐碎,甚至于抽离或者淡化舆论事件所处的社会语境,难以深入探寻网络舆论场的学理。其二,社会矛盾凸显、风险议题多样、社会阶层利益逐渐分化的转型社会,以及作为交流环境、网络社区空间、信息生产与传播平台的移动互联网,给舆论学的研究传统提出了新问题,也带来了新视角。既有的舆论学理论框架在遭逢挑战的同时,恰得再次充实自身的发展机遇。

总之,社交媒体舆论研究的整体性框架,应该是在"转型社会与技术变革"的知识生产语境下聚焦网络舆论的重要问题,细致探察宏观语境之于具体事件的影响痕迹,以经验研究贯通宏观(社会性与技术性的环境)、中观(社会群体或机构组织)与微观(个体、平台、内容文本)在阐释实践中的区隔。在此基础上,应以"关系网络与生态特征"这一理论视角考察微博、微信舆论场,充分重视平台的特殊性,强调平台内部的结构化特征之于信息传播与人际互动的影响,以及不同平台之间的区隔程度与信息流动状态,以此建构社交媒体空间的关系网络与舆论场生态,把握微博与微信舆论的演化与生成机制。

---

① 陈卫星:《新媒体的媒介学问题》,《南京社会科学》,2016(02),114-122页。

问题七

网络舆论的非理性及其因素研究

张志安　晏齐宏

导　读

当前网络中群体极化、网络暴力、网络谣言等非理性现象层出不穷，这些现象对网络空间的信息生产与传播秩序产生了很大的冲击，也对网络舆论的理性化产生了影响。这些非理性现象背后所体现的个体情绪、社会情感、集体意志等非理性因素值得深入探讨。

个体情绪、社会情感、集体意志，这三个层面的因素分别通过感染启动、社会结构、民族主义机制形成网络舆论。但同时，也要重视这些非理性因素是如何与其他理性因素相互作用，从而对网络舆论产生影响的。网络舆论的理性与非理性研究需要注意两个问题：一是，网络舆论的理性/非理性与舆论理性/非理性并非同一层次的问题。舆论本身应该与理性有着无法剥离的关系，舆论与理性/非理性的问题是一个重要的研究层次，与网络舆论的理性/非理性并不是简单的空间区别。二是，网络舆论的理性与非理性更应该注重微观意义上的舆论，该视角侧重于认为舆论是作为过程的舆论，更强调分析网络舆论的理性问题，且更侧重于研究内容理性。

对个人情情绪、社会情感、集体意志在网络舆论场中作用的认识和发掘，关系到整个舆论形成过程中公众参与讨论的理性程度，也关系到公众舆论能力的提升潜力。

一、引言：网络舆论中的理性和非理性

《新闻传播百科全书》中对舆论的定义称：舆论是公众关于现实社会以及社会中的各种现象、问题所表达的信念、态度、意见和情绪表现的总和，具有相对的一致性、强烈程度和持续性，对社会发展及有关事态的进程产生影响，其中混杂着理智和非理智的成分。① 可见，舆论本身具有理智和非理智的成分，网络舆论可能是理性的也可能是非理性的。理性是指人们形成概念、做出判断并进行逻辑推理的认识能力，以及按照逻辑思维规律指导实践的实际活动能力。而非理性指人所具有的一种非逻辑、非条理化的精神能力，这种精神能力推动着人们去从事那些难以表述的认识和行动。② 网络舆论中，理性与非理性指的是舆论的一种存在状态。

无论是现实感知还是学术研究，对于网络舆论理性化程度的看法较为不一。有人认为当下网络舆论较为理性，公众敢于发声，表达较为客观；也有人认为网络舆论中存在很多不文明行为，潜藏着宣泄气氛……

在网络舆论理性和非理性中，国内多数研究较为关注非理性。或许是由于中国制度化渠道缺失、而网络成为公民自由表达的广阔平台，造成了网络舆论的非理性情境。对于网络舆论中的理性只是点到为止。如有研究者认为，2009—2013 年是我国网络舆论的沉淀升级期。沉淀指该阶段的网络舆论比之前阶段（1998—2008 年）更为积极，也更为理性，网络安全、网络伦理、网络法制方面得到进一步完善；升级指该阶段的网络舆论从草根向主流在逐步发展演进，网络舆论理性进一步回归。③

与此相反，较多研究者试图阐述网络舆论的非理性状态，如"网络舆论极其容易受到舆论传播机制和公众情绪的非理性影响，呈现出一种非理性，甚至极化的特征"④。具体来看，学界关于网络舆论非理性的研究中，"非理性"具有不同的所指。第一，非理性指网络舆论中的非理性现象。如有研究者认为，以微信为代表的民间舆论场存在以下问题：网络谣言的疯传有了新的温床、"网络暴力"在特定群体中更

---

① 邱沛篁主编：《新闻传播百科全书》，四川人民出版社，1998，23 页。
② 何颖：《非理性及其价值研究》，北京：中国社会科学出版社，2003，191 页。
③ 王荟、伏竹君：《网络舆论生态视域下的网络舆论引导问题探析》，《甘肃社会科学》，2015（06），252-255 页。
④ 谢金林：《网络空间政府舆论危机及其治理原则》，《社会科学》，2008（11），28-35 页。

易滋生、基于某种不良商业意图的"地下"经济链更容易形成。① 第二,非理性指网络舆论的非理性特征,情绪化、情感宣泄、戾气、喧哗等,如有研究者认为,移动互联网舆论传播呈现非理性的无序传播。②

本文将首先简要回顾下当前网络舆论非理性研究存在的问题,继而从个体情绪、社会情感和集体意志等三个层次分析网络舆论中的非理性因素。最后,针对网络舆论的理性与非理性研究提出需要注意的主要问题。

二、网络舆论非理性研究存在的问题

目前,关于网络舆论非理性的研究侧重于对网络舆论非理性现象的分析,进而指出非理性现象所体现的非理性特征。近年对群体极化、网络暴力、网络谣言的分析即属此类。以群体极化为例,群体极化是群体观点向某一方向倾斜的一种现象,在很大程度上暴露了网络舆论的非理性特征。③ 由于群体极化本身就代表着网络舆论的一种态度、一种可能,研究群体极化有利于分析网络舆论对于社会发展的作用和影响。④ 此外,也有研究者认为网络空间中的公共舆论往往呈现出从"极化"到"理性"的演变趋势,即认为群体极化并不是网络舆论的终点,极化最终会走向理性,⑤ 而群体极化的表现则是言论表达的情绪化、表达氛围的宣泄性等。

总体来看,目前关于网络舆论非理性(包括非理性现象及非理性特征)的研究存在以下问题:

(一)缺乏本体论视角的非理性分析

从本体论的角度讲,非理性是一种意识状态。人们在认识事物的时候,通常是

---

① 李丽:《前见与对话——哲学诠释学视阈下微信舆论引导论析》,《北京理工大学学报》(社会科学版),2015(05),156-161页。
② 殷俊:《主流媒体如何引导移动舆论场》,《新闻与写作》,2015(05),54-56页。
③④ 王思聪:《新媒体时代,群体极化的生成对网络舆论研究的意义》,《出版广角》,2015(01),73-75页。
⑤ 董阳、陈晓旭:《从"极化"走向"理性":网络空间中公共舆论的演变路径——百度百科"PX词条保卫战"的启示》,《公共管理学报》,2015(02),55-67页,155-156页。

理性和非理性因素同时作用。诚然，网络舆论中的一些现象一定程度上与理性相对立，是非理性的。但是理性与非理性是辩证统一的，并不能决然分开。例如群体极化中可能整体上表现为非理性，但是并不排除理性因素的存在。如果仅仅分析非理性现象，可能会在一定程度上产生歧义，即非理性现象中只有非理性因素，这不符合人的认知逻辑。也就是说，非理性现象的形成是个人的理性因素和非理性因素共同作用的结果。所以基于本体论非理性因素的分析具有重要意义。

（二）缺乏对非理性因素作用机制的分析

虽然目前网络舆论非理性现象研究中涉及非理性现象的形成机制，如群体极化这一非理性现象是如何形成的。但是其分析对象是群体极化这一现象，而并非非理性本身。若将非理性作为分析对象，则需要认识非理性本身，以及非理性因素如何发挥作用导致了最终的非理性现象。由于非理性本身是一种意识状态，对网络舆论非理性的研究由此从以往的非理性现象形成机制的分析，转向非理性因素如何发挥作用导致了最终的非理性现象。但需要强调的是，这并不意味着非理性因素必然导致网络舆论的非理性。

关于非理性的研究方法，有学者认为，必须注意三个不同层次的问题：一是区分界定社会历史发展过程中的理性和非理性现象，进而研究它们各自在社会历史发展过程中的作用。二是辨析历史活动中的主体是凭理性有意识、有目的地自觉活动的，还是凭着激情、冲动，无意识地盲目地行动的。三是研究者作为主体对历史进行认识把握，这时理性和非理性似乎是指历史终究是可以理解的，即是可以凭借理性把握、是有规律可循的；还是认为理性对历史无能为力，历史无一定之规。[①] 从网络舆论非理性来看，我们对网络舆论非理性的研究应该是第二层次的问题，即辨析活动主体是凭借激情、冲动、无意识盲目的行动的。这里将其统称为非理性因素。

基于此，我们认为，从本体论的非理性视角分析网络舆论中的非理性具有重要意义。具体来看，非理性因素是一种意识状态，是存在于个体心理的、能够引发思维活动的要素，如情感、信念、意志等。一方面，分析网络舆论非理性因素助于

---

① 姚军毅：《非理性因素及其在社会历史发展中的作用研讨综述》，《武汉大学学报》（哲学社会科学版），1994（02），15-19页。

我们实现研究视点的转换。非理性因素连接了两个重要的客体——网民和非理性现象。将网络舆论的重要行动者——"人"作为研究对象，分析存在于个体的非理性因素如何发挥作用。即网络舆论中哪些非理性因素在发挥作用，其作用机制是什么。另一方面，分析网络舆论非理性因素有助于我们辩证地看待网络舆论的非理性现象。非理性现象并非只有非理性因素，可能蕴含着理性因素。网络舆论中的非理性因素与网络舆论的非理性并不存在对等关系。

三、网络舆论中的非理性因素

非理性是由一系列非理性因素构成的。非理性因素是人的内在心理结构中的重要组成部分，可以参照心理学、认识论、价值论、文化学、社会学等加以界定。在认识论、心理学意义上，非理性因素主要指没有明确目的和意识的认识活动与心理活动因素，如潜意识、下意识等，或不遵循逻辑程序的认识世界、获得知识、发现真理的能力；在人性论、伦理学意识上，非理性因素主要指与人的理智、自制力、自觉能力相对的人的情感、意志、信念、欲望等。[①]

从非理性的结构来看，有研究者认为，根据非理性因素与理性因素关系的密切程度可以将非理性因素分为三个层次，即低层次、中层次、高层次。低层次的非理性因素是指生理本能、生理欲求、习惯、情绪、感受性情感等与人的本性和生理组织密切相关的非理性因素。中层次的非理性因素是指情感、信念、兴趣、社会欲求等通过意志、信仰为中介影响理性或受理性影响的非理性因素，这些非理性因素是人类在长期的社会认识、社会实践和社会生活中逐渐形成的。高层次理性因素是指意志、信仰、知觉、灵感等与理性接近，影响理性并受理性制约和指导，随理性变化而变化的非理性因素。[②] 由此，我们可以从情绪、情感、意志三个方面把握网络舆论中的非理性因素，当然这三个方面并非决然独立的。

[①] 姚军毅：《非理性因素及其在社会历史发展中的作用研讨综述》，《武汉大学学报》（哲学社会科学版），1994（02），15-19页。
[②] 何颖：《非理性及其价值研究》，北京：中国社会科学出版社，2003，226页。

（一）个体情绪：感染启动在网络舆论中的表征

情绪通常是在有机体的天然生物需要是否获得满足的情况下产生的，它是一种较低层次的、内心的情绪体验。① 情绪和情感的不同之处在于，情绪常常只是用于情感的表现形式方面，具有较大的情景性、激动性、短暂性。情绪侧重于表明情感的过程，着重于描述情感过程的外部表现及其可测量的方面。② 或许正是由于情绪的可测量性，目前关于网络舆论研究中，大多采用情绪而非情感。甚至有了情绪型舆论的说法。

情绪型舆论是一种由于自身利益受到影响或受外界不良信息刺激，网民在网络上散布的一种片面的、偏激的、个人主义色彩浓厚的言论。③ 由于网络空间言论表达的匿名性、把关人缺失、信息传播碎片化、圈子同质化等原因，网络舆论表达较为情绪化。情绪在网络舆论的研究中非常重要，特别是在社会化媒体中。情绪有助于观点在社交媒体上的传播，充满情绪的微博能在更短的时间内被转发，被转发次数也更多。④

个体情绪是指正常情绪，个体情绪也是反映社会状态的重要变量。有研究发现，参与网络群体性事件的网民在情绪（维护社会公正的情绪、抨击不良道德的情绪、获取他人尊重的情绪、发泄对社会不满的情绪）方面的表达意愿明显高于普通网民。⑤ 网络舆论中的个人情绪，通常表现为说话方式不太文明礼貌、表达心态不太平和、表达过程不太冷静，可以分为以下三类：第一，谩骂性的话语表达方式；第二，宣泄性的情感抒发状态；第三，戏谑化的标签文本运用。如"躲猫猫""欺实马""我爸是李刚"，这些表达多含有嘲讽意味。这在一定程度上"污染"了整个舆论氛围，造成目前网络上骂声一片的情景。

群体情绪相对来说是非理性的状态。勒庞认为，群体情绪的相互感染，决定着群体行为的选择，本能性的情绪特别容易感染，而理智的、冷静的情绪在群体中丝

---

①② 张浩：《论情绪和情感及其在认识中的功能——主体认识结构中的非理性要素研究》，《广东社会科学》，2006（06），78-84页。
③ 陈克祥、向科元：《遏制"网络情绪型舆论"负面影响》，《光明日报》，2005-04-19。
④ Stieglitz, Stefan and Linh Dang-Xuan, "Emotions and Information Diffusion in Social Media-Sentiment of Microblogs and Sharing Behavior", *Journal of Management Information Systems*, Vol.29, No.4, 2013, pp.217-248.
⑤ 郝其宏：《网络群体性事件中社会情绪表达的实证分析》，《江苏师范大学学报》（哲学社会科学版），2015（06），70-76页。

毫不起作用。①这里更牵涉到由个体情绪转化为群体情绪的机制，如群体感染、群体兴奋等。而网络舆论中的情绪感染多指负面情绪，负面情绪更容易激发他人的相同情绪。如有研究在分析舆论事件时，选取的代表性情绪有：愤怒、失望、同情、不信任、支持、相信等。②

情绪感染的内在驱动因素是情绪启动。情绪启动效应的研究表明，情绪刺激并影响着人们的认知、情感和行为。在网络舆论中，话语呈现方式多样，除了一般的文字外，各种网络表情符、图片、视频等也被纳入进来，成为重要的话语修辞符。有研究者发现，情绪图片比文字有着更好的情绪启动效果。③这些文本形式直接冲击人的感官，容易刺激或引发人们的情绪生产，这种情绪生产有时是有意识的、有时是无意识的。这种形式的非理性会直接影响到内容的非理性。从本体论的角度看，舆论是含有一定理性成分的公众意见。它是经过人们相当时间的讨论与反复酝酿后形成的。在讨论过程中，那些比较正确的、建立在事实上的、理性基础上的意见便逐步为大家所接受，最后形成舆论。所以，舆论不是公众纯粹情绪的表现，而是建立在理性批判意识基础上自由对话的结果。④而经由文本形式启动的情绪，会影响独立思考、逻辑推断等思维过程。

虽然说有些情绪化表达中也有真知灼见，但是并不能因此而容忍这种不文明现象。相比于以非理性形式表达真知灼见，我们更青睐于以理性形式表达个人短见，因为个人表达是否在内容上理性难以判断，而形式方面的理性与否则可能影响整个网络氛围。

（二）社会情感：社会结构在网络舆论中的表征

人类社会历史进程中所形成的稳定的社会关系，决定着人们对于客观世界的态度，对于这些受社会关系制约的态度的反映，就是人类特有的情感。同时，情感也

---

① 〔法〕古斯塔夫·勒庞：《乌合之众：大众心理研究》，戴光年译，北京：新世界出版社，1995页，9-10页。
② 唐超：《网络情绪演进的实证研究》，《情报杂志》，2012（10），48-52页。
③ 郑希付：《不同情绪模式图片的和词语刺激启动的时间效应》，《心理学报》，2004（05），545-549页。
④ 李欣人：《西方舆论观演化的现代性理路》，《山东大学学报》（哲学社会科学版），2012（02），151-155页。

是用来描述具有稳定而深刻的社会含义的内心体验,具有社会性、历史性。① 可见,情感通常与一定的社会诉求相联系,因此也称社会情感。

影响网络舆论的社会情感多是由于社会结构造成的,这也是情感社会学的研究旨趣。情感社会学对于情感的研究不同于心理学的地方在于,它超越了个体与社会的二分,不把情感作为私人的心理之物,而是将它看作社会结构的产物,从而专注于社会的共同情感及其形成的深层动力机制,从情感的维度切入社会结构性的问题,探讨社会共同体的建构。②

目前,我国社会结构存在着某种不平衡。社会矛盾日益尖锐,贫富差距、官民矛盾冲突越来越多,信任结构有待完善、阶层利益固化,引发了公众心理不平衡,以及仇富、仇官等社会情感非常严重,这也反映在网络舆论空间。网络舆论空间是官方舆论和民间舆论对话的平台,民间舆论呈现出较强的负面状态。这在一定程度上是由于民众的社会地位造成的,社会地位差异造成社会资源分配不均,进而导致其社会欲求无法得到满足。由此,民间舆论表达也流露出被剥夺感、怨恨感、弱势感等倾向。这种社会情感的抒发,造成了网络舆论的非理性或高度非理性。主要表现为:不了解事件过程、不进行独立思考、盲目跟进他人观点;借助于已经发生的热点事件,发挥心中不满,尽管该事件与自己并没有过多关系;说话不顾及后果、不负责任,容易带入个人情感。

而这种情感甚至会直接引发网络事件,如近年发生的社会抗争事件,大多是对于当前社会结构的一种反映。情感动员把单纯的看客转化为紧密团结的集体行动者,将原本极为分散的个体在思维和行动上保持高度一致。③ 在网络行动中,多数参与者也是非理性的。如以舆论为基础的人肉搜索、网络推手以及网络水军行为。有研究者认为,当前社会化媒体所存在的非理性现象后果很严重,其中之一是非理性表达往往将讨论引向对抗,形成新的网络舆论争斗,进一步激化了社会各阶层的矛盾。④

---

① 张浩:《论情绪和情感及其在认识中的功能——主体认识结构中的非理性要素研究》,《广东社会科学》,2006(06),78-84页。
② 洪杰文、朱若谷:《新闻归因策略与公众情感唤醒——当代热点舆论事件的情感主义路径》,《武汉大学学报》(人文科学版),2016(04),120-129页。
③ 杨国斌:《连线力》,邓燕华译,桂林:广西师范大学出版社,2013,267页。
④ 丁柏铨:《自媒体时代的舆论表达和舆论引导》,《新闻与写作》,2014(07),56-59页。

（三）集体意志：民族主义在网络舆论中的表征

柏拉图在《理想国》中，将人的灵魂分为三部分：理性、意志、情欲，并认为意志和情欲等非理性的东西应服从理性。意志是距离理性最近的非理性因素，具有自觉性、稳定性等特征，但意志在很大程度上并不靠逻辑推理，所以还是属于非理性因素。

意志在网络舆论中发挥作用的最好例子是网络民族主义。确切来讲，这里的意志是一种集体意志。网络民族主义，是指一国民众的民族主义言论、情绪和思潮在网络空间进行传播；进而，在一定条件下，由此形成的网络舆论会推动现实行动以达到预期目的。① 网络民族主义为很多网络行为提供了舆论支撑，一定程度上说，网络民族主义背后有着强烈的民族认同意愿，是集体意志的体现。

卢梭在《社会契约论》中，首次将"公众"与"意见"联系起来使用，以表达人们对于社会性事物或公共事物方面的意见，即舆论。同时，他把舆论分为"众意"与"公意"两种表现形式。众意着眼于私人利益，是个人意见的总和；公意着眼于公共的利益，是永远稳固的、不变的而又纯粹的。② 网络民族主义体现了众意与公意的统一。不管是出于个人利益还是出于国家利益，爱国主义者都会以爱国主义这种崇高的信仰和意志在网络中表达和行动。

具体来讲，这些拥有强烈爱国意志的人，在网络中大多转发和评论军事、历史、领土纠纷、外交关系、时事新闻等议题，他们较为信任政府、对体制持积极态度。③ 网络民族主义与中国发展历史、中外关系变化、中国传统文化反思等不无关系，这种强烈集体意志在网络中通过各种形式呈现，从而形成强大的舆论氛围，甚至直接推动现实行动。特别是在针对别国活动时，网民往往会从民族国家的角度出发，发泄民族主义情绪、宣扬民族主义言论、塑造民族主义思潮，甚至发起民族主义行动，以维护我国利益。例如，有研究者对东亚网络民族主义案例进行考察发现，网络民族主义通过网络民意支持以增加回旋余地，网络舆论使外国感到压力并调整对策等层面，从而促进外交事业发展。④

---

① 赵瑞琦：《网络爱国主义：源流、利弊与策论》，北京：中国传媒大学出版社，2012，8页。
② [法]卢梭：《社会契约论》，何兆武译，北京：商务印书馆，2003，133页。
③ 桂勇、李秀玫、郑雯、黄荣贵：《网络极端情绪人群的类型及其政治与社会意涵基于中国网络社会心态调查数据（2014）的实证研究》，《社会》，2015（05），78-100页。
④ 赵瑞琦、杨子洁：《网络舆论与中国外交的互动——基于东亚网络民族主义案例的考察》，《南京邮电大学学报》（社会科学版），2013（03），25-30页。

即便如此，我们也不得不承认，由于强烈的民族性质和爱国主义因素，网络民族主义中或多或少会有放大情绪、鼓励极端网络暴力等非理性特征的存在。如抵制家乐福事件中，由于愤恨对奥运圣火传递受阻和西方相关报道，网民发动抵制家乐福活动，甚至抵制其他外国品牌。

从非理性的结构来看，网络舆论中的非理性因素主要包括：个体情绪、社会情感、集体意志，这三个层面的因素分别通过感染启动、社会结构、民族主义机制形成网络舆论。但是，网络舆论中非理性因素的三个方面是相互交融的，并不是独立的，只是在某些舆论事件中，某个方面占主导，发挥主要作用，这并不排除其他两个方面的影响。

当然，这里需要特别说明的是，网络舆论中的非理性因素分析，旨在从本体论的非理性（即意识状态的非理性）出发，分析哪些非理性因素在网络舆论中发挥作用，其作用机制是什么。但这并不意味着非理性因素一定会导致网络舆论中的非理性现象；也不意味着非理性现象一定是由非理性因素引起的，也可能是理性因素和非理性因素综合作用的结果。也就是说，网络舆论中，非理性因素与非理性现象并不存在对等关系。

四、结语

传播学对舆论的研究，很大程度上是从讯息角度分析作为信息流的舆论的存在状态。而从心理学角度进行研究的有李普曼。李普曼对于理性舆论形成的诸多障碍性因素的发现和分析，始终未脱离他对人性以及人类心理特质的深刻洞见。[1] 这也为我们从意识状态的非理性因素角度分析网络舆论中的非理性提供了支撑。

从社会心理学的角度分析舆论是舆论研究的固有传统。大部分研究者认为，理性与非理性构成矛盾的两个方面，二者相互对立、相互补充、相互作用，构成人类社会发展的内在力量。[2] 不管网络舆论中的理性因素还是非理性因素，都有分析的必要性。对其进行分析有利于深化我们对网络舆论的认识和对社会态势的把握。

---

[1] 柯泽：《论李普曼舆论宣传研究及其心理学特点》，《湖北大学学报》（哲学社会科学版），2014（05），111-117页，149页。

[2] 何植民、王珂：《国内学界关于非理性研究综述》，《前沿》，2009（12），20-25页。

关于网络舆论的理性与非理性研究需要注意两个问题：

第一，网络舆论的理性/非理性与舆论理性/非理性并非是同一层次的问题。总体上看，国内关于舆论与理性/非理性的研究大多关注网络空间，当然我们无法排除网络空间本身对舆论理性/非理性的影响。但同时，舆论本身应该是与理性有着无法剥离的关系，舆论的形成和舆论表达都是产生于个人之间的，都会有思维意识活动，即个人在舆论过程中是否经过逻辑推理、独立思考等。其实，西方经典的舆论研究，大多是围绕舆论与理性展开的，包括政治哲学、心理学、社会学等。如柏拉图、洛克、卢梭等，都是从人的理性角度出发探讨舆论的问题。虽然，其本质在于探讨国家、人民、民主之间的关系，但是他们都特别强调民意形成中的"理性"的作用。也就是说，舆论与理性/非理性的问题是一个重要的研究层次，与网络舆论的理性/非理性并不是简单的空间区别。

第二，网络舆论的理性与非理性更应该注重微观意义上的舆论。目前国内对于网络舆论理性与非理性的研究中，侧重于对非理性现象的分析。严格来讲，对于网络舆论非理性的研究，仍然探讨的是宏观意义上的网络舆论。虽然学界对于舆论的界定不一，但基本达成的共识是：舆论是一种意见，是以多数人的观点为基础的集体意见（多数实际所强调的，不只是多数意见的权威性，而是舆论的意见整合作用）。[①] 陈力丹在《舆论学》里谈到"舆论的数量"问题，即关于特定事物的某一意见在一定范围内达到全体人员的三分之一以上，可以将这个意见视为这一范围内的舆论，因为这种意见开始影响整体。[②] 陈力丹也认为，随着网络的发展，共同意见形成确实存在困难，这一条件可以适当放宽。所以也只是在宏观层面使用"网络舆论"的概念，具体问题上一般只使用"网上意见"的概念，因为没有证据可以证明我们谈到的意见已经转变为舆论。[③] 而目前国内较多关于网络舆论非理性的研究，大多指的也是宏观意义上的非理性。

未来网络舆论理性与非理性的研究，可以对微观意义上的网络舆论进行分析。微观意义上的网络舆论，侧重于认为舆论是作为过程的舆论。周葆华认为，舆论概念的基本内涵强调公众针对争议性议题的公共讨论过程，以及基于独立自主人格和

---

① 许静：《舆论研究：从思辨到实证》，《国际新闻界》，2009（10），6-10页。
② 陈力丹：《舆论学——舆论导向研究》，上海：上海交通大学出版社，2012，37-38页。
③ 陈力丹、林羽丰：《再论舆论的三种存在形态》，《社会科学战线》，2015(11)，174-179页。

自由信息环境的意见表达。① 基于此，更应该分析网络舆论的理性问题，更侧重于内容理性。即讨论过程中个人是否运用自我智慧、逻辑推理、独立思考等手段进而表达自己的观点，或者可以称为公众舆论能力。当下公众表达渠道更为通畅，硬件方面的表达障碍逐渐变小，而软件方面的表达障碍逐渐凸显，这也对公众的舆论能力提出了更高的要求。

这同时也回应了以上提出的两个问题，在网络舆论的研究中要关注微观意义上的舆论；更要关注网络平台对于舆论理性/非理性的影响。整体来看，对于网络舆论非理性因素的分析，可以通过这些非理性感知背后蕴藏的个人情绪、社会情感、集体意志进行把握，即从阻碍理性网络舆论形成角度进行分析。而对于网络舆论理性因素的分析，要关注个人理性、内容理性，核心是关注整个舆论形成过程中公众参与讨论是否是理性讨论过程，即从公众舆论能力提升角度进行分析。

---

① 周葆华：《社会化媒体时代的舆论研究：概念、议题与创新》，《南京社会科学》，2014（01），115-122 页。

问题八

网络语境下舆论研究的反思与路径

曹小杰

导 读

  舆论本身受到政治、经济、社会等因素的影响，而舆论研究的总体格局也因权力与资本的作用而形构。

  当权力与资本渗透进学术研究时，一定程度上会削弱学术研究的自主性，对舆论研究的学理追求和学科建设也会产生影响。当前国内舆论研究中存在结构性问题，比如对于技术平台的过度追求，而缺乏对舆论主体的持续关注；新闻传播学研究占主体，其他领域研究不足；研究机构良莠不齐，在研究规范和伦理方面缺乏标准等。

  同时，舆论研究中始终有一条研究脉络，即理论与方法的相互建构。作为理论核心的"概念"的演变，也与方法协同推进。或许是由于舆论本身对方法与技术的依赖，或许是由于舆论承载的现实意义，作为母体的舆论也派生出了众多子概念。目前，国内舆论概念注重整全、宏大的视角，这也决定了规范研究中以量化的实证研究方法为主。

  舆论研究的重新反思，需要从"概念"和"方法"切入。在信息化、多元化语境下，舆论概念需要从整全、宏大舆论转向隐性、分众舆论，舆论研究方法则需要从以量化方法占主导转向质化与量化相结合。隐性的、分众的舆论形态至少可通过相关后台数据库（如沉默舆论）、网民变换着形式使得内容获得公开的部分（如另类舆论），以及海外平台呈现出来的相关部分（如海外舆论）等三种相对客观的大数据方式获得。

  总之，舆论研究目前存在内容结构问题、学科结构问题、研究机构结构问题，舆论"概念"和"方法"也相互建构。因此，我们在未来研究中要重视对"概念"和"方法"本身的理解和把握。

互联网给社会带来的影响是方方面面的。它不仅日趋改变舆论的承载平台、表现形式以及社会影响，使得"网络舆论"成为当前舆论研究的主要关注点，也在深刻地改变着舆论研究的学术生态，吸引了包括心理学、政治学乃至非人文社会科学的学者进入该研究领域。

在2005—2013年的国家社科立项课题中，有关舆情项目的共80项，其中48项为网络舆情项目。[①] 仅2015年国家社科年度立项中，舆情类就占17项，其中13项与网络舆情有关。在中国知网上，以"网络舆论"为关键词可检索到近73万条结果（2010年出现激增），检索"网络民意"可得近27万结果（2011年达到峰值），而以"网络舆情"为关键词可搜到近11万结果（2011年增速非常明显，增长势头至今不衰）。以上数据虽不那么严谨，但至少从侧面反映出网络舆论研究似乎正在成为新的炙手可热的主题。

在这种研究气氛下，以泼冷水的方式来进行反思显得有些不合时宜。但毫无疑问，诸如舆论研究目前所遭遇到的瓶颈、影响网络舆论真实性的重要力量、网络舆论真实性的获得途径等问题，在互联网引入中国20余年、网络舆论研究已开展多年的今天，有必要对其进行系统梳理和适当反思。

一、舆论研究面临的问题

（一）概念本身的问题

在国内学界，虽然有不少学者如甘惜分、周建明、陈力丹等曾经对舆论的概念作出过严肃讨论，对于当前界定何谓舆论有启发、有帮助，但整体上来说，这个概念至今仍没有定论，且存在较大争议。不同研究在表述上和侧重上的差异是争议的最好表征。据不完全统计，相关用法就包括舆论、舆情、民意、公众舆论、公共舆论、公众意见、社会舆论、新闻舆论、民间舆论、官方舆论、大众舆论、网络舆论、网络舆情、网络民意、新媒体舆论、舆论表达、舆论引导、舆论导向等。

这些用法所组成的概念族系大致可以分成两类。一类是母概念，如舆论、民

---

① 杨斌艳：《舆情、舆论、民意：词的定义与变迁》，《新闻与传播研究》，2014（12），112-118页。

意、舆情等。舆论、民意、公众舆论三者只是译法差异，基本可以等同使用。① 当然对其具体所指，不同学者的看法存在差异。甘惜分认为舆论是"公众的意见或言论"②，落脚在意见或言论上。作为舆论的狭隘定义，它强调了舆论的某种稍纵即逝的性质。而刘建明则认为"民意是人民意识、精神、愿望和意志的总括，是社会舆论这一意识现象的主导部分"③，强调意识、精神、愿望和意志等层面。该定义侧重"意识"，虽仍比较狭隘，但强调了舆论稳定性的一面。陈力丹对二者做了综合，他认为"舆论是公众关于现实社会以及社会中的各种现象、问题所表达的信念、态度、意见和情绪表现的总和"④，将其拓展至信念、态度、情绪层面，意见或言论无疑是舆论最重要的内容，但是态度、情绪甚至信念同样也非常重要，尤其是在意见或言论无法合理表达的情况下。陈力丹还将行为补充进舆论范畴，认为诸如静坐、游行示威等行为舆论比言语舆论的强烈程度更大些。而舆情作为一个比较新的带有中国特色的概念，目前仍无权威定义（对应的英译词也没有），笔者倾向于认为它指的是舆论的情况，与国情的用法类似，主要由智库等应用型研究机构所使用并为决策服务。

另外一类是由母概念派生出来的子概念，如社会舆论、民间舆论、精英舆论、官方舆论、新闻舆论、大众舆论、网络舆论、网络舆情、网络民意等。它们都是根据舆论的不同维度或层次而作的区分，如根据参与主体而分的官方舆论与民间舆论。在中国语境下，官方舆论主要由新闻舆论所呈现，民间舆论与大众舆论基本等同，并在更为宽泛的意义上等同于社会舆论。而进入互联网时代以来，网络舆论/线上舆论与线下舆论成了一组常见的子概念。线下舆论也常被宽泛地等同于社会舆论。

总的来说，既有的对舆论的定义体现的是学界对整全（cosmos）意义上的舆论的迷思，这能从"主导部分""总括""总和"等词反映出来，也同样体现在某些学者试图用"三分之一"或"三分之二"⑤这样的量化方式来阐释何谓舆论的做法上。

---

① 陈力丹认为公众舆论是同义反复，因为舆论（public opinion）概念本身即包含公众之意。考虑到汉语中因约定俗成而常有同义反复的词语，如"哭泣""站立""美丽"等，这里不做细辨。关于"舆论"与"舆情"的差异，可以从相关研究的性质来进行粗略区分，一般来说，学术研究倾向于使用"舆论"，而政策性研究倾向于使用"舆情"。本文如无特别说明，统一使用"舆论"一词。
② 中国大百科全书总编辑委员会：《中国大百科全书·新闻出版卷》，北京：中国大百科全书出版社，1990，457 页。
③ 刘建明主编：《宣传舆论学大辞典》，北京：经济日报出版社，1993，336-337 页。
④ 陈力丹：《关于舆论的基本理念》，《新闻大学》，2012（05），6-11 页，21 页。
⑤ 陈力丹：《关于舆论的基本理念》，《新闻大学》，2012（05），6-11 页，21 页。

在信息化、多元化的社会语境下，整全意义上的舆论概念无法对多维度、多层次的现实做出更好的解释，子概念的出现作为一种回应，通过细分指向具体群体、具体空间的具体舆论概念来解决解释力的问题。这种状况的出现，意味着对有关舆论的讨论由关注整体意义的大众转向了有差别的分众、由宏大舆论转向圈层小舆论。本文第三部分将对这种转向有更多讨论。

（二）研究方法的问题

有学者发现，国内舆论研究在研究旨趣、内容侧重、研究方法以及学术影响等方面与国外舆论研究大异其趣，国内舆论研究大多是为如何引导和治理服务的，并且多以逻辑思辨、推理阐释方法为主，缺少规范的实证研究；而海外多以实证方法进行研究，比如运用问卷和抽样调查、控制实验的方法来检验各种因素对公众的认知、态度、行动的影响，或者使用非介入性研究的方法分析来自各种媒体的文本或数据对公众使用不同媒体的影响，整体上侧重效果研究和受众研究。[1]

当然近年来国内采用实证方法来分析舆论的文献在逐渐增多，当前比较热门的理念是使用大数据技术来分析舆论。随着计算机技术的发展，人类社会生活所制造的数据每天都在以亿字节的速度增长[2]，尤其是随着互联网技术的进一步普及，用户在各种线上平台留下的文字、图片或音视频所形成的海量数据，理论上可以借由数据挖掘技术进行收集并分析，从而重构舆论研究的思路、方法与手段。

但看起来美好的大数据思路同时存在种种挑战。首先并非每个人都喜欢在网上表达观点，通常网上只有1%的用户会贡献内容，而剩下的99%都是潜水者。[3] 如

---

[1] 王凤仙：《国外传播学领域网络舆论研究现状——基于ISI三大引文索引数据库的文献计量分析》，《暨南学报》（哲学社会科学版），2015（02），15-23页。

[2] Frank, C., "Improving Decision Making in the World of Big Data", *Forbes*, 2012, retrieved from http://www.forbes.com/sites/christopherfrank/2012/03/25/improving-decision-making-in-the-world-of-big-data/. 引自沈菲、王天娇：《大数据语境下的民意：研究路径与趋势》，张志安主编：《网络空间法治化——互联网与国家治理年度报告（2015）》，北京：商务印书馆，2015，288-303页。

[3] McConnell, B., Huba, J., "The 1% Rule: Charting Citizen Participation", *Church of the Customer Blog*, Vol. 205, 2006, retrieved from http://web.archive.org/web/20100511081141/, http://www.churchofthecustomer.com/blog/2006/05/charting_wiki_p.html. 引自沈菲、王天娇：《大数据语境下的民意：研究路径与趋势》，张志安主编：《网络空间法治化——互联网与国家治理年度报告（2015）》，北京：商务印书馆，2015，288-303页。

果只收集分析这1%表达出来的部分,而对这99%的部分(其实仍可能通过沉默的上网行为如搜索、浏览、点击、投票等来表达态度或意见),就需要对信息化时代的舆论在定义层面进行拓展。信息时代的舆论至少应该强调两个维度:作为话语的舆论和作为行为的舆论。对于话语的舆论,目前的算法对于讽刺、春秋笔法等高修辞表达方式仍是无能为力的。尤其是在审查的语境下,某些敏感话题的表达往往不是直白的,人工都未必能够读出背后隐微曲折的含义,遑论机器。行为舆论也非常复杂,单靠统计行为数据有时候无法准确判断行为的性质(亦即行为本身所体现的态度)。比如针对某事件的搜索行为,搜索发起者对该事件(以及相关方)的态度究竟是支持还是批判呢?(态度数据有时候非常重要,比如大选时候对某候选人的搜索行为,搜索是一回事,支不支持是另外一回事,两者不能混为一谈。)另外搜索行为往往也受到外在不确定因素的影响。以谷歌2008年启动的"流感趋势"(Google Flu Trend)项目为例,它在第一年表现不俗,比美国疾控中心还提前两星期预告了上一年度流感的发病率。但随后其预测的可信度大幅降低,出现系统性误差的主要原因居然是媒体对该项目的大幅报道导致人们的搜索行为发生了变化。[1]

还需要注意的是,网络舆论不能等同于现实民意(这一点目前大概已成为研究共识)。从名称即可看出,它依托网络环境并且主要在网络中发酵、扩散。根据中国互联网信息中心(CNNIC)最新发布的《第38次中国互联网络发展状况统计报告》,截至2016年6月,中国网民规模达7.1亿,网络普及率达51.7%,手机网民规模已达6.56亿。网民规模的逐年扩大,的确能扩大网络舆论表达主体的基础。但是需要注意的是,即便如此,网络舆论也不必然地就是社会舆论,至少从网民分布的空间结构来看,来自农村的网民仍然只占总体网民的少数(26.9%)。[2]更多的差异甚至内部冲突体现在性别、年龄、社会经济地位等人口结构问题上。从根本上来说,"网络舆论也是多种社会因素复杂互动的结果……需要将它放在更宏观的社会环境下,深入地研究它与其他社会因素或社会现象之间的相互作用及其结果"[3]。如何将网络舆论背后复杂的社会互动因素揭示出来,成为舆论研究的一大挑战。

在目前规范的舆论研究中,量化的实证研究方法居于主导地位,很少有从质化

---

[1] 沈艳:《大数据分析的光荣与陷阱——从谷歌流感趋势谈起》,2015-10-27,http://www.tencentresearch.com/4456_50。
[2] 中国互联网络信息中心:《第38次中国互联网络发展状况统计报告》,2016-08-24,http://www.cnnic.net.cn/hlwfzyj/hlwxzbg/hlwtjbg/201608/P020160803367337470363.pdf。
[3] 彭兰:《关于中国网络舆论发展中几组关系的思考》,《国际新闻界》,2009(12),75-80页。

方法来分析研究舆论的。这由舆论研究一贯比较注重整全、宏大视角的出发点所决定。但正如下文将会讨论到的，随着由宏大舆论研究转向圈层分众舆论研究，质化方法会变得越来越重要。

（三）舆论研究的结构性问题

首先是内容结构问题，以网络舆论研究为例，国内往往以技术平台为中心。丝毫不奇怪的是，各种基于互联网平台的命名如论坛舆论、微博舆论、微信舆论等不断出现。这就使得相关研究深受技术平台本身的兴衰起落的影响，比如新浪微博火热的时候，许多研究关注微博舆论；而当微博式微时，研究又转向了其他技术平台，而缺乏对于舆论主体的持续关注。与技术中心主义思路相关的是舆论研究也多关注事件型舆论，缺乏对与持续性公共议题相关的舆论的关注。

其次是学科结构问题，海外舆论研究虽然多数来自政治学、社会学领域，但具有非常明显的跨学科特征，而国内的舆论研究主要来自新闻传播学领域[1]。新闻传播学对于舆论研究的确很重要，但作为一个跨学科的研究领域，它急需来自其他领域学者的参与，并且呼吁更多规范的实证研究的出现。跨学科还意味着需要超越人文社会科学范畴，转化和应用更广泛领域的既有知识，包括社会动力学、复杂适应系统科学、统计学、系统动力学、人工智能、心理学、医学等。如何将这些知识纳入到舆论研究中来，本身也是非常重要的课题。

最后是研究机构结构问题，除了大学及科研机构在研究舆论外，各种民间或官方智库、商业化机构等都在开展相应的研究（包括研发舆论监测系统及软件等）。问题不是只有某些机构才有资格去研究舆论，而其他机构没有资格，而在于参与机构良莠不齐，在研究规范及伦理方面缺乏共识标准。目前绝大部分商业化的网络舆情和舆情研究机构主要依托舆情监测系统及软件在网上抓取目标信息并进行分析，正如有研究发现的那样[2]，这里面容易将舆情监测系统及软件所抓取的信息视为舆情，并且混淆信息内部的结构差异，比如究竟是媒体意见还是网民意见，是真实表达还是被操纵的表达等。

事实上，自 2008 年网络舆论 / 舆情研究开始流行以来，这已经成为具有相当

---

[1] 刘毅：《国外舆论学研究的"知识图景"：热点、网络与结构——基于SSCI数据库（1994—2013）的知识图谱分析》，《新闻与传播研究》，2015（05），19-31页，126页。
[2] 杨斌艳：《舆情、舆论、民意：词的定义与变迁》，《新闻与传播研究》，2014（12），112-118页。

规模的产业（包括舆情监测服务及软件），是许多新闻媒体、商业网站、商业机构推出来创收的业务。这些门类繁多的"舆情监测"服务面向各级地方政府以及国有企事业单位，为后者应对负面新闻提供舆情资讯及相关服务。[①] 根据《经济学人》2013年的一则报道，上百家公司至少推出了125款舆情监测软件。[②] 如何平衡舆论研究所指向的社会责任与舆情服务所追求的商业价值，成为值得重视的问题。

二、权力与资本角力下的网络舆论

通常来说，一场具体的舆论包括议题（舆论客体）、公众（舆论主体）、一致意见（舆论表现）等核心要素。在这些核心要素之外，语境要素也非常重要。不同政治环境下的舆论有很大的不同，理论上，作为表达、对话、协商和共识的过程，舆论得以实现的基本前提是相对"自由的说真话的环境"[③]。在表达与风险高度相关的背景下，舆论本身的动向会变得复杂并且难以捉摸。由此形成的舆论主体在表达意愿、表达动机以及表达方式上往往与其他语境的不一样。另外，资本对舆论的潜在影响往往也被当前学者所忽略，它在网络语境下与权力的作用几乎同样重要，也比后者更为隐蔽。

舆论是社会的皮肤。从社会治理的长远目标来看，保证真实舆论得以生产的环境，有利于促使真实舆论的形成，进而为准确决策提供重要依据。反过来，如果舆论本身带有水分，分析过程中又没有将这种水分挤出去，据此而产生的决策报告的价值便要大打折扣。但在现实生活中，社会治理者因种种因素的影响，经常会选择以短平快的方式去处理问题尤其是负面舆论问题，以求短期的治理效果，这是其一。

其二，理论上自主的社会公众才是舆论的主体，但在现实语境下，机构主体或者相对不自主的参与者均在舆论生成过程中扮演着重要角色。在相对更为匿名的（至少前台是这样）互联网语境下，机构或者具有体制背景的参与者完全可以无碍地出现在一次次的舆论事件中，并影响舆论态势的走向。这些主体包括但不限于监

---

① 吴剑杰：《情监测被列为政府购买服务的对象》，《财新网》，2014-02-17。
http：//china.caixin.com/2014-02-17/100639488.html。
② Gady Epstein, "China and the Internet：A Giant Cage", *The Economist*, April 6, 2013, pp. 1-14.
③ 张志安：《整天谈舆论，如何懂舆论》，《记者观察》，2013（10），42-43页。

管部门、新闻媒体、商业网站、公众、知识分子、社会精英、意见领袖、网络评论员等等。尤其是日渐壮大的网络评论员队伍，以及正在被"收编"的新媒体代表人士（包括活跃在网络上的知识分子、社会精英以及意见领袖等），他们在表达方式与技巧上越发了解互联网并以网民喜闻乐见的形式来参与影响（甚至操纵）网络舆论。这套方式在短期内可以迅速地稀释或者扭转负面舆情的走向，但最终使网络舆论变得虚虚实实、半真半假，决策意义上的参考价值大打折扣。

　　网络舆论的参与者还需要将商业网站囊括进去。姑且不论商业网站经常需要根据宣传口径要求对相关信息进行过滤，它们在社会责任与利益诉求之间的张力也常常会影响舆论的态势。对商业网站来说，言论在某种意义上"已经成为一种可以大规模售卖的商品"①，在网站追求点击量的诉求之下，大规模聚集的话语本身变成了可以变现的大数据资本。以百度疾病类贴吧为例，其内容常受到来自广告商的影响，未必是关于用户的原生态舆论的汇集。又比如在前文提及的谷歌流感项目中，根据搜索引擎结果来估量舆论价值，除了因搜索引擎可能受到商业诱惑而降低可靠性外，还会因为其内在算法的缺陷而造成系统性误差。②但与此同时，在与权力的关系中，资本出于牟利的目的，有时候在客观上也扮演了一种与权力对立的角色（比如延时删帖以吸引人气等），从而为舆论发酵和生产提供了空间（尽管这种空间可能是有限的）。在利用大数据方法进行网络舆论研究时，需要将这些潜在的因素考虑进去。尤其是通过数据挖掘软件进行网络舆情分析时，如何剔除这些变量的影响成为衡量其分析结果可信度至关重要的指标。

　　商业化的舆情服务机构也是网络舆论的重要参与者。前文提及的商业化舆情公司不仅提供舆情监测服务，很多时候也提供有偿删帖服务。此外还有相当数量以删帖及软文公关为主营业务的网络营销公司存在，目前被查封并曝光的就有口碑互动、新讯传媒、雅歌时代、尔玛互动营销公司等，诸如"网络水军""网络推手"等新词汇的出现便与这些舆情公司直接相关。根据《新世纪》周刊2013年的报道，这些删帖公司不仅可以删除流行论坛、商业门户、社交媒体上的相关信息，还可以

---

① 王洪喆：《争夺"网民"：数字时代政治主体的生成》，《文化纵横》，2015，35-38页。
② Jiang, M., "The Business and Politics of Search Engines: A Comparative Study of Baidu and Google's Search Results of Internet Events in China", *New Media and Society*, Vol.16, No.2, 2014, pp.212-233.
Jiang, M., "Search Concentration, Bias, and Parochialism: A Comparative Study of Google, Baidu, and Jike's Search Results from China", *Journal of Communication*, Vol.64, No.6, 2014, pp.1088-1110.

删除新闻网站的信息；有些网络营销公司，甚至通过自发负面新闻再收费自删的方式变相要挟相关企业出钱购买其服务。①删帖及相应的舆论操控成为一门名副其实的生意。在舆论的向量中，这些参与者所施与的力与舆论真正的主体所施与的力通常是相反方向的。

其三，在权力与资本的双重作用之下，普通参与者在表达意愿和表达方式方面也会发生比较显著的改变。在表达方式上，大量间接表达方式（如文字变异、图片拼接、混剪、另类修辞、隐微写作等）被创造性地使用于日常表达中，并形成一种独特的网络亚文化。这种以明显区别于其他语境的不那么直白的表达方式所呈现的舆论，目前仍未引起足够的重视。以哈佛大学加里·金（Gary King）团队的一则著名研究为例②，其在实验法中用到的直白的敏感词在机智的网民的实际表达中几乎是不太可能会用到的（用了就没办法发表），在实际表达中使用的往往是相对不那么直白的类比、讽刺、比喻的文字游戏，以及图文声像等更为丰富的表达手段。换言之，网络审查未必能够真正限制舆论的发生，但它肯定会改变舆论发生的形态——舆论在亚文化场域中换以间接、相对隐晦的方式表现出来。

当然不排除许多网民会选择放弃这种"躲猫猫"的游戏，而转向另一个极端，即成为社会政治的冷漠动物。这种冷漠可能以两种主要形式表现出来，或者转向拥抱其他议题（比如娱乐），从而成为真正意义上的舆论的沉默者；或者成为舆论的消极参与者，只有相应的阅读或者关注行为（如点击相关内容），而缺乏内容表达或者反馈（如不点赞、不评价、不置可否）。对于前一种形式，假若这个群体的规模持续扩大，它对整个社会政治生态的影响会非常消极③。而后一种沉默舆论形式的影响则需要系统讨论，它也经常被分析者所忽略，但正如下文将讨论到的，我们还是可以通过一些方法对其进行研究和了解。

关于表达方式的改变还存在更多情况，比如部分用户可能会费尽心力地去使用防火墙外的网络平台。他们或者使用常见的海外互联网平台如脸书、推特等，或

---

① 王晨、王珊珊、任重远、朱以师、于宁：《删帖生意》，《财新周刊》，2013-02-08，http: //china.caixin.com/2013-02-08/100491759_all.html。
② Gray Kinga, Jennifer Pana, Margaret E. Robertsa, "How Censorship in China Allows Government Criticism but Silences Collective Expression", American Political Science Review, Vol.107, No. 2, 2013, pp.326-343.
③ 正如〔美〕尼尔·波兹曼：《娱乐至死》，桂林：广西师范大学出版社，2011；或如〔美〕罗伯特·帕特南：《独自打保龄》，北京：北京大学出版社，2011 中所担心的那样，瓦解现代政治社会强调公众参与的合法基础。

者搭建个人网站并将服务器挂在海外。这个群体的规模目前没有权威统计数据来估测，但许多舆论案例显示，他们是海外有关中国舆论的重要参与者并经常成为西方媒体报道时援引的对象。网络监管也不太能够覆盖这批网民，因此并不能够限制相关舆论的发生与扩散，舆论活动的空间由此从国内扩散到了海外。

根据上述分析可以看出，网络舆论深受权力与资本的双重影响，在呈现形态、真实程度以及具体启示方面表现出复杂的特征。权力可能会影响具体的舆论走向，但不太能够限制舆论的出现，舆论会以他种形态在新的空间中出现。而资本有时候存在阻碍舆论生成的作用，但有时也会促使舆论的生成。基本上可以认为，真实舆论总是客观地在那里，关键看研究者用什么方法去接近它。目前比较热门的大数据分析方法，尤其是根据网络搜索或者关注的热度来进行研判（如利用机器算法来自动提炼热门的舆论事件），即便不是掩盖了一些重要事实和维度，仅靠使用这种"懒人方法"也是不够的。在进行具体的网络舆论/舆情分析时，需要考虑到权力与资本的影响并且寻找有效的办法来剔除这些变量的影响，这样得出来的研究结论其决策价值才可能更可靠。

三、网络语境下舆论研究的路径思考

（一）概念工具：转向隐性舆论与分众舆论

为了获得真实的网络舆论，首先需要对在权力与资本角力之下的网络舆论的新形态进行重新反思。换言之，舆论研究的工具概念需要调整，既要从整全性的大众舆论转向分众舆论，做文化族群式（如知识分子社群、底层民众、黑客、小粉红等）的圈层舆论研究，也要从显性舆论转向隐性舆论，关注被主流研究议程有意无意遮蔽掉的舆论部分。相对目前被研究得较多的显性舆论，对各种分众舆论尤其是隐性圈层舆论的讨论仍很不够，这也是目前比较有挑战也可能更有价值的领域。忽略这两种形态的网络舆论/舆情研究，其研究价值需要质疑。

首先是隐性舆论，简而言之，是暂未被主流社会所注意或知晓的舆论。它既指潜在的、不活跃的网民对某一社会现象、问题或政策带有共同倾向性的信念、态度、意见和情绪的表现。网民保持潜水、不活跃状态有时是由其个性所决定，有时则是因为舆论管控而导致的表达受限。沉默作为一种隐性舆论形态[①]，是对管控的消极抵抗，因为沉默使得显露出来的舆论看起来符合管控方的预期，但压抑的不满情绪仍然存在，真实民意可能被遮蔽。隐性舆论同样也指活跃的网民在表达这种信念、态度、意见和情绪之时或之前之后被删除的部分，或者因技术设计不可见的部分（如微信舆论[②]或防火墙外的舆论）。根据隐性舆论的标准，上一部分讨论到的沉默舆论、域外舆论，以及活跃在各种亚文化圈层中的另类舆论均带有较强的隐性特征。尤其是沉默舆论主要以网上行为为依据，基本上属于相对隐性的舆论形态。当然，另类舆论有时也可能以显性方式呈现（如"帝吧"亚文化与民族主义情绪的表露），但总体上目前仍是隐性为主；而域外舆论虽是显性舆论，但相对国内来说基本算是隐性舆论。

需要说明的是，这里所讨论的隐性舆论并不等同于潜在舆论或潜舆论。与一些学者[③]把海外舆论、民间舆论与潜在舆论作了明确区分不同，笔者认为隐性舆论同时也可以发生在海外（如果它因为技术设计而未被国内主流社会所知晓的话），也可以发生在民间层次（比如在网络亚文化群体中，前提是这种亚文化群体的舆论仍未被主流社会所知晓）。同样与一些学者[④]把潜舆论、显舆论和行为舆论作明确区分不同，笔者认为隐性舆论也可以是公开表达的意见（即显舆论，比如海外公开表达的意见无法在国内被主流社会所知晓），还可以是行为舆论。换言之，是否被主流社会所知晓成为衡量其是否是隐性舆论的重要指标，只要仍未被主流社会所注意到的舆论形态均为隐性舆论。隐性舆论带有边缘性质，是中心之外的舆论。它也带有动态性，随着主流社会给予更多的注意，隐性舆论会逐渐显性化。

另外是分众舆论，基于前述两大部分的讨论，舆论研究首先需要正视乃至反思整全、宏大的研究进路，从关注大众舆论（mass opinion）转向关注有差别的分众、关注圈层小舆论。在平面媒体及广播电视主导的时代，社会舆论深受这种以单向度传播为特征的信息技术的影响。以至于19世纪，大不列颠帝国可以借由报纸建立起宗主国与殖民地之间的"想象的共同体"[⑤]，而广播技术使得炉边谈话之类的政治宣传几乎能够同时渗透到统治范围内的每个角落。电视技术基本上延续了这种单向度的传播格

[①] 沉默作为一种舆论形态目前仍未被充分讨论，只有极少数学者关注了该主题。如徐翔：《"沉默舆论"的传播机理及功能研究》，《南京社会科学》，2015（10），112-117页。
[②] 张志安、束开荣：《微信舆论研究：关系网络与生态特征》，《新闻记者》，2016（06），29-37页。
[③] 童兵、王宇：《论潜在舆论和潜在舆论场及其引导》，《当代传播》，2016（03），12-14页，30页。
[④] 参见陈力丹、林羽丰：《再论舆论的三种存在形态》，《社会科学战线》，2015（11），174-179页。
[⑤] 〔美〕本尼迪克特·安德森：《想象的共同体：民族主义的起源与散布》，吴叡人译，上海：上海人民出版社，2005，27页。

局,从而使得以竞争、征服、加冕等宏大叙事为特征的"媒介事件"不断出现①。但是互联网时代尤其是社交媒体时代,这种单向度的传播格局被极大地打破,多向度、播散式的传播局面逐渐形成。换言之,在一定时期内针对某一事件或现象,公众的意见或态度不再容易受到单一媒介的操纵,而在表征上呈现出较大的异质、复调特征。

在这个意义上,延续着传统的大众舆论思维并将一定时期内的舆论视作一元的、宏大的、整全的,亦即大舆论,就会显得格格不入,也无法真正理解传统宣传模式失效等很多问题。分众舆论(或者圈层舆论)的提出,即是为了从概念层面回应社会异质性、舆论多元化、复调化的事实。分众舆论不仅指发酵于不同网络社区的舆论(如强国论坛、猫扑论坛、天涯社区等),也指发酵于亚文化群体聚集区的舆论(有时在同一个网络社区如百度贴吧,也可能存在基于不同亚文化群体聚集而表现迥异的舆论)。一则具体社会事件(包括舆论宣传)未必能够吸引到所有(或者大部分)分众的参与,就算能够吸引大多数分众的参与(是否能够自始至终参与也是存疑的),不同分众在参与时多半也带有各自的文化族群烙印(如体制内人士、网络评论员队伍、小粉红等)。

作为对南振中"两个舆论场"观点的进一步阐发,分众舆论的概念是为了继续破除舆论研究关注整全意义上的大舆论的迷思,因为民间舆论场虽然将有别于主流官方舆论场的特征揭示了出来,但却遮蔽了民间舆论本身的多元、复调特征。事实上,民间舆论场本身存在许多不同的小舆论,小舆论之间既存在协同,同时也存在对峙,它们并不完全截然地与主流官方舆论场相对立。从实用主义角度来看,与其基于错误或者虚假的宏大舆论而形成不当的决策,还不如去关注各种不同亚属群体及其小舆论(价值未必真小),而后者或许是探求真实舆论的一条出路,也是从注重短期的总体信息调控走向长期的社会心态调适的可能之路。

分众舆论或者小舆论的概念,也对应了西方舆论研究在主题上的专业传统以及舆论客体对象的多样化这一状况。换言之,舆论客体对象并不完全指向政府,同样也可能指向行业机构、社会组织,除了关注腐败、公共政策等问题外,还会涉及全球变暖、转基因、同性恋、烟草工业、酒精政策、种族主义等丰富多样的现象及话题。转向分众舆论或小舆论,也是让舆论回归其作为一种社会监督力量的原初定位。

需要注意的是,分众舆论或者圈层小舆论本身不是对大众舆论的抵消,一些属

---

① [美]丹尼尔·戴扬、[美]伊莱休·卡茨:《媒介事件》,北京:北京广播学院出版社,2000,33页。

于亚属群体的小舆论在影响到足够多的社会公众时，它就可能成为大舆论或者说"主导舆论"（陈力丹以三分之二为临界点来对其进行界定①）。以网络舆论为例，严格来说，网络舆论也只能算是一种圈层小舆论，它隶属于社会舆论，是通过互联网来表达的社会舆论。随着互联网的日渐普及以及社会结构的进一步改变，网络舆论常常扩散至线下并成为一种社会舆论，二者的重合度在增加。

根据分众舆论的标准，目前网络上比较重要的另类舆论、沉默舆论与域外舆论几乎都不能算严格意义上的大众舆论（尽管在某些情况下，这些新的舆论形态可能扩散成为大众舆论），而更多的是分众舆论，亦即舆论的主体是各种分众，这也是由现代社会的异质性和功能分化的内在特征决定的。

（二）方法诉求：质化与量化的结合

从纯方法论的角度来看，相对于隐性舆论而言，显性舆论更容易把握；相对于宏大舆论而言，分众舆论或者小舆论更容易把握。与此同时，从分众舆论或小舆论切入也可能形成对隐性舆论研究的破题。除了可利用传统舆论研究方法比如以分层抽样的方式进行问卷调查外，理论上，这些隐性的、分众的舆论形态还可通过至少三种相对客观的大数据方式获得，一是相关后台数据库（对应沉默舆论），二是网民变换着形式使得内容获得公开的部分（另类舆论），三是在海外平台呈现出来的相关部分（海外舆论）。

第一种途径面临着如何合理使用后台数据的问题，牵涉到公众隐私、政府及互联网企业权力边界等问题，是个世界性的新问题。以美国为例，棱镜门事件之后，包括美国在线、苹果、脸谱、谷歌等多家互联网公司向美国政府施压，要求其对网络监听活动进行改革。在此后的多宗案例中，互联网公司以保护用户数据安全为理由，拒绝配合政府索取用户信息、对后台数据进行挖掘的要求。但是互联网企业内部已经开始重视其数据资本，通过成立内部研究院对后台数据进行挖掘并为其市场开拓服务。日益增长的后台数据对探讨真实舆论的作用可能会越来越明显。

第二种途径是全球化时代的一种景观，以中文推特网为例，因防火墙的缘故，其用户规模并不大，但影响力却不小，许多国内维权人士或者异见分子活跃其上，

---

① 陈力丹：《关于舆论的基本理念》，《新闻大学》，2012（05），6-11页，21页。

他们针对中国的环境、人权等问题的意见往往被国际媒体所重视并摘引。① 越来越多的国内学者开始重视这部分海外网络舆论，当然研究时经常需要借助翻墙技术。西方学者利用大数据方法对社交媒体在舆论中的功能及作用的研究已经非常多，这些相对多元、相对成熟的研究方法是国内学者进行海外舆情研究可以借鉴的。在此不作赘述。

第三种途径目前仍是比较少见的。文字变异、图片拼接、混剪、另类修辞、隐微写作等被广泛用于敏感语境之下，成为进行意见和态度表达的常见方式。目前很少有舆论研究关注以这种非主流方式所呈现出来的舆论形态。相比较而言，有更多的相关研究以文化研究尤其是青年亚文化研究自居，目前国内已经有不少团队（如苏州大学新媒介与青年文化研究中心）致力于某些亚文化群体的研究，出了不少成果。也有越来越多的研究从情感动员的视角来关注网络动员与群体事件②，这类研究实际上与舆论研究有不少交集。如何将这些亚属文化研究及社会分析整合进网络舆论研究中来，依旧任重而道远。这也就意味着，除了量化方法之外，需要探讨更多的质化方法来研究不同参与者在舆论中的地位与角色，探索舆论中行为数据的态度维度等，并将两种方法路径结合起来。

在一则具体的舆论研究中，这三种路径通常也需要结合起来。比如对沉默舆论的分析，后台数据可以通过对参与者在网络日常生活中方方面面的足迹来综合判断一则具体的点击阅读行为背后的态度（亦即对沉默语言的解读）；但同时也可以通过线下的问卷调查、访谈或者观察来接近一种比较真实的状态。另外还可以借鉴印度底层研究的方法策略，通过分析官方话语的叙事背后所隐藏的不同"故事"，从而把被其遮蔽的舆论还原出来，换言之，既要从官方舆论所说的方面来理解，还要从其"不言"的方面来理解，③借此还原真实舆论被遮蔽的层面。从理论上来说，唯有将公开表现出来的部分与未公开表现出来的部分合在一起，才算构成了真正的舆论。而对于另类舆论的研究，最为关键的仍需要对这些另类舆论所依托的亚文化群体进行系统了解，这里便可以将网络民族志法④与线下方法结合起来讨论，据此来

---

① 刘小燕、李云翔：《国内政治议题的国际溢出效果研究》，《国际新闻界》，2015（08），20-32页。
② 参见杨国斌：《悲情与戏谑：网络事件中的情感动员》，《传播与社会学刊》，2009（09），39-66页。
③ 王庆明：《底层视角及其知识谱系——印度底层研究的基本进路检讨》，《社会学研究》，2011（01），220-242页，246页。
④ 〔美〕罗伯特·库兹奈特：《如何研究网络人群和社区：网络民族志方法实践指导》，叶韦明译，重庆：重庆大学出版社，2016，57页。

了解他们的"方言"（与主流话语不同的词汇体系）、隐微表达方式与习惯等，从而帮助我们更好地了解凝聚在这些不同亚文化社区中的圈层舆论（如帝吧亚文化与一系列民族主义情绪表露的舆论事件）。

另外正如本书其他章节讨论的那样，也是我们在进行舆论研究时需要注意的，虽然有些议题更容易成为线上舆论、有些更容易成为线下舆论，但网络舆论在很大程度上存在于与线下、与更广泛意义上的社会舆论互动的情况，基本上不存在纯粹意义上的网络舆论。舆论还具有过程性，具有通过不同参与主体不断的有机运动来执行某种反映社会政治症候的皮肤作用。不同参与主体在不同时间节点上进入或退出舆论场、在话语权上所占比重，以及对舆论态势走向的作用机制等均存在较大差异，研究时需要重视舆论生产的这个时间维度。

三　方法与引导

大数据语境下民意研究的路径与趋势
微博舆论传播的复杂网络拓扑结构模型及其演化机制
社会心态调适与网络舆论引导策略
中国舆论治理的三维框架

问题九

大数据语境下民意研究的路径与趋势

沈 菲　王天娇

导 读

大数据对民意研究具有重要影响,一定程度上冲击了传统民意调查方法。那么,大数据语境下,应该如何研究民意?传统调查方法是否失去了自身优势?作为方法的大数据对民意研究又具有怎样的启示?

传统民意研究方法主要是基于问卷和抽样来进行调查,其经历了早期入户调查和邮寄问卷、电话调查、依托计算机的民调系统等发展阶段。但是这些调查也存在一定的问题,如样本代表性问题,这主要是由于传统问卷调查中的抽样思维导致调查者常用少量样本推测总体情况。

而在大数据语境下,理论上可以拿到总体数据,一定程度上对传统问卷调查方法构成了威胁。现实中,大数据本身是"不完整的",当然可以利用社会网络数据以及群体趋同性,基于已知"数据"预测未知态度和行为。但这并不等于说,传统问卷调查方法已经或能够被大数据方法所取代。因为与传统调查类似,大数据方法也存在代表性问题,虽然这些问题可以利用相关技术手段进行处理,但当我们所分析的数据大量来源于网络上的"信息痕迹"时,更需要重视数据对概念的代表程度,比如:网上抓取的数据是网络民意吗?是民意吗?可以代表现实民意吗?甚至是真实民意吗?

作为方法的大数据,引发了我们对如何获取真实民意的思考。传统问卷调查数据与大数据并非纯粹的竞争关系,在研究中要发挥各自优势,并结合其他分析手段,以求尽可能获取更为真实的民意。但超越方法论层面,大数据方法的引入使我们重新反思以往对民意、舆论等的认识,并以量化的思维体察这一概念的复杂内涵。

一、传统语境下的民意研究

现代意义上的民意调查,普遍认为可追溯到美国总统竞选期间的"草根调查"(straw poll)①。早期美国的政党政治孕育了各党派内部在总统选举前的投票意愿清点。但各自党内的票数清点,无助于了解对手的民意支持情况,这就为媒体作为第三方机构介入民调领域提供了契机。1824年,特拉华州当地的两家报纸在威尔明顿市展开了总统候选人的喜爱度调查。②此次调查的效果虽然并不理想,但它开启了美国报业收集民意、预测选举的时代。在此后的一个多世纪里,美国出现了大量调研机构,包括报纸、杂志等媒体,一起参与到政治态度、选民倾向的调查中来。③

最广为人知的民意调查或许要数19世纪二三十年代《文学文摘》对美国大选的一系列预测。当时,该杂志秉承"样本量越大,调查结果越准确"④的思路,按汽车牌照和固定电话记录中的邮寄地址,给上百万人邮寄并回收了"模拟选票"。《文学文摘》用这种方法多次成功预测了美国总统竞选结果,确立了邮寄回收问卷方法在民意研究中的地位。然而,盲目追求大样本的民意调研在1936年被证实存在严重缺陷。1935年,盖洛普博士成立了美国民意研究所(即盖洛普民调公司的前身),并誓言该所的民意调查不接受任何利益集团的赞助。1936年,《文学文摘》杂志用200万张模拟选票预测兰登当选总统。盖洛普则利用配额抽样法,仅从全国抽取了1,000个样本,就成功预测了罗斯福当选⑤。《文学文摘》随后停刊,而现代民调渐渐引入抽样、统计推断等概念,进入了使用小规模科学抽样代表性数据的时代。

在过去的大半个世纪,基于问卷和抽样的民意调研方法随着技术的发展日趋便捷与多元。从早期入户面访和邮寄问卷,到20世纪70年代中期随美国家庭电话拥

---

① Robinson Claude E., "Recent Developments in the Straw-poll Field." *Public Opinion Quarterly*, Vol. 1, No. 3, 1937, pp.45-56.
② Lockley Lawrence C., "Notes on the History of Marketing Research", *The Journal of Marketing*, 1950, pp.733-736.
③ Moon Nick, *Opinion Polls: History, Theory and Practice*, Manchester University Press, 1999.
④ 刘德寰:《管窥美国调查业之二——在游戏、质疑与验证中走向决策支柱的民意测验》,市场研究协会网站,2006,http://www.emarketing.net.cn/magazine/article.jsp? aid=669。
⑤ Moon Nick, *Opinion Polls: History, Theory and Practice*. Manchester University Press, 1999.

有量激增而产生的电话调查①，再到计算机技术带来的各种民调系统，包括计算机辅助电话访问系统（CATI）、计算机辅助面访系统（CAPI）、计算机辅助自主访问（CASI）、计算机辅助网络调查系统（CAWI）等。

问卷电话调查法对量化社会科学研究做出了巨大贡献，不过这种数据收集方式正在受到多方面的挑战。根据美国皮尤研究中心的估计，电话调查的接触率（CON2），从1997年的90%下降到2012年的62%，合作率（COOP3）从42%下降到14%，而应答率（RR3）则从36%下降到9%②。除了应答率的快速下滑直接威胁到调查数据的质量，电话调查的数据收集成本也十分高昂。有研究指出，从2000年到2004年，在爱尔兰进行电话调查一个有效样本的成本已从4.48欧元飙升到了15.65欧元。③

互联网问卷调查的出现，给传统民调带来了新的生机。网络问卷调研成本低、回收快、资料汇总过程中不易出现人工误差。特别是在敏感问题的数据收集上，网络调研更具优势。克鲁托（Kreuter）等人④发现，相较于电话调查，人们更愿意在填答网络问卷时回答令人尴尬的问题，也更易于承认自己做过的社会不良行为（socially undesirable behavior）。网络调研平台还能嵌入多媒体资料，以及利用后台数据库收集填答问卷的行为数据。这些功能不仅有助于鉴别问卷填答的质量，也可以直接服务于特定的研究主题。例如，格瑞特（Garrett）和斯特劳德（Stroud）⑤利用网络实验，复现了网民在网络新闻接触过程中的主动选择行为——通过操纵人们"遇到"的新闻内容，更清楚地了解了选择性接触行为及其背后的动机。

网络调查虽然高效，但在样本和成本两方面也有其局限性。首先，大量网络调研使用的是方便样本，即在各种网络空间张贴问卷链接，等待感兴趣及有时间的网

---

① 刘德寰：《管窥美国调查业之二——在游戏、质疑与验证中走向决策支柱的民意测验》，市场研究协会网站，2006，http://www.emarketing.net.cn/magazine/article.jsp？aid=669。
② Kohut, A., Keeter, S., Doherty, C., Dimock, M.& Christian, L., "Assessing the Representativeness of Public Opinion Surveys", *Pew Research Center*, Washington, D.C., 2012.
③ Boland, M., Sweeney, M. R., Scallan, E., Harrington, M., Staines, A., "Emerging Advantages and Drawbacks of Telephone Surveying in Public Health Research in Ireland and the UK", *BMC Public Health*, Vol. 6, No.1, 2006, p.208.
④ Kreuter, F., Presser, S., Tourangeau, R., "Social Desirability Bias in CATI, IVR, and Web Surveys the Effects of Mode and Question Sensitivity", *Public Opinion Quarterly*, Vol. 72, No. 5, 2008, pp.847-865.
⑤ Garrett, R. K., Stroud, N. J., "Partisan Paths to Exposure Diversity: Differences in Pro - and Counterattitudinal News Consumption", *Journal of Communication*, Vol. 64, No. 4, 2014, pp. 680-701.

民点击填答。如此样本便未必符合目标人群的人口统计特征,且样本框的缺失也使得应答率无从计算。① 更严谨的做法可以是雇用专业网络调研网站的样本库(如问卷星、Survey Monkey、SSI 等),"配制"出符合特定人口统计特征的样本(如性别比例、年龄分布、收入结构等)。但由于此类服务的价格往往随配制条件的增加和样本量的扩大而提高,因此要得到高质量的网络调研样本,成本依旧不菲。②

随着计算机硬件技术的发展,存储、传输、处理数据的能力和速度与日俱增。③ 今天的数据生产速度已经远远超过了人类历史上的任何时期。截至 2012 年,全球每天生产的数据量达 2.5 亿字节,且人类 90% 的数据是在 2010—2012 的两年间产生的。④ 有分析指出,海量数据中约 25% 是结构化的,剩下的 75% 是非结构化的文本、音频和视频。⑤ 人类社会生活产生的海量数据是否在民意研究方面有其价值?答案是肯定的。传统的民意调研机构已经开始积极探讨和尝试使用互联网社交媒体来进行民意线索的收集⑥;新兴科技企业则更走在创新的前沿,提出大数据环境下民意研究的新理念。云计算服务提供商、大数据技术的领军企业 Cloudera,曾呼吁民意研究者"停止以提问方式获取信息,而着手分析公众在网上的表达和行为"⑦。毫无疑问,大数据时代的到来重新构建了民意研究的思路、方法与手段。

---

① Couper, M. P., "Review: Web Surveys: A Review of Issues and Approaches", *Public Opinion Quarterly*, Vol. 64, No. 4, 2000, pp.464-494.
② Wright, K. B., "Researching Internet-based Populations: Advantages and Disadvantages of Online Survey Research, Online Questionnaire Authoring Software Packages, and Web Survey Services", *Journal of Computer-Mediated Communication*, Vol. 10, No. 3, 2005.
③ Hilbert, M., López, P., "The World's Technological Capacity to Store, Communicate and Compute Information", *Science*, Vol. 332, No. 6025, 2011, pp.60-65.
④ Frank, C., "Improving Decision Making in the World of Big Data", *Forbes*, 2012. retrieved from http://www.forbes.com/sites/christopherfrank/2012/03/25/improving-decision-making-in-the-world-of-big-data/.
⑤ Wall, M., "Big Data: Are you ready for blast-off?", *BBC News*, 2014, retrieved from http://www.bbc.com/news/business-26383058.
⑥ Murphy, J., Link, M. W., Childs, J. H., Tesfaye, C. L., Dean, E., Stern, M., Harwood, P., "Social Media in Public Opinion Research Executive Summary of the AAPOR Task Force on Emerging Technologies in Public Opinion Research", *Public Opinion Quarterly*, Vol. 78, No. 4, 2014, pp.788-794.
⑦ Lipcon, T., "Big Data 101 for Public Opinion Research", *Cloudera*, 2012, retrieved from http://www.papor.org/wp-content/uploads/2014/12/Trends-Techniques-Big-Data-101-Lipcon.pdf.

二、"自然"数据和"被动"参与者

对大数据的定义,学界和业界一直争议不断①。目前认可度较高的论述是源自"3V"理念的"4V"模型。微软、IBM和美国国家标准技术研究所目前均采用这一定义。② 早在2001年,道格·莱尼(Doug Laney)就以"3V"理念对大数据做了限定③。"3V"指的是:海量(volume)、快速(velocity)和多样(variety)。其中,"海量"即数据的量级空前巨大;"快速"指的是数据产生的速度极快,这相应地要求收集和分析工作及时完成才能"抓住"源源不断产生的新数据;"多样"意即数据类型的多样化,这既包括传统研究中用到的结构化数据,也包括大量的半结构化数据(semi-structured data)和非结构化数据(unstructured data),如视频、音频、网络文本等。④

2001年之后的10年间,"3V"一直是微软、IBM等公司沿用的大数据定义。直到2011年,国际数据资讯公司(IDC)在"3V"的基础上提出了第四个V,即"价值"(value)。"价值"强调的是通过快速抓取技术和分析技术,高效地从海量数据中提取有价值的信息。正如脸书的副总工程师杰·帕瑞克(Jay Parikh)所言,能否提取到有价值的信息,也成为区别"大数据"(big data)和"一大堆数据"(a bunch of data)的主要依据。⑤

无论是"3V"还是"4V",都是自然科学和工程学界的定义视角。对社会科学研究者而言,大数据具有两个极其重要却常被忽视的特性。第一,大数据通常是二

---

① O. R. Team, "Big Data Now: Current Perspectives from OReilly Radar", *OReilly Media*, 17, 2011. Grobelnik M., "Big data tutorial", 2012, retrieved from http://videolectures.net/eswc2012grobelnikbigdata/.
② Chen, M., Mao, S., and Liu, Y., "Big Data: A Survey", *Mobile Networks and pplications*, Vol. 19, No. 2, 2014, pp.171-209.
NIST, "DRAFT NIST Big Data Interoperability Framework: Volume 1, Definitions", 2015, retrieved from http://bigdatawg.nist.gov/_uploadfiles/M0392_v1_3022325181.pdf.
③ Diebold, F. X., "On the Origin(s) and Development of the Term 'Big Data' (No. 12-37)", *Penn Institute for Economic Research*, University of Pennsylvania, 2012.
④ Laney, D., "3-D Data Management: Controlling Data Volume, Velocity and Variety", *META Group Research Note*, February 6, 2001, http://goo.gl/Bo3GS.
⑤ Mayer-Schönberger, V., Cukier, K., *Big Data: A Revolution that Will Transform How We Live, Work, and Think*, Houghton Mifflin Harcourt, 2013.

手数据,数据挖掘者一般不参与数据的生产和设计。肖恩·泰勒(Sean Taylor)①从概念上区分"找到的"数据和"制造的"数据之间的区别,并指出,大数据的产生不是以研究和数据挖掘为目的,而是用户的行为、表达被研究者"找到"后形成的数据。第二,大数据研究的数据生产者是"被动"的研究参与者,这与传统调研方式中,参与者有意识地参与特定研究的调研模式不同。对民意研究而言,被动式的数据采集方式(如内容分析与历史文献分析)并非在大数据时代才出现。

第一次世界大战期间,法国通信管理局就曾经通过审阅士兵家书来探查士气,以求把握战场民意动态②。历史学家经常通过历史材料梳理民情,以求理解特定的历史事件。1937年,在英国,一位记者、一位人类学家和一位纪录片导演共同成立了"大量观察法"(mass observation)社会研究小组,旨在记录英国社会的各个角落在自然状态下各类人物的对话。③而传统的民意调研,提问是数据收集的核心——研究者通过文字提问,参与者提供答案。大数据需要研究者灵活使用"被动的"研究参与者,接受杂乱无章的数据和新的统计技术。④

三、大数据语境下的民意研究路径

(一)非结构化文本数据

当研究者不能以主动提问的方式来探求社会个体的想法与倾向的时候,其在网络空间遗留下的话语文本就显得尤为关键。网民经常在网络空间的不同平台主动留言表达观点,比如聊天室、论坛、新闻网站及社交媒体。大量的网络文本成了社会舆论的晴雨表。利用网民主动的自我表达数据,可以追踪社会关注的议题及对特定社会议题、事件和商业品牌与产品的态度。美国塔夫茨大学的"城市态度实验室"⑤

---

① Taylor, Sean J., "Real Scientists Make Their Own Data", *Sean J. Taylor Blog*, January 25. 2013, retrieved from http://seanjtaylor.com/post/41463778912/real-scientists-make-their-own-data.
② Lyons, M., "French Soldiers and Their Correspondence: Towards a History of Writing Practices in the First World War", *French History*, Vol. 17, No. 1, 2003, pp.79-95.
③ Madge, C., Harrisson, T., *Britain by Mass-observation*, Penguin Books, Vol. 19, 1939.
④ Lipcon, T., "Big Data 101 for Public Opinion Research", *Cloudera*, 2012, retrieved from http://www.papor.org/wp-content/uploads/2014/12/Trends-Techniques-Big-Data-101-Lipcon.pdf.
⑤ https://sites.tufts.edu/ualab/.

通过分析处理推特文本数据来把握民意，从而达到为政策和规划服务的目的。伊利诺伊大学的两位学者[①]提出了一套消费者评论（customer review）文本挖掘的方案，针对消费者在网上对不同商品的评价，用特定的算法对杂乱无章的网络评论进行态度倾向性预测。约瑟夫·雷格尔（Joseph Reagle）[②]在其新书《读网评》（Reading the Comments）中指出，虽然海量的网络留言质量参差不齐，但如果能使用不同数据处理方法披沙拣金，还是可以从社交网站和新闻网站上源源不断产生的网友留言数据中提取出有价值的"民意"。

同时，日新月异的数据挖掘技术也在不断提高着网络文本研究的话题分类精细度[③]和情绪分析的准确性[④]。情绪分析（sentiment analysis）是网络文本挖掘的常用方法，它从海量文本中抽取有情感指向的词语和短语，并经过统计整合得出文章、语篇或字句的好恶倾向。2001年前后，机器学习被大规模引入到自然语言处理和信息挖掘领域，同时，海量数据带来的可用于训练集的数据量的激增，以及情感分析潜在的商业价值，均促成了情绪分析研究的爆发式增长[⑤]。

除了从技术角度提高网络信息的提取精度外，学界也关注网络民意对现实世界的预测作用以证明大数据的可靠性。美国学者约瑟夫·迪格瑞兹（Joseph DiGrazia）和他的合作者[⑥]于2010年8月到11月，从推特上随机抽取了两个月间的5亿多条推特文本，并与同时期的406场国会竞选结果进行比对。他们发现，包含两党候选人

[①] Hu, M., Liu, B., "Mining and Summarizing Customer Reviews", *Proceedings of the tenth ACM SIGKDD International Conference on Knowledge Discovery and Data Mining*, ACM, August 2004, pp. 168-177.

[②] Reagle, M., *Reading the Comments: Likers, Haters, and Manipulators at the Bottom of the Web*, MIT Press, 2015.

[③] Titov, I. and McDonald, R. (2008, April, "Modeling Online Reviews with Multi-grain Topic Models", in *Proceedings of the 17th International Conference on World Wide Web* (pp. 111-120), ACM.
Abdelwahab, A., Robles, J., Chiru, C. G., Rebedea, T., "Tweets Topic Modelling Across Different Countries", in Ice Phil eds., *The International Scientific Conference eLearning and Software for Education*, National Defense University, Vol. 4, 2014, p.134.

[④] Pang, B., Lee, L., "Opinion Mining and Sentiment Analysis", *Foundations and Trends in Information Retrieval*, Vol. 2, No. 1, 2008, pp.1-135.

[⑤] 刘德寰：《管窥美国调查业之二——在游戏、质疑与验证中走向决策支柱的民意测验》，市场研究协会网站，2006，http: //www.emarketing.net.cn/magazine/article.jsp？aid=669。

[⑥] DiGrazia, J., McKelvey, K., Bollen, J., Rojas, F., "More Tweets, More Votes: Social Media as a Quantitative Indicator of Political Behavior", *PlOS One*, Vol. 8, No. 11, 2012, retrieved from https: //orgtheory.wordpress.com/2013/08/16/more-tweets-more-vote-qa-and-erratum/.

名字的推特文本分享率与两党选票的差距之间存在强相关。这种相关性，即使在控制了人口统计学变量、各选区的党派倾向和媒体报道特征后，依然成立。之后，该研究团队中的一名成员[①]又利用他们的数据对 406 场国会竞选进行了预测，成功预测 375 场的结果，准确率高达 92.5%。在英国，三位学者分析了 4 亿条英国用户的推特文本[②]，并利用文本中的情感性词汇构建了四条时间跨度为两年半的情感指数时间序列，包括恐惧、愤怒、高兴与忧伤。结果发现正面情绪指数通常在各种节日达到高点，而愤怒指数则在 2011 年 8 月城市骚乱的几天里达到顶峰。

政治领域之外，与经济话题相关的民意研究也有使用大数据的成功案例。美国卡内基梅隆大学的学者[③]在 2008 和 2009 年间产生的 1 亿条推特信息里挖掘和经济、求职、工作等词汇相关的正、负情绪描述形成经济情绪指标，发现根据推特构建的情绪指标与密歇根大学的消费者情绪指数高度吻合（r=.80）。而荷兰学者皮特·达斯（Piet Daas）和马可·普茨（Marco Puts）[④]追踪了三年半荷兰社会媒体文本信息体现出来的"情绪"指标和消费者信心指数之间的关系，发现两条时间序列之间存在高度相关性（r=.90）。也就是说，即使摒弃传统的基于问卷方式的消费者信心指数调查，研究者依然能够通过抓取社会媒体文本来精确把握民众对于经济的信心程度。另外，惠普实验室的研究者[⑤]抓取并分析了 289 万条讨论电影的推特文本，利用相关推特文本的频率和正负语义来预测电影的票房，发现模型的预测力比传统市场变量模型要更加精准。

[①] Rojas, F., "More Tweets, More Votes: Social Media as a Quantitative Indicator of Political Behavior", Orgtheory, 2013, retrieved from https: //orgtheory.wordpress.com/2013/08/16/more-tweets-more-vote-qa-and-erratum/.

[②] Lansdall-Welfare, T., Lampos, V., Cristianini, N., "Nowcasting the Mood of the Nation", *Significance*, Vol. 9, No. 4, 2012, pp. 26-28.
O'Connor, B., Balasubramanyan, R., Routledge, B. R. and Smith, N. A. (2010), "From Tweets to Polls: Linking Text Sentiment to Public Opinion Time Series", *ICWSM*, Vol. 11, 2010, pp.122-129.

[③] O'Connor, B., Balasubramanyan, R., Routledge, B.R., Smith, N.A., "From Tweets to Polls: Linking Text Sentiment to Public Opinion Time Series", *ICWSM*, Vol. 11, 2010, pp.122-129.

[④] Daas, P., Puts, M., "Social Media Sentiment and Consumer Confidence", *European Central Bank*, 2014, retrieved from https: //www.ecb.europa.eu/pub/pdf/scpsps/ecbsp5.pdf.

[⑤] Asur, S., Huberman, B. (2010, August), "Predicting the Future with Social Media", *Web Intelligence and Intelligent Agent Technology (WI-IAT), 2010 IEEE/WIC/ACM International Conference on* (Vol. 1, pp. 492-499), IEEE.

（二）结构化行为数据

事实上，并不是每个人都喜好在网络空间表达自己的观点。根据麦康奈尔（McConnell）和赫伯（Huba）[①]的估计，大约只有1%的互联网使用者会在网上贡献内容，而剩下的99%都是"潜水者"。如果我们技术上只能挖掘网络表达者的意见，基于大数据的民意推断是否存在偏差？其实，除了网络空间意见表达这种直接的民意载体外，互联网使用者的网上行为踪迹，包括搜索、点击、浏览、投票、测试等也是一种意见与观点的表达载体。从心理学的视角来看，行为是价值、观点和意见的外显和表达。这种表达有时候意味着"用脚投票"的好恶选择——如同一网站改版前后的访问量变化，可能暗合了某种社会偏好与趋势。比如，伦敦《标准晚报》（*The Evening Standard*）的网络版经常邀请网友票选最热门的新闻——平均每次票选能获得4.8万个网友的投票，[②]而投票结果大致可被看作是民众对不同社会议题重要性的意见。因此，网络行为数据也是网络民意分析的重要来源之一，与文本和影像数据相比，更加具有结构化的特点，处理起来也相对简单。

网络使用行为产生的"民意"及其预测价值，最典型的例子要属谷歌搜索趋势。谷歌搜索趋势是谷歌利用全球用户搜索引擎使用行为数据整合起来的搜索指数。利用与流感有关的搜索量变化和搜索地域分布特征，谷歌成功预测了流感在美国境内的传播，其预测准确且高效，信息收集和处理的速度远快于负责监测流感疫情的美国疾病预防控制中心。[③]近年来，虽有研究指出，谷歌趋势预测的准确性会受搜索引擎算法和数据本身特征的影响而脱离现实[④]，但搜索数据本身作为人们线下关切的线上表现形式，依旧是一种值得关注的民意表达。最近美国学者在 *PLOS ONE* 杂志上发表了一篇利用谷歌搜索趋势来探究种族偏见的论文。研究者通过分析

[①] McConnell, B., Huba, J., "The 1% Rule: Charting Citizen Participation", *Church of the Customer Blog*, Vol. 205, 2006, retrieved from http://web.archive.org/web/20100511081141/http://www.churchofthecustomer.com/blog/2006/05/charting_wiki_p.html.

[②] Bale, P., "Telephone Call with Neil Thurman", 14 December 2004, as cited in Thurman, 2008.

[③] Ginsberg, J., Mohebbi, M. H., Patel, R. S., Brammer, L., Smolinski, M. S. and Brilliant, L., "Detecting Influenza Epidemics Using Search Engine Query Data", *Nature*, Vol.457, No.7232, 2009, pp.1012-1014.

[④] Lazer, D., Kennedy, R., King, G. and Vespignani, A., "The Parable of Google Flu: Traps in Big Data Analysis", *Science*, Vol.343, 14 March, 2014.
Butler, D., "When Google Got Flu Wrong", *Nature*, Vol. 494, 2013, pp.155-156.

含有对黑人歧视性词汇的谷歌搜索量，发现美国东部的互联网使用者更频繁地搜索歧视黑人的词语，①这为美国种族偏见的地域分布提供了新的证据。另外，通过分析2004至2012的谷歌搜索数据，研究者发现股市相关词汇的搜索量能够提前预测股市的波动与起落。②

使用搜索引擎获取信息只是人们主动获取信息的第一步，网民最终决定看什么是个人的决定和选择（selective exposure），这本身也构成了一种隐性的意见和偏好表达。商业和经济领域，行为"民意"的表达无处不在。购物网站上的产品销量、浏览次数等信息都是潜在的行为数据，它们虽不构成直接的民意表达，但对理解特定情境下的民意产生——如特定人群的购买决策等——有重要意义。③有研究发现④，当谷歌浏览器返回搜索结果后，网民对搜索结果的选择，不仅受到谷歌排名的影响，也受到同一页面中所有其他搜索结果摘要的综合影响。换言之，人们对网页浏览有一定的主动选择权，使得点击率和访问量依旧可以构成一种特殊的"民意"。2009年，法国第一夫人布鲁尼开设了个人网站，首日便因登录网友过多，导致网站瘫痪。2012年，中国某食品安全网站，两小时内点击量超过25,000次，网络一度瘫痪。⑤无论是蜂拥去看第一夫人的网站，还是涌向问题食品报道的网站，巨大的访问量本身就代表了民众的关注和焦虑。

除了网络信息搜索和网络信息获取，网络上的其他活动，比如"自我测试"和"趣味测评"，也可以带来大量数据。与传统的网络问卷调研不同，趣味测评和自我

---

① Chae, David H., Sean Clouston, Mark L. Hatzenbuehler, Michael R. Kramer, Hannah LF Cooper, Sacoby M. Wilson, Seth I. Stephens-Davidowitz, Robert S. Gold and Bruce G. Link, "Association Between an Internet-based Measure of Area Racism and Black Mortality", *PlOS ONE*, 2015.
② Curme, C., Preis, T., Stanley, H. E., Moat, H. S., "Quantifying the Semantics of Search Behavior Before Stock Market Moves", *Proceedings of the National Academy of Sciences*, Vol. 111, No.32, 2014, pp.11600-11605.
③ McAfee, A., Brynjolfsson, "Big Data: The Management Revolution", *Harvard Business Review*, Vol. 90, No. 10, 2012, pp.61-67.
④ Joachims, T., Granka, L., Pan, B., Hembrooke, H., Gay, G., "Accurately Interpreting Clickthrough Data as Implicit Feedback", in *Proceedings of the 28th Annual International ACM SIGIR Conference on Research and Development in Information Retrieval*, ACM, August, 2005, pp. 154-161.
⑤ 李烨池：《复旦大学研究生自创食品安全网站"掷出窗外"》，《羊城晚报》，2012-05-05，http://news.21cn.com/hot/cn/2012/05/05/11725208.shtml.

测试在填答结束后会给填答者带来信息和娱乐的回报。一个值得一提的案例是"中国政治坐标系"测试①。该网站于2007年上线,仅2014一年,就收到超过17万份的填答。利用这17万个样本,有学者②分析了中国人保守主义和自由主义的意识形态分布特征。该问卷的作者也利用统计技术揭示了填答网友在特定问题上表现出的惊人的一致性(如对"武力统一台湾""中医"和"国家规定最低工资"三个陈述支持度之间的强相关)。③

(三)社会网络数据和群体趋同性

非结构化文本数据分析和结构化网络行为数据分析契合了前文提及的Cloudera公司的大数据民意挖掘理念,即分析公众在网上说了什么(非结构化文本数据)和做了什么(结构化网络行为数据)。④但是,如果大数据本身的不完整性使我们无法精确定位每条数据生产者的人口统计学特征,那么,我们是否还能用大数据判断/预测不同社会阶层、社会特征的人所持有的态度呢?

互联网的技术特性是开放和连结。互联网不仅是信息聚合的场所,它更提供了一张巨大的关系网络结构图,在这张结构图里,不同的个体被多种关系粘连在一起。亚里士多德在《尼各马科伦理学》一书中提到了志趣相投者互相吸引的规律("love those who are like themselves")⑤。也就是说,存在于同一个网络里的个体有趋同的社会背景、行为倾向、个体特征和意见观点。

所谓"道不同不相为谋"或"物以类聚,人以群分",这两句古语暗合了西方社会学中的一个重要概念,趋同性(homophily,或译聚类性)。这种趋同原则体现在各种社会网络关系中,包括婚姻、友情、工作、兴趣组群等。在政治领域,有

---

① http://zuobiao.me/.
② Pan, J., Xu, Y., "China's Ideological Spectrum", 2015, retrieved from http://www.jenpan.com/jen_pan/manuscript_ideology.pdf.
③ Mao, D., "A statement on 1st April", 2015, retrieved from https://zine.la/article/65adbc26d81911e4b79a00163e023006/.
④ Lipcon, T., "Big Data 101 for Public Opinion Research", Cloudera, 2012, retrieved from http://www.papor.org/wp-content/uploads/2014/12/Trends-Techniques-Big-Data-101-Lipcon.pdf.
⑤ Aristotle, The Nichomachean Ethics. Rackman Transl. Cambridge: Harvard University Press, 1934.

相同政见倾向的人之间通常有着更紧密的关系。[①] 趋同的形成机制多种多样，比如自我选择机制——人们选择进入与自己兴趣和价值观相符的群体；或者人际影响机制，即人们尝试融入群体以避免冲突和被疏离等。

利用趋同原则，研究者能利用机器学习的方法来预测大数据中未直接披露的个体信息和倾向，从而推断个体的民意倾向性。[②] 例如，虽然只有极小部分的用户会在社交媒体上透露自己的政治倾向，脸书的杰克·林达穆（Jack Lindamood）和美国得克萨斯大学的学者[③]使用朴素贝叶斯分类器（一种数据处理算法）来处理社会媒体的网络结构和信息以推测个体的政治倾向。通过分析 16 万名用户的背景资料以及他们之间 300 多万对朋友关系，他们以 80% 的准确率成功预测了脸书用户的政治态度倾向。哥伦比亚大学的研究者[④]使用支持向量机器（一种机器学习方法）处理 11,000 个网络社区用户的朋友圈关系和自我介绍来预测个体的兴趣。印度研究者[⑤]运用网络关系预测社交媒体用户的政治倾向和性取向，精确程度分别达到 63% 和 70%。在产品营销的语境里，从原来的个体定位、地理定位、行为定位，发展到现在的社会网络定位。此外，有研究[⑥]发现，就广告点击这个行为而言，如果使用者的朋友圈里有人曾经点击广告，那么这个使用者点击广告的概率会比朋友圈里没人点击的使用者大很多，同样的规律对产品购买行为也一样适用。

[①] Knoke, D., "Networks of Political Action: Toward Theory Construction", *Social Forces*, Vol. 68, No. 4, 1990, pp.1041-1063.
Huckfeldt, R. R., Sprague, J., *Citizens, Politics and Social Communication: Information and Influence in an Election Campaign*, Cambridge University Press, 1995.
[②] Kótyuk, Gergely, Levente Buttyán, "A Machine Learning Based Approach for Predicting Undisclosed Attributes in Social Networks", *2012 IEEE International Conference on Pervasive Computing and Communications Workshops*（*PERCOM Workshops*）, IEEE, 2012.
[③] Lindamood, J., Heatherly, R., Kantarcioglu, M., Thuraisingham, B., "Inferring Private Information Using Social Network Data", *Proceedings of the 18th International Conference on World Wide Web*, ACM, 2009, pp. 1145-1146.
[④] Agarwal, A., Rambow, O., Bhardwaj, N., "Predicting Interests of People on Online Social Networks", *Computational Science and Engineering*, 2009. CSE'09 International Conference on, IEEE, Vol. 4, 2009, pp. 735-740.
[⑤] Annapoorani, A., Priya, M. P. I., "Inferring Private Information from Social Network Using Collective Classification". *International Journal of Innovative Research in Computer and Communication Engineering*, Vol. 2, No. 1, 2014, pp.1851-1857.
[⑥] Goel, S., Goldstein, D. G., "Predicting Individual Behavior with Social Networks", *Marketing Science*, Vol. 33, No. 1, 2013, pp.82-93.

四、大数据民意研究的问题和展望

越来越多的人参与到大数据民意挖掘的工作中来,关于大数据样本的代表性和大数据研究的适用性等问题也渐渐成为学界和业界讨论的焦点。对大数据研究持怀疑论者认为,大数据往往缺乏代表性,其理论和实用价值都有待商榷;而热衷数据挖掘的研究者则认为,网络中无处不在的数据为研究社会群体的态度、观点、立场提供了前所未有的资源。

在有关大数据的讨论中,"大数据缺乏代表性"常常成为否定大数据价值的主要论点。按照传统的统计理论,用不具代表性的样本来进行统计推断和民意预测会造成系统性误差。大数据代表性缺失主要体现在三个方面。第一,从特定网络应用平台(如人人网、天涯社区等)采集的不完整数据,至多能代表该平台用户的意见特征,对全体网民缺乏代表性;第二,从网络上采集的用户言论和行为数据只局限于网络使用者,并不能涵盖非网民;第三,越来越多的社交网站为用户提供了定制化的隐私设置选项,人们可以自主设定信息的公开程度:对公众公开,对特定群体公开,或仅自己可见。海量数据往往意味着海量的缺失值。皮尤研究中心[1]的报告指出,脸书的青少年用户中,有60%的人将其个人信息(Profile)设定为非公开的隐私状态。在社交网络中,只有1.5%的人填写了自己的年龄,20%的人写了受教育经历;抽取社交网络上16万用户的大数据,如果按照传统方法去除个人信息有缺失的用户,将只剩下3万多用户的数据可供分析[2]。这种海量缺失值带来的数据损失进一步扭曲了大数据的代表性。上述三个问题虽然确实广泛存在于目前的大数据研究中,但利用不断改进的计算机抽样技术和统计方法,上述问题可以得到一定程度的解决[3]。

针对第一个问题,有研究指出,利用新的"随机漫步"(random walk)方法抓取数据可使样本数据对特定网络平台的全体用户有代表性。葛乔卡(Gjoka)等

---

[1] Pew Research Center, "Teens, Social Media, and Privacy", *Pew Research Center*, 2013, retrieved from http://www.pewinternet.org/files/2013/05/PIP_TeensSocialMediaandPrivacy_PDF.pdf.

[2] Dey, R., Tang, C., Ross, K. and Saxena, N., "Estimating Age Privacy Leakage in Online Social Networks", *INFOCOM, 2012 Proceedings IEEE*, IEEE, March, 2012, pp. 2836-2840.

[3] Silver, N., *The Signal and the Noise: Why So Many Predictions Fail-But Some Don't*, Penguin, 2012.

人①对比了多种随机漫步算法对样本数据代表性的影响，发现大都市黑斯廷算法（Metropolis-Hasting）和再加权算法（Re-Weighted）提取的数据样本可以较好地代表脸书的全体用户。在既有算法的基础上，有学者②结合有向网络的特征，又提出了USDSG算法，用来解决社交网站中提取数据代表性的问题。同时，萨勒希（Salehi）及其同事③利用"以应答者为导向的抽样方法"（Respondent-Driven Sampling）从粉丝网络的结构特征出发（如社交网络的"入度""出度""粉丝与被粉比"等），以抽样数据的形式实现了对推特社交网络结构具有代表性的抽样。

针对第二个问题，在一项青少年酒精和药物使用情况的研究中，鲍尔梅斯特（Bauermeister）等人④利用"以应答者为导向的抽样方法"，根据全国人口结构特征，在脸书上选取了22名应答者作为"种子"，并在严格的问卷质量监控下，利用"种子"脸书的社交网络发放问卷并招募新的应答者。经比对，该研究中获得的青少年问卷，在酒精、大麻等药物使用方面与同期美国全国青少年调研数据相一致。除了改进抽样方法，也可以通过统计技术修正严重有偏差的数据。有研究者在X-box的游戏网站上收集了该网站部分用户的政治投票意愿⑤。单从数据代表性的角度来看，这套数据不仅不能代表广大网友，更不能代表全体美国公民。然而，在数据处理过程中，通过多层次回归（multilevel regression）和事后分层加权（post stratification）的统计处理，研究者发现，可以用这套数据准确预测美国总统大选，其精度不亚于整合了几百份传统调研问卷的预测结果。

至于第三个问题，则正如前文所述，可以利用可获得的用户个人信息和该用户

---

① Gjoka, M., Kurant, M., Butts, C. T., Markopoulou, A., "Walking in Facebook: A Case Study of Unbiased Sampling of OSNs", *INFOCOM, 2010 Proceedings IEEE*, IEEE, March, 2010, pp.1-9.

② Wang, T., Chen, Y., Zhang, Z., Sun, P., Deng, B., Li, X., "Unbiased Sampling in Directed Social Graph", *ACM SIGCOMM Computer Communication Review*, Vol.41, No.4, 2011, pp.401-402.

③ Salehi, M., Rabiee, H. R., Nabavi, N., Pooya, S., "Characterizing Twitter with Respondent-driven Sampling", *Dependable, Autonomic and Secure Computing（DASC）, 2011 IEEE Ninth International Conference*, IEEE, December, 2011, pp.1211-1217.

④ Bauermeister, J. A., Zimmerman, M. A., Johns, M. M., Glowacki, P., Stoddard, S., Volz, E., "Innovative Recruitment Using Online Networks: Lessons Learned from an Online Study of Alcohol and other Drug Use Utilizing a Web-based, Respondent-Driven Sampling（webRDS）Strategy", *Journal of Studies on Alcohol and Drugs*, Vol.73, No.5, 2015, pp.834-838.

⑤ Wang, W., Rothschild, D., Goel, S., Gelman, A., "Forecasting Elections with Non-Representative Polls", *International Journal of Forecasting*, Vol.31, No.3, 2015, pp.980-991.

的社会网络结构特征预测与之关联的用户未曾披露的个人信息,从而大幅降低缺失值给数据代表性带来的影响。利用这一方法,可以用较高的精度估算出多种未披露的个人信息,如政治党派归属①、年龄、受教育经历、婚恋状态②,以及国籍、居住地及更新状态时的个人地理位置信息等③。

  其实,大数据的批评者往往过度关注大数据的样本代表性缺陷,而忽视了另一种代表性:数据对概念的代表程度,即社会科学中变量测量的效度问题。效度有很多种,但对任何科学研究而言,概念效度(又称构念效度,construct validity)都是首先要解决的问题。概念效度关心的是:研究者是否测量到了他/她想要测量的概念。④ 比如,要测量人们对政府机构的态度,利用传统的问卷调研法,可以通过不断改进的问卷题项和题目顺序,使得测量方法有较高的概念效度。然而,利用大数据,从纷繁复杂的非结构化和半结构化的文本、视频、音频中提取"对政府机构的态度",不仅是个简单的披沙拣金的过程,同时也是确定何者为"金"的过程。在大数据框架下的民意研究,样本代表性问题可以通过改进优化抽样和统计手段得到解决,而概念代表性问题却更为棘手,因为它涉及学术研究的核心问题:网络表达和网上行为到底能够在多大程度上代表、反映或表征特定的民意倾向。这涉及特定的语词和语句是否表征了人们的特定态度。此外,非结构化的大数据中也会包含一定比例的戏仿(parody)、讽刺(satire)等表意模糊的表达方式,面对这些"民意",研究者如何界定人们想要表达的真实意见,如何将纷繁的大数据与理论框架中由特定的约束条件限定的特定概念对应起来,就成了大数据民意研究中的重要问题。

---

① Lindamood, J., Heatherly, R., Kantarcioglu, M., Thuraisingham, B., "Inferring Private Information Using Social Network Data", *Proceedings of the 18th International Conference on World Wide Web*, ACM, 2009, pp. 1145-1146.
② Becker, J. L., Chen, H., *Measuring Privacy Risk in Online Social Networks*(Doctoral dissertation), University of California, Davis, 2009.
  Dey, R., Tang, C., Ross, K. and Saxena, N., "Estimating Age Privacy Leakage in Online Social Networks", *INFOCOM, 2012 Proceedings IEEE*, IEEE, March, 2012, pp. 2836-2840.
③ Davis Jr., C.A., Pappa, G.L., de Oliveira, D.R.R., De L Arcanjo, F., "Inferring the Location of Twitter Messages Based on User Relationships", *Transactions in GIS*, Vol.15, No.6, 2011, pp.735-751.
  Pontes, T., Magno, G., Vasconcelos, M., Gupta, A., Almeida, J., Kumaraguru, P., Almeida, V., "Beware of What You Share: Inferring Home Location in Social Networks", *2012 IEEE 12th International Conference on Data Mining Workshops(ICDMW)*, IEEE, 2012, pp. 571-578.
④ Cronbach, L., Meehl, P., "Construct Validity in Psychological Tests", *Psychological Bulletin*, Vol. 52, No. 4, 1955, pp.281-302.

近年来，虽然网络文本数据挖掘的效度在逐渐提高，但网络行为数据对民意测量的效度问题依旧难解。学界历来将认知、态度、行为划分成三个独立的概念进行研究，三者之间的转化与相互影响只在特定的条件下才能发生。比如，有投票意向的人不一定真的去投票站投票；①大量收看主流电视新闻的人可能是对媒体的可信度持高度怀疑态度的人群；②经常通过电话购物购买商品的人未必喜欢这些商品，他们可能只是想跟推销员聊天以排遣寂寞。③总之，用行为表征态度，是将态度与行为的关系过度简化了。在大数据时代的民意研究中，是否搜索歧视黑人的词汇，就意味着搜索者对黑人持歧视态度？股市相关信息搜索量的上涨是否代表股市上涨？对于特定关键词的搜索，可以是喜欢，也可以是厌恶。访问一个网站可以是基于正面的兴趣，也可以是基于负面的消息去看热闹。前文提到，大数据通常是二手数据，数据挖掘者一般不参与数据的生产和设计。研究者无法运用问卷调查的量表效度和信度指标去评判大数据的质量。这就需要研究者运用合理的概念化和操作化手段去构建具有效度的民意指标。

大数据只是众多研究手段之一。美国民意研究协会（AAPOR）在2015年发布的大数据报告④认为，问卷调查数据和大数据并非是具有竞争关系的数据源。大数据不是万能的，结合其他调研手段才能更好地发挥数据资源的优势和价值。大数据的应用价值离不开其他研究方法与数据的补充与整合。最著名的案例莫过于奥巴马团队建立的整合式大数据系统在总统选举中发挥的作用了。该系统整合了各种数据来源，其中既有民调机构、公募组织、田野调研员、各种消费者数据库，也有来自社交网站、移动终端和用户网络使用行为的大数据。该系统将这些数据与美国民主党选民的个人资料一一对应后，给每个选民建立了一个有80多个变量的档案——从性别、年龄、种族信息到有迹可查的性爱史（sex history）和投票史，不一而

---

① Silver, B. D., Anderson, B. A., Abramson, P. R., "Who Overreports Voting?", *American Political Science Review*, Vol. 80, No. 2, 1986, pp. 613-624.

② Tsfati, Y., Cappella, J. N., "Why Do People Watch News They Do Not Trust？The Need for Cognition as a Moderator in the Association between News Media Skepticism and Exposure", *Media Psychology*, Vol. 7, No. 3, 2005, pp.251-271.

③ O'Guinn, T. C., Faber, R. J., Compulsive Buying: A Phenomenological Exploration, *Journal of Consumer Research*, Vol. 16, No. 2, 1989, pp.147-157.

④ Japec, Lilli, Frauke Kreuter, Marcus Berg, Paul Biemer, Paul Decker, Cliff Lampe, Julia Lane, Cathy O'Neil, Abe Usher, "AAPOR Report on Big Data", *Mathematica Policy Research*, 2015.

足。① 利用这套整合的数据系统，奥巴马的竞选团队赋给每个选民一个"可被说服"（persuadability）分，同时根据这套系统向尚未表明投票意向的选民推送特定的议题和立场，以远小于竞争对手的竞选成本赢得了选举。奥巴马竞选团队的成功仰赖的不是单纯的线上大数据，而是结合了各种类型数据的优势与特点，通过资源整合，提取到了真正有预测作用和实用价值的信息。

大数据的研究问题千丝万缕。本文仅仅尝试梳理了大数据民意挖掘的主要路径和趋势。关于大数据的讨论十年前便已成为学界和业界共同关注的话题，而讨论的广度远非一篇综述所能涵盖。值得特别提及的是，虽然本文旨在梳理民意研究中的大数据应用，但该领域涉及的隐私、数据开放和研究伦理等议题同等重要。这些议题超越了技术层面，深切地关系到研究者与公众的关系重构以及研究的合法性与合理性等问题。一方面，合理使用大数据可以提高政府的民意收集效率、提高政府效率和社会的开放度；另一方面，过度使用大数据榨取商业价值，可能会限制个体的选择自由并侵犯个人隐私。总之，大数据是工具，如何使用，才是关键。

---

① Crovitz, G., "Obama's 'Big Data' Victory", *The Wall Street Journal*, 2012, retrieved from http://www.wsj.com/articles/SB10001424127887323353204578126671124151266.

问题十

微博舆论传播的复杂网络拓扑结构模型及其演化机制①

李卫东　贺　涛

导　读

　　以微博为代表的社交媒体呈现出复杂网络的特征。基于社交媒体的舆论场是一个以关系为基础的复杂网络；其舆论演化具有复杂网络的特征；其舆论引导依托于复杂网络的思想，即软性的、开放式引导。

　　社会网络分析方法常用于分析社交媒体现象，其理论基础也是复杂网络思想。社会网络分析主要关注节点之间的关系、个体网络的结构，以及节点与关系衍生的社会资本。通过社会网络分析，可以对数据进行追踪，挖掘舆情传播的路径与过程，挖掘热点话题，寻找关键节点，如辨识意见领袖，及其意见传播路径。

　　在"长春随车被盗婴儿"事件的分析中，本文采取社会网络分析方法，并应用软件构建并生成微博舆论传播的复杂网络，从"总体特征""中心性""凝聚子群"三个维度计算分析该复杂网络的结构特征。

　　在这个事件中，微博舆论传播的复杂网络结构趋于稳定，信息渠道通畅但较为分散。随着转发层级的增加，网络中心节点的权力权重和对网络关系链路的掌控程度逐层下降；舆论发展过程中，网络拓扑结构从稳定球形状态向辐射链路型状态变化，中心节点数量不断增加，节点间链路从单一层级向多层级发展。群体内信息的传递是一种类似于"星型结构"的辐射性扩散模式，缺乏双向信息流通渠道。

　　这也令我们开始思考如何运用复杂网络分析网络舆论，即：从网络的几何性质、网络的形成机制、网络的演化规律、网络的模型性质、网络的结构特性、网络的演化动力学机制等角度来分析舆论的生成、发展和演变规律。

---

① 本文首发于《新闻与传播研究》2013年第11期，系教育部人文社会科学研究项目"云计算环境下移动互联网传播模式、舆论模型与管理机制研究"（编号：10YJC860015）的重要研究成果，也是国家社科基金重大项目"国家政治安全视角下的互联网虚拟社会风险治理研究"（批准号：11&ZD033）的部分研究成果。

微博能融合现实世界和虚拟世界，具有很强的社会动员能力，能让社会矛盾在网络中迅速扩散，已经成为公共舆论的"放大镜""回音壁"和"晴雨表"。微博用户相互连接形成的复杂网络是微博舆论形成和传播的重要平台，科学认识这一复杂网络是深化认识微博舆论传播规律的基础理论问题。但微博舆论在发展过程中会形成什么样的复杂网络拓扑结构？复杂网络的拓扑结构是如何演化的？这是亟待回答的两个关键的科学问题。本文综合运用传播学、复杂网络学和社会动力学等多学科的相关理论与方法，构建起微博舆论传播的复杂网络拓扑结构模型，分析了其结构特征和演变机制，试图回答上述科学问题，具有理论价值和现实意义。

一、研究设计

本文主要应用社会网络分析方法，选取某一个网络热点事件进行个案分析。具体操作是对该舆论信息传播的整个周期进行跟踪调查，形成舆论信息发布和转发的记录数据库。根据数据库中的信息来构建若干个时间点的舆论信息传播复杂网络的关系矩阵。采用 UCINET 社会网络分析软件，自动生成每个时间点的信息传播网络的结构模型，分析其演化特征。

本文对"长春随车被盗婴儿"事件展开个案分析，对该事件舆论传播的整个周期进行跟踪调查，生成舆论信息发布和转发记录数据库。将信息发布者、转发者视为网络节点，当一个节点转发另外一个节点发布的信息时，视为二者间建立了信息传播关系。

本文基于互联网和移动互联网平台，将舆论传播网络中的节点分为组织机构、新闻媒体、专家学者、明星名人、人气草根、普通草根六种类型。基于信息的传播方式，本舆论网络节点间的状态有接听状态（获取某信息但没有形成反馈行动）和通话状态（获得某信息并产生转发行为）两种。

（一）数据采集方案

微博舆论信息传播网络这个大系统里的每一位微博用户、每一个信息发布客户端、每一个用户群体等都可以是一个信息传播网络的节点，同时每一个节点既是传播者，也是接收者。

本文对"长春随车被盗婴儿"事件进行个案分析，采集关键性微博信息，搜集每条微博信息转发列表中的100个微博用户，并搜集微博用户相关属性信息。数据采集主要包括两个步骤：现实微博环境数据搜集，构建舆论信息传播行为信息数据库。

1. 现实微博环境数据搜集

搜集微博环境数据主要涉及舆论传播参与者的微博用户信息和微博转发关系信息。微博用户信息具体包括用户的用户名、性别、认证、职业或行业、粉丝数等属性信息；微博转发关系信息具体包括微博信息、微博转发路径信息。

其中，微博信息筛选和评定标准主要依据三个维度。（1）舆论的发展阶段。具体操作是根据舆论的发展过程划分为形成、爆发、缓解和平息4个阶段，采集每个阶段的典型微博信息；（2）发布人的属性。微博舆论中重要信息的发布者一般包括公众人物、舆论事件相关机构及舆论事发地用户，集中采集这几类用户在本事件中的微博信息；（3）信息内容的视角。采集在舆论发展过程中起到转折作用的微博信息。

转发路径信息主要包括直接转发和间接转发两类。其中直接转发表示两个用户间无须中间人即可构成信息传播关系，而间接转发标明两个用户间至少需要1个中间人才能构成信息传播关系。针对两类转发方式主要搜集转发者和被转发者的行为信息，具体的信息采集包括两个方面：（1）转发层级——转发者所属的层级群体；（2）转发者的后续行动——再次被转发的转发数和转发者的身份属性和群体属性等信息。

2. 构建舆论信息传播行为信息数据库

构建舆论信息发布和转发的记录数据库主要用于探究微博舆论传播过程中各节点信息传播特征及路径趋势。数据库的构建主要是对已收集的用户信息和微博转发关系信息数据库进行梳理并形成相应的编码体系。

整理微博信息传播路径数据有三点原则：（1）分别建立事件微博信息内容数据库、微博用户信息数据库和舆论信息转发信息数据库，通过对微博舆论参与用户建立编码体系关联三个数据库；（2）以微博用户名区分传播网络中的节点，并进行编码；（3）只关注3级转发层级，主要层级有"源头""一级转发""二级转发""三级转发"。编码体系见表10-1。

表 10-1　转发层级编码表

层级	编码
源头	0—9
一级转发	001—999
二级转发	00101—99999
三级转发	0010101—9999999

（二）数据采集结果

针对"长春随车被盗婴儿"事件，共采集到 10 条关键性微博信息。去除无效节点，本次共获取 902 个节点，其中源头节点 10 个，一级转发节点 760 个，二级转发节点 96 个，三级转发节点 36 个。后续研究中将 902 个节点根据"表 10-1 中的转发层级编码表"进行编码。"长春随车被盗婴儿"微博信息内容数据库中的部分内容见表 10-2。本次研究样本男女比例为 1.29∶1，其中认证用户达 34.3%。

表 10-2　"长春随车被盗婴儿"微博信息内容数据库（片段）[①]

序号	发布者	微博内容	时间	转发数	评论数	微博主身份属性
1	央视新闻	【#微博寻人#！婴儿在车里，车被盗了！】……	3月4日 10:34	252,542	45,955	新闻媒体
2	王于京	【紧急扩散：婴儿在车里，车被盗了！】……	3月4日 10:39	12,399	914	公安机构人员
3	_吉AM9298_	一哥们儿在大屯附近奥迪大库提新车尾随一段时间便没油……已经报警……民警正往王公主岭方向追赶……	3月4日 14:36	398	64	舆论事发地用户
4	吉林微生活	#长春全城寻找婴儿#【已经8个小时了！】……	3月4日 15:37	32,418	1,841	地方媒体

---

① 具体微博信息数据来源于"新浪微博"。

续表

序号	发布者	微博内容	时间	转发数	评论数	微博主身份属性
5	木教授	已经深夜了，希望盗车的人能良心发现喂孩子点吃的……	3月4日 20:31	11,174	5	普通草根
6	薛蛮子	#我的"两会"提案#如果我是代表委员，我提议继续严厉打击拐卖儿童。长春"304"两个月婴儿失窃案……	3月5日 07:51	43,100	6,283	名人
7	吉林公安	【关注长春"304"案件】……	3月5日 08:47	28,448	3,280	地方机构组织
8	央视新闻	#微博寻人#【车已找到，未见婴儿！可疑人出现！】……	3月5日 10:51	11,531	4,428	新闻媒体
9	新闻晨报	【盗亦有道！美国一男子偷车后发现后座有婴儿2次报警后弃车离开】……	3月6日 09:48	11,779	1,513	新闻媒体
10	段赛民	【舆情追问】……几千名警察在市里瞎找，被盗车是市民报警找到的，嫌犯是自首抓到的……	3月7日 01:23	11,442	1,795	新闻从业者

微博网络中的节点属性信息见表10-3，其中草根节点（普通草根和人气草根）占总样本的75%。

表10-3 节点身份属性比例分布表

类型	样本量（条）	样本百分比（%）
普通草根	452	50.1
人气草根	226	25
组织机构	81	9
明星名人	76	8.4
新闻媒体	51	5.7
专家学者	16	1.8
总计	902	100

二、微博舆论传播的复杂网络拓扑结构模型和特征分析

社会网络分析通常认为行动者之间如果存在关系（ties），这个"关系"常常代表具体的联络内容（relational content）或者现实中发生的实质性的关系。微博平台中行动者间的"关系"主要有"评论""转发"和"收藏"，其中"转发"行为可以带来信息的再次传递和扩散，而"评论"行为无法产生大量、一致性的信息传播。

本文主要探讨一个舆论事件中微博平台内行动者之间的转发关系，对整个舆论网络结构的测度包括各种图表特征（graph properties）、网络密度（denity）、节点角色和位置（positions）。

（一）拓扑结构模型的生成

基于舆论信息传播行为信息数据库，通过 UCINET 软件生成的微博舆论传播的复杂网络拓扑结构图，如图 10-1 所示。整个复杂网络拓扑结构图呈现球形状态，大部分节点间距离分布较为均匀，节点间的关系连线有较为明显的指向性。

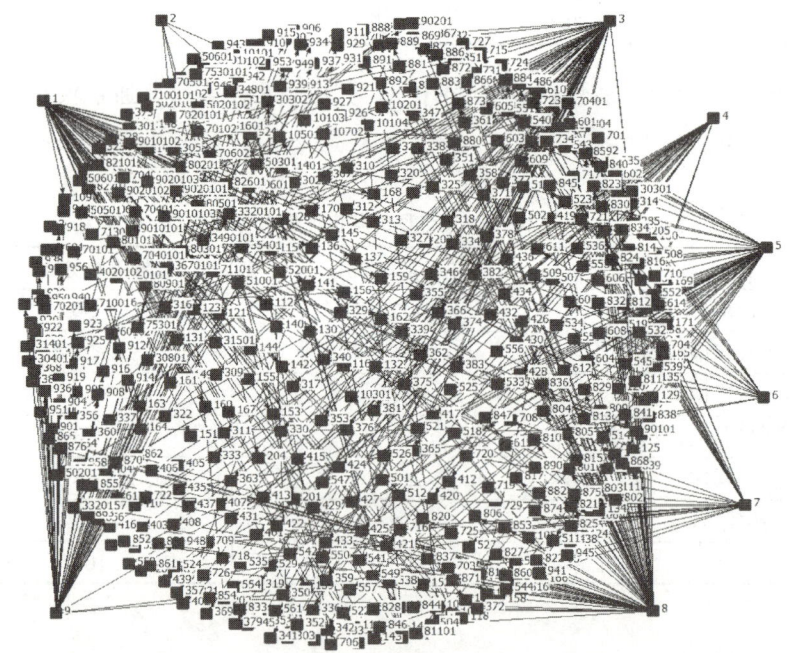

图 10-1 "长春随车被盗婴儿"微博舆论传播的复杂网络拓扑结构图

（二）总体特征分析

舆论网络拓扑结构分析包括整体网的密度和规模、网络成员之间的距离两个方面。

1. 整个网络的密度和规模

本文共搜集 902 个节点的"属性数据"和"关系数据"，因此整个舆论传播网络的规模是 902。通过软件分析计算得到该网络的密度是 0.9959，网络中关系的标准差为 0.0638。数据标明，整个网络规模较大，网络密度较高，离散程度较低，网络状态稳定性较强。

2. 网络成员之间的距离

最优途径是指"费用"最小的途径，其中一个途径的"费用"是该途径上所有赋值之和。计算得到，本网络的平均距离为 1.12。建立在"费用距离"基础上的凝聚力指数为 0.94（本数值范围 [0, 1]，数值越大表示凝聚力越强）。因此经过数据计算可以判断，该复杂网络节点间的平均距离为 1.12，网络节点间的关系较为紧密，凝聚力强。

（三）中心性分析

中心性分析可以对一个网络中的个体权力进行量化，通常用于衡量网络中个人或组织的权力属性、地位分配和信息传播掌控权重等，对了解整个网络的信息渠道和信息传递机制有着较为重要的作用。具体分析操作可以通过度数中心度、中间中心度和接近中心度三种量化方式展开。[①]

1. 度数中心度

度数中心度代表与节点直接相连的节点的个数，每个节点有其对应的出度和入度。节点出度显示与该节点所直接指向节点的节点总数，节点入度则是直接指向该节点的节点总数。以微博信息传播为例，节点出度表示节点"被转发"的程度，节点入度则是节点"转发他人"（其他节点）的程度。

---

① 刘军：《整体网分析讲义》，上海：世纪出版集团，2009。

通过转发层级的划分，分别绘制每个层级的度数中心度分布曲线图。主要从曲线的变化频率、曲线的波峰和波谷、曲线值范围三个角度展开分析。

源头节点度数中心度分布曲线见图10-2。据图10-2显示，源头节点层的总出度数大于总入度数。其中度数最大的四个节点8、3、1、5、9的出度分别为86、76、69、53、53，入度均为0。

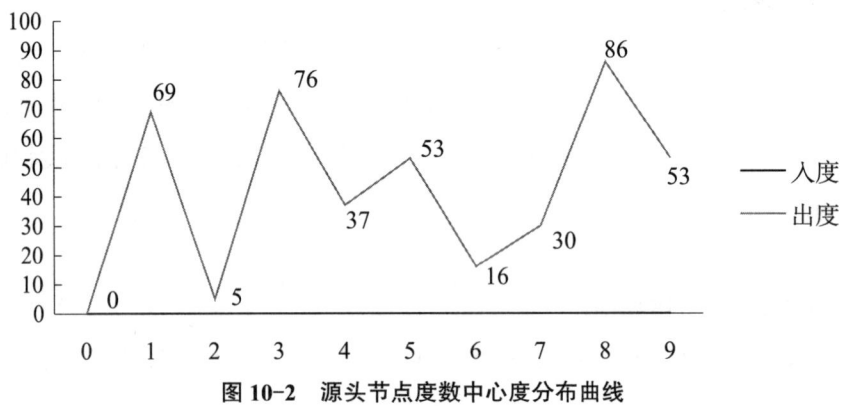

图10-2　源头节点度数中心度分布曲线

一级转发层节点度数中心度分布曲线见图10-3。据图10-3显示，一级转发层节点的出度和入读变化频率较高，总入度数大于总出度数。其中度数较大的节点有101、303、107、304、705、706，出度分别为5、2、2、1、2、2，入度分别为1、3、1、2、2、2。

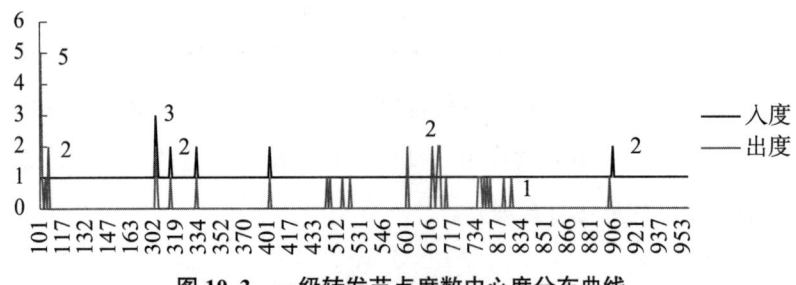

图10-3　一级转发节点度数中心度分布曲线

二级转发层节点度数中心度分布曲线见图10-4。据图10-4显示，二级转发层级相比一级转发层级变化频率更高，节点的入度状态相比出度更稳定；其中度数较大的节点有33201、40201、50201、70401、90101，出度分别为2、3、2、3、3，入度均为1。

整个网络的标准化点出度中心势和点入度中心势分别为16.741%和0.402%，中心势值愈趋近 1，说明网络具有集中趋势。数据表明，出度中心势大于入度中心势，"被转发"群体的中心势较大，该群体具有较明显的集中趋势；"转发他人"群体的中心势较低，群体的集中趋势不明显，分散性较强。

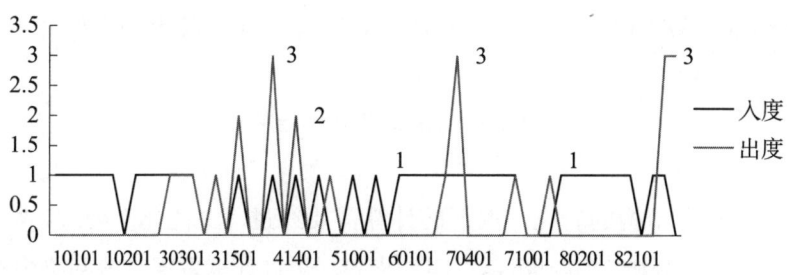

图 10-4　二级转发节度数中心度分布曲线

2. 中间中心度

通常情况下，一个节点若处于多个网络路径中，可以推断其在整个网络中处于重要地位，并且可以通过掌控或修改信息的传递达到影响群体的目的。中间中心度可以作为测量节点对网络资源控制程度的一个指标。

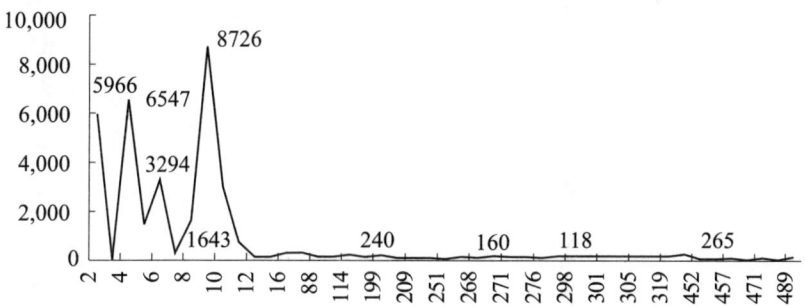

图 10-5　"长春随车被盗婴儿"微博舆论传播网络中间中心度分布曲线

"长春随车被盗婴儿"微博舆论传播的复杂网络中间中心度分布曲线见图 5 所示，整个中间中心度分布曲线波动范围较为集中，值域变化范围较大，为 [0, 8,726]。中心节点的中间中心度值较高，并且大都集中在源头节点层级和一级转发层级，超过 3 层的转发层级的中间中心度值接近于 0。整个舆论传播网络的平均中间中心度为 73.143，标准差为 591.299，总和为 37,303.000，最大值为 8,726.000，最小值为

0.000,标准化中间中心势为 3.35%。该网络的中间中心势数值较低,表明网络一致性程度较低,状态趋向分散。

3. 接近中心度

研究数据显示,整个舆论传播网络的平均中间中心度为 0.606,标准差为 0.251,综合为 308.884,最大值为 1.092,最小值为 0.000,标准化接近中心势为 48.86%。

(四)凝聚子群分析

作为一种社会结构的研究,派系的计算需要经过"二值化"处理、"分析强或弱'成分'""派系分析""n-cliques"四个步骤。经过计算发现,该网络中存在 0 个派系,46 个"2-clique"分派派系,节点 8、1、3、5、7 在网络中占有重要位置。

"派系分析"数据显示,该舆论网络中存在 0 个派系,即不存在"互惠"关系的派系;"n-cliques"分析主要用于发现联系非紧密的凝聚子群,这种群体间同样能进行信息的沟通。图 10-6 显示派系群体聚集度较高,部分小规模派系中出现重叠现象。

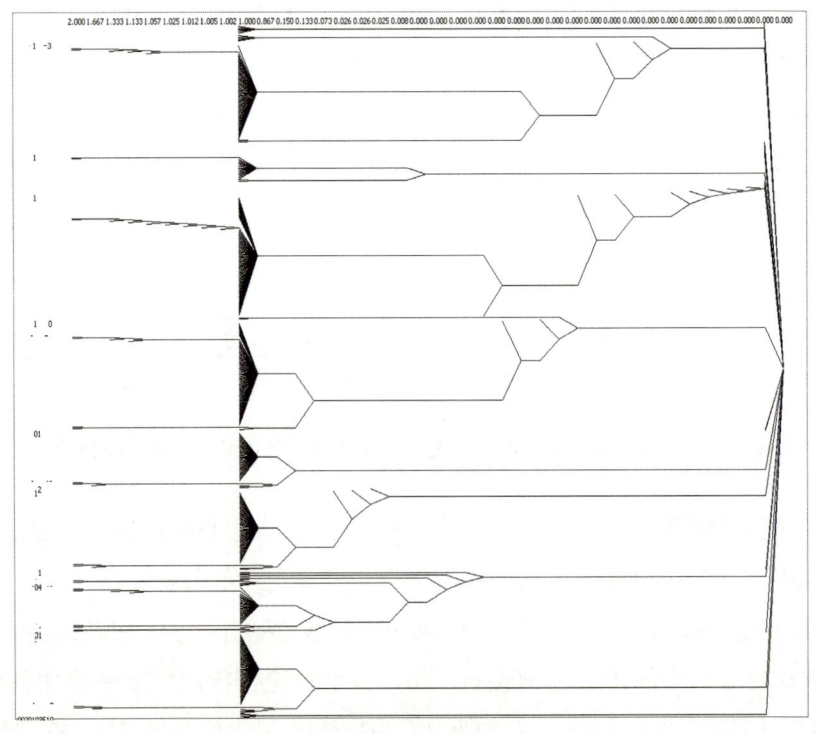

图 10-6 聚类分析图

在针对接近中心度的研究中发现,本舆论传播网络的接近中心势为48.86%,有较明显的星型结构趋势("星型结构"的接近中心势值接近100%)。"派系分析"数据结果显示,大多数派系中节点的信息来源于同一个源头节点。因此本舆论网络中派系内节点间信息的传递是一种类似于"星型结构"的辐射性扩散模式。

三、微博舆论传播的复杂网络演化机制

在微博的用户群体构成中,大多数用户是"名人"的追随者,单向收听模式是促成信息传播的特有机制。这种不对称的人际关系造成大多数的信息流通是从"意见领袖"流向"草根"。"意见领袖"通过"话题"引导公众知晓事件并参与舆论。话题的产生有其特定的传播范围、传播环境,需要传者和受众的参与才能形成相应的话题。每个阶段舆论话题有其特殊的表现形式和演化脉络。舆论爆发阶段是话题多样化程度较高的时期,此时间段话题将集中从事件发展、后果、成因等各个角度推动舆论的演化,其中大多数的热点话题讨论是由复杂网络中的"意见领袖"发起。当话题相关信息扩散至分众群体,分众群体依次传递信息至各自的粉丝群,从而可以形成规模化的传播群体。话题、意见领袖和分众粉丝群是微博舆论传播复杂网络演化过程中的重要影响因素,其相互间的作用机制见图10-7。

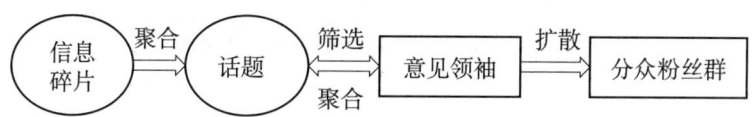

图10-7 话题、意见领袖以及分众粉丝群间的作用机制

以下将基于话题、意见领袖以及分众粉丝群三个角度分析微博舆论传播的复杂网络演化机制。

(一)微博舆论话题发展过程中复杂网络的演化

微博舆论话题的形成和转化过程一般可划分为"舆论形成""舆论爆发""舆论缓解"和"舆论平息"四个阶段。根据这四个阶段,可从时间线角度分析微博舆论

传播的复杂网络的拓扑结构演化。

舆论形成阶段：微博话题主要表现为介绍事件背景情况和搜集相关资料，舆论态度较为一致，此阶段的复杂网络拓扑结构图见图10-8。由图可见，拓扑结构呈现稳的定球形状态，中心节点数较少，节点间直接链路占主导。

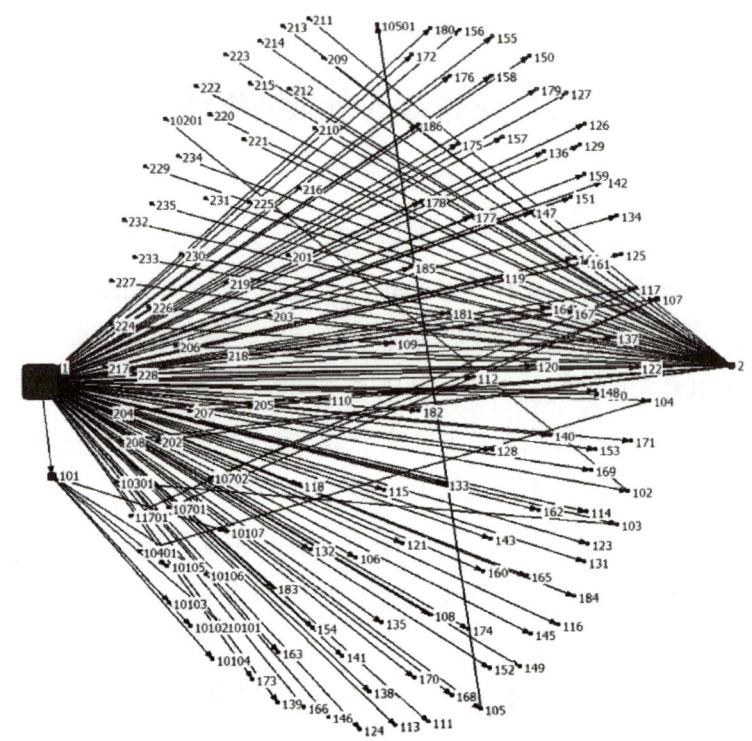

图 10-8 舆论形成阶段复杂网络拓扑结构图

舆论爆发阶段：随着舆论范围的扩散，舆论爆发阶段的热点话题开始呈现多样化趋势，此阶段话题主要集中在"304案件实时动态""婴儿搜寻情况""全民自发搜救行动""美国类似婴儿被盗事件，结果截然不同""对社会道德底线的探讨"5个方面，此阶段的复杂网络拓扑结构图见图10-9。由图可见，此阶段网络拓扑结构呈现球形状态，相比舆论形成阶段，中心节点的数量增多，节点间的多层级链路增多。

舆论缓解阶段：事件进入尾声，公众对事件的投入转为疲软状态，舆论开始慢慢缓解。此阶段话题从多样化逐渐向单一化转变，主要集中于"嫌疑人周喜军自首""婴儿遇害"两个方面，此阶段的复杂网络拓扑结构图见图10-10。由图10-10可见，此阶段网络拓扑结构呈现辐射链路状态，相比爆发阶段，中心节点数降低，节点间的多层级链路有所降低。

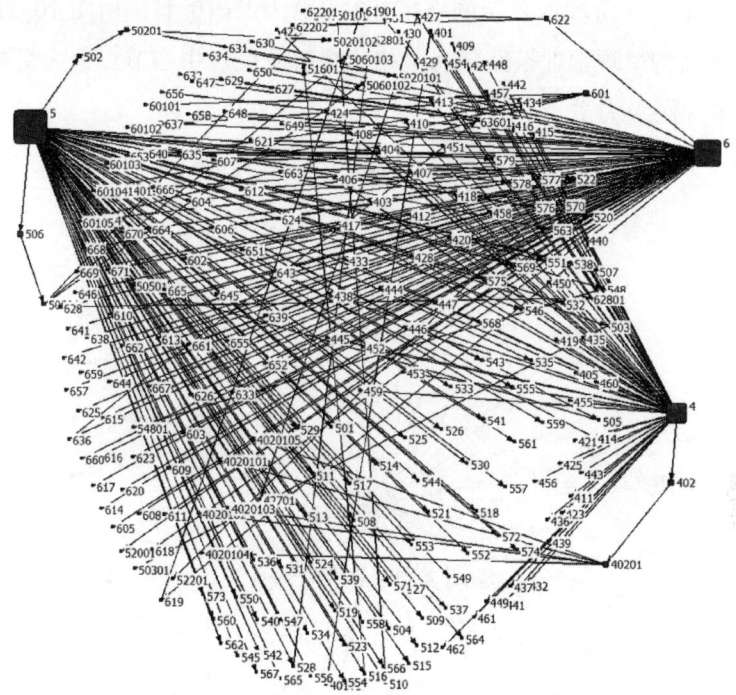

图 10-9 舆论爆发阶段复杂网络拓扑结构图

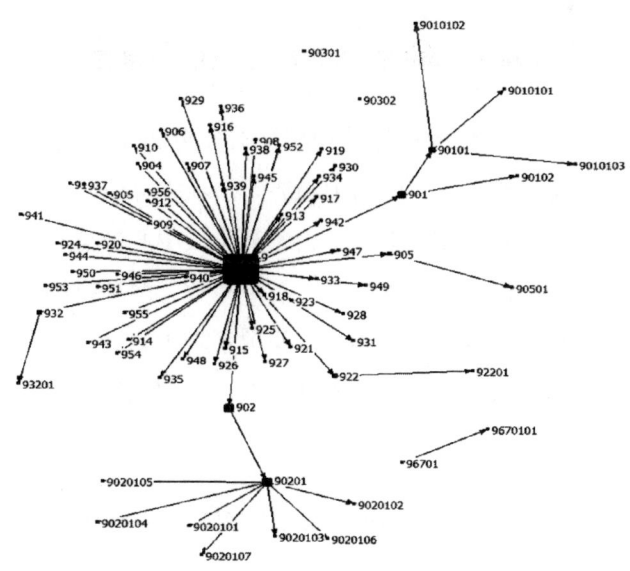

图 10-10 舆论缓解阶段复杂网络拓扑结构图

舆论平息阶段案件告破，事件得以解决。话题主要集中于对事件背后的成因和社会影响的讨论，此阶段的复杂网络拓扑结构图见图10-11。由图10-11可见，此阶段网络拓扑结构呈现辐射链路状态，相比缓解阶段，中心节点数大量减少，节点间的链路以单一层级为主。

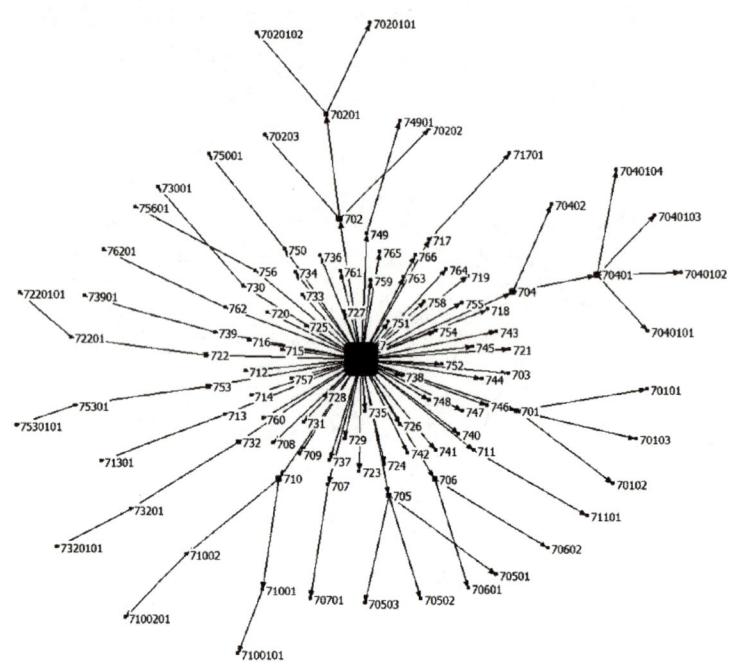

图10-11　舆论平息阶段复杂网络拓扑结构图

上述各个阶段的复杂网络的拓扑结构特征对比分析结果见表10-4。对比分析"出度中心势""入度中心势"和"中间中心势"三项指标值的变化发现，舆论爆发阶段中心节点对舆论的控制力度最低，舆论缓解阶段中心节点对舆论的控制力度最高。对比分析"网络成员间平均距离"和"凝聚指数"两项指标值的变化发现，舆论爆发阶段网络的凝聚力较强，舆论参与者间关系较为紧密；而舆论缓解和平息阶段网络成员间距离不断增大，凝聚指数不断降低，表明网络离散程度增强，舆论参与者间联系紧密程度降低。

表10-4　不同微博舆论发展阶段网络特征数据表

舆论时间段	出度中心势	入度中心势	中间中心势	成员间平均距离	凝聚指数
形成	62.970%	0.011%	0.04%	1.595	0.702

续表

舆论时间段	出度中心势	入度中心势	中间中心势	成员间平均距离	凝聚指数
爆发	31.583%	0.005%	0.02%	1.325	0.837
缓解	73.390%	0.069%	0.24%	1.898	0.551
平息	62.503%	0.009%	0.07%	2.889	0.387

综合分析发现，微博舆论发展过程中网络拓扑结构从稳定球形状态向辐射链路型状态变化，中心节点数量不断增加，节点间链路从单一层级向多层级发展。话题处于活跃多元化状态的舆论爆发阶段，整个网络的凝聚力较强，舆论参与者间关系较为紧密，中心节点数量较多，节点间多层级链路较多；舆论话题处于较为单一状态的舆论阶段，网络成员间距离不断增大，凝聚指数不断降低，网络逐渐向离散状态变化，舆论参与者间联系逐渐疏远，中心节点数量较少，节点间单一层级链路较多。由此可见，话题状态的变化对舆论传播网络的凝聚力和舆论参与者的积极性有着较为重要的影响。

（二）微博舆论传播复杂网络演化中的"意见领袖"

1."意见领袖"的识别方法

本文主要通过度数中心度和中间中心度两种方式识别中心节点。网络特征研究数据显示，微博舆论传播的复杂网络不同层级的度数中心度差异较大，因此将分层级对每层级节点的度数中心性和中间中心性进行对比分析，以度数中心度和中间中心度两项指标值较大的节点为中心节点，即"意见领袖"。中心节点对应的微博用户列表如表10-5。

表10-5 "意见领袖"节点详细信息

节点编号	用户名	身份属性	层级
8	吉林公安	组织机构	源头
3	吉林微生活	组织机构	源头
1	王于京	人气草根	源头
5	薛蛮子	明星名人	源头
9	央视新闻	新闻媒体	源头
101	微相册	组织结构	一级转发

续表

节点编号	用户名	身份属性	层级
303	舞 de 傲气 _1932	人气草根	一级转发
107	外科精英	人气草根	一级转发
601	马伊琍	明星名人	一级转发
706	胡杨林 717	人气草根	一级转发
40201	何炅	明星名人	二级转发
70401	王巍 w	专家学者	二级转发
90201	张靓颖	明星名人	二级转发
50201	李晖 616	人气草根	二级转发

根据 UCINET 软件推算出的每个转发层级的中心节点，其中人气草根 5 个，明星名人类型有 4 个，组织机构有 3 个，新闻媒体 1 个，专家学者 1 个。14 个"意见领袖"样本中，人气草根比例最高，新闻媒体和专家学者比例最低。

2. 中心节点的演化特征

源头层级、一级转发和二级转发层级前 5 个节点的度数中心度和中间中心度的对比分析见图 10-12。据图 10-12 显示，三个层级度数中心度总值和中间中心度总值变化趋势图、曲线斜率变化表示、中间中心度和度数中心度的变化趋势较为接近；相比源头层级，一级转发层级中心节点的中间中心度值和度数中心度值明显降低，二级转发层级中心节点相比一级转发层级中心节点的两项指标值降低速率减缓。

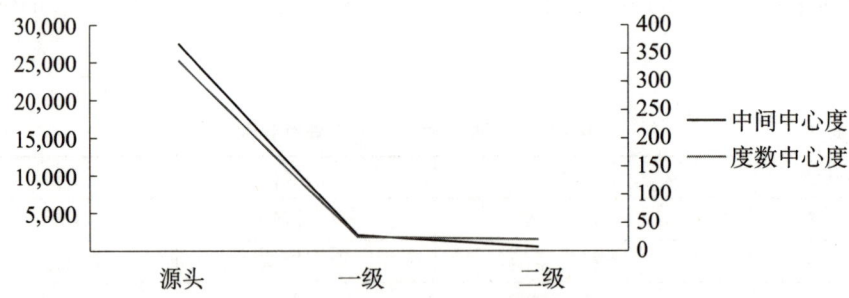

图 10-12 三个层级度数中心度总值和中间中心度总值变化趋势图

源头层级中心节点度数中心度和中间中心度变化曲线见图 10-13，一级转发和二级转发层级中心节点度数中心度和中间中心度变化曲线见图 10-14。据图 10-13

和图 10-14 显示，源头层级中心节点的度数中心度和中间中心度的变化规律较为相似，两项指标变化曲线的波峰和波谷出现的位置较为一致；一级转发层级和二级转发层级中心节点的度数中心度和中间中心度曲线变化规律较为随机，两项指标变化曲线的波峰和波谷出现的位置呈相反状态。

综上所述，随着转发层级的增多，中心节点的度数中心度值和中间中心度值呈现下降趋势，两项指标值的变化规律从较为一致转变为相反变化状态。由此可见，进入后续转发的过程中，中心节点的权力权重和对网络关系链路的掌控程度逐层下降，中心节点的权力权重越大并不代表其对网络关系链路的掌握程度越高。

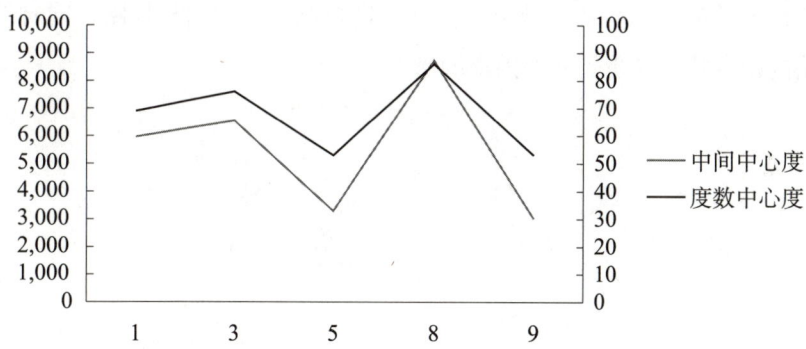

图 10-13 源头层级中心节点度数中心度和中间中心度变化曲线

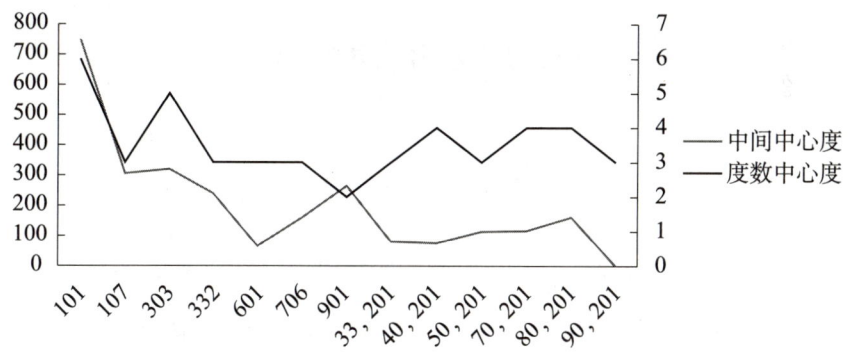

图 10-14 一级转发和二级转发层级中心节点度数中心度和中间中心度变化曲线

（三）微博舆论传播复杂网络演化中的分众粉丝群

"n-cliques"派系分析计算出本网络中存在 46 个 "n-clique"分派派系，每一个派系中的节点隶属相同的微博信息，即相同的源头节点。不同派系间缺乏中间节点，派系内部节点间的信息流通需要通过源头节点，节点间没有信息流通渠道。因此，网络派系内节点间信息的传递是一种类似于"星型结构"的辐射性扩散模式，具体如图10-15所示。

本文所分析的10条微博样本中，转发总数是777,597，被评论总数是138,988。从数据中可以看出，分众粉丝群的多层级结构可以带来信息的大范围、深层次的传播。但"n-cliques"派系分析结果说明分众粉丝群内部缺乏信息流通渠道，群体间信息的流通需要通过"源头节点"或"意见领袖"，节点间没有信息流通渠道。群体间信息有广泛的单向传递机制，缺乏双向的反馈机制和内部信息环路，同时群体内部关系链路的稳定状态易受到外部因素的影响。

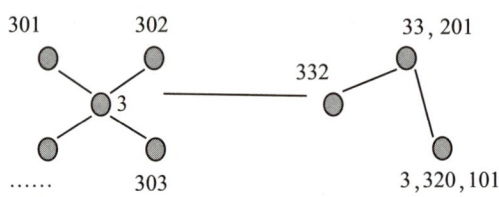

图10-15　派系信息传播模式图

四、结论和政策建议

（一）研究结论

本文对"长春随车被盗婴儿"事件进行个案研究，采取社会网络分析研究方法并应用UCINET软件构建并生成微博舆论传播的复杂网络，从"总体特征""中心性""凝聚子群"三个维度计算分析该复杂网络的结构特征。研究结果主要包括两个方面。

1. 微博舆论传播复杂网络的结构特征

基于社会网络分析的研究发现，"长春随车被盗婴儿"事件的微博舆论是一个"高密度、短距离"的结构的传播网络。整个网络趋于稳定，信息渠道通畅但较为分散，可以实现快速和直接的人际交流但缺乏群体间的信息流通。网络中大部分的关系链路处于离散、分隔的状态，中心节点对网络资源控制力较高，掌握舆论控制的权力主要集中在源头节点层级。网络中的"意见领袖"节点拥有不同的身份属性，网络中的派系内节点间信息的传递是一种类似于"星型结构"的辐射性扩散模式。

2. 微博舆论传播复杂网络的演化特征

话题、意见领袖和分众粉丝群是微博舆论复杂网络形成过程中的重要影响因素。微博舆论发展过程中，复杂网络拓扑结构从稳定球形状态向辐射链路型状态变化，中心节点数量不断增加，节点间链路从单一层级向多层级发展；网络中心节点权力权重和对网络关系链路的掌控程度逐层下降。同时随着转发层级的增多，中心节点权力权重越大，其对网络关系链路的掌控程度可能越低。网络群体内节点间信息的传递是一种类似于"星型结构"的辐射性扩散模式，这种模式导致群体内部缺乏双向的反馈机制和环路信息渠道，对于群体内部问题或意见的一致性难以起到积极的促进作用，同时群体内部关系链路的稳定状态易受到外部因素的影响。

（二）政策建议

基于上述对微博舆论传播的复杂网络的结构特征分析和演化分析，本文就当前微博舆论的管理和治理提出三点建议。

1. 建立"意见领袖"间的信息共享渠道和群体内部信息环路渠道

微博舆论传播网络群体内节点间信息的传递是一种类似于"星型结构"的辐射性扩散模式，群体内部缺乏信息环路传递渠道。"意见领袖"作为传播网络中关系链路资源的控制者，对群体间信息共享起着至关重要的作用。建立"意见领袖"信息渠道，有利于群体间信息的流通和共享；构建群体内部信息环路渠道，可以活跃处于离散、分隔的关系链接，提高群体内部节点对信息获知的一致性程度，会对突发公共事件的快速解决起到较为明显的促进作用。

2. 应用多种信息互动渠道，弥补群体间信息渠道的不足

微博单向的信息传播模式导致整个网络的信息渠道是一种自上而下的传递方

向,并且缺乏群体间的信息流通渠道。群体与群体间易形成信息孤岛,同时可能引发信息延迟、网络谣言等非理性传播行为,不利于问题的正常解决。融合论坛、门户网站、博客、微信等多种互联网信息技术平台,从而可以避免单向传播模式所带来的负面影响,增强群体间的信息传递。

3. 加强信息的公开性和客观性,保持信息渠道的通畅性和透明度

话题的多样化可以引导具有多元化的舆论价值观,但不对称的单向信息传播机制易引发网络谣言、谩骂等非理性传播行为。新闻媒体和涉事机构作为事件现场的第一方,应尽己所能客观地反馈真实的现场信息,保证信息的及时性和透明度,引导正常的舆论观点,并向公众传递理性的舆论行为理念。

问题十一

社会心态调适与网络舆论引导策略[①]

张志安　张美玲

导　读

　　社会心态可以全方位地反映当前社会的社会情绪、社会共识、社会价值取向，而这些是目前舆情危机事件发生的潜在动因。网络空间和现实社会中渗透着复杂社会心态，如结构性怨恨、仇富和仇官、低信任感、冷漠和浮云等。

　　在网络环境下，社会心态直接反映为舆论场生态。当前，中国社会的舆论场生态正在发生重大变化，包括表达者的群体失衡和复杂诉求、平台的割裂与传播的偏向、观点的分化和共识的缺乏等。

　　如何凝心聚力、实施舆论引导？社会心态调适可以作为其有效路径。社会心态调适是一个对软环境及氛围的软化调整，需要对网民社会心态进行科学的研判，需要进行长效的引导和调适。当前的舆论引导总体上主要采取短期信息控制的做法，这种做法存在诸多局限，比如临时性、被动性、滞后性，无法建立舆论引导的长效机制，无法掌握舆论引导的主动权。

　　舆论引导的范式转型，可以从以下几方面入手：把握社会话题单，设置稳定的公共议题；鼓励负责任的表达，形成理性的观点互动；强化复杂性认知框架，运用多元的公共话语。

[①] 本文由作者已发表的两篇论文《网民社会心态与舆论引导范式转型》（刊于《社会科学战线》，2016年05期）与《互联网时代舆论引导范式的新思考》（刊于《学术前沿》，2016年03期）增补和修改而成。

当前，由于互联网应用的日益普及、网民群体规模的迅速增加，尤其是以微博、微信等客户端为代表的移动互联网的迅猛发展，中国社会的舆论场生态正在发生重大变化。一方面，媒体形态和格局发生根本性改变，相当一部分传统媒体由过去的主流主导地位快速被边缘化，网络媒体的议程设置和信息扩散能力快速增强，新旧媒体在舆论场中扮演的角色呈现此消彼长的态势；另一方面，社会心态、社会风险等发生巨大变化，一些地区社会矛盾激化、社会问题增多、社会信任降低，在低信任、高风险、利益诉求和价值观日益多元的语境中，传统的舆论引导方式面临着话语争夺、效果减弱的挑战。

基于这两个舆论场生态的重要变化，互联网时代的舆论引导面临诸多挑战和压力，比如传统主流媒体影响力和公信力在降低，网络舆论的非理性和群体极化现象突出，官方舆论场和民间舆论场之间的通道尚未打通，全社会广泛积极的舆论共识度有待提升……为此，本文试图通过解读当前舆论引导所面临的新挑战、新要求，并在简要回顾舆论引导理念和方式变化历程的基础上，提出舆论引导范式转型的若干建议。

一、凝心聚力：互联网时代舆论引导的新挑战

舆论作为大多数人对社会议题相对一致的看法，从过程看主要有三个要素：意见表达者、平台开放性、观点集中度。理论上，如果具有公共参与精神的公众能够针对公共事务充分表达不同的意见，社会又能为这种表达提供足够开放、包容和理性的话语平台和公共空间，而不同的观点在碰撞和互动过程中又能形成充分的社会共识，那么，舆论就能相对真实地生成、呈现并发挥其促进社会善治的积极功能。

习近平总书记在"2·19"讲话中，针对新时期党的新闻舆论工作提出48字工作方针。"高举旗帜、引领导向，围绕中心、服务大局"是导向，"团结人民、鼓舞士气，成风化人、凝心聚力"是目标，"澄清谬误、明辨是非，联接中外、沟通世界"是手段。从这个讲话可见，新闻舆论引导要取得实效的最大挑战在于怎样真正实现"凝心聚力"。从舆论生成的过程看，所谓"凝心聚力"就是要促使社会大多数公众能够就公共议题达成积极的社会共识。

要让舆论发挥理性、积极的作用，就需要政府、媒体进行一定的舆论引导。有学者考察了两种舆论引导观，其中，新闻传播学视角认为舆论引导的主体是传媒，强调舆论引导的信息传播手段以及强化或改变意见的传播效果；而社会管理视角则认为舆论引导的主体是政府，强调舆论引导是通过管理和调控实现引导者目标、实现政府的行政目标。在此基础上，该学者提出，应该运用系统论的观点重新界定舆论引导，可以宏观把握舆论引导作为动态平衡的开放系统的运行特征，即不同的舆论在相互碰撞融合中彼此转化、有序包容，用制度与过程的引导替代内容与效果的引导以促进舆论的整体涌现性的发挥。①

无论是政府主导或传媒主导，从舆论形成过程的三个要素看，互联网时代的舆论引导主要面临以下三方面的新挑战。

（一）表达者的群体失衡和复杂诉求

理性舆论、主流舆论形成的前提是公众的积极表达和理性表达，并形成持续的公共对话，而当前的舆论场存在的问题是，13亿公众表达能力、机会和结构的失衡。其中，6亿网民可以进行网络表达，7亿非网民的表达渠道不够顺畅，而且6亿网民中的活跃表达人群占比不高，其中一部分网民在针对特定议题或特定情感结构的驱动下进行的是非理性表达。

从表达主体的数量、规模和人口比例看，当前的网络舆论并非代表着"人民的声音"，而只有一部分活跃网民的声音，能够反映部分网民的观点和利益诉求，但并不具备足够的代表性。尽管有其群体结构的局限，但与传统媒体主导下的旧语境相比，互联网时代的网络舆论则要鲜活得多，至少在一定程度上比较真实地反映出民心、民情和民意，因此需要被充分尊重和倾听。

（二）平台的割裂与传播的偏向

新华社前社长南振中曾提出"两个舆论场"的概念，主要指以主流媒体为核心的官方舆论场、以老百姓为代表的民间舆论场，两者之间难以打通、无法实现融合。近年来，以《人民日报》和央视新闻微博和微信、新华社客户端为代表的中央

---

① 董子铭：《舆论引导的学理解读：元理由、概念及其系统特征》，《四川大学学报》（哲学社会科学版），2014（05），84-91页。

主流媒体，通过移动产品和平台的打造，有力地推动了官方舆论场和民间舆论场的相互渗透、交融，但离真正的打通"两个舆论场"还有距离。

参照习近平总书记提的"三个地带"的观点，当下中国舆论场的"三个地带"也呈现出碎片、分化、割裂的基本格局：《人民日报》、央视、各级党报等传统媒体平台，是"红色地带"，始终坚持正面宣传为主、注重积极的舆论引导；新浪微博、腾讯微信、网络论坛上，既有主流媒体微博和微信公众号发出正面声音，也有普通网友、网络"大V"的负面批评，是"灰色地带"；还有少数网络社区平台、微博、微信群中，存在敏感信息和激烈批判，是"黑色地带"。这"三个地带"有重叠、有互动、有转化，但总体上是相对独立、割裂、分化的。

还有一个值得关注的现象是移动网络和社交媒体的技术趋向、平台导向和传播偏向。社交媒体的碎片化、爆炸式传播效能，网络平台的开放性和把关责任缺失，都容易导致网络舆论奉行"娱乐至上"、观点表达带有情绪偏向、公共对话中吵架谩骂"一地鸡毛"等现象盛行。这些由技术平台的传播偏向所放大的舆论负面效应，亟待引起重视、反思和治理。

（三）观点的分化和共识的缺乏

从理想的角度看，公众的公共表达最好是基于知识、价值和理性立场的言说，同时在对话交流中可以达成基本的共识。观点的共识度越高，主流舆论的形成才越有可能。然而，当下公众的文化教育水平不一、私利诉求和对公义的信奉和坚守程度不同、社会价值观和社会心态的差异极大，在公共表达过程中很难做到足够理性、负责、一致。这方面，最直接的体现就是微博舆论的失衡、冲突、非理性和群体激化，尤其在新媒体事件迅速点燃网民情绪时，情感动员往往多于理性对话，观点对撞通常多于理念共识，情绪性批判不时会超越建设性谏言。

纵观互联网时代的舆论场生态，表达群体如何扩大、对话渠道如何畅通、观点共识如何形成等问题，很长时间内都将是政府和传媒在进行舆论引导过程中所必须面临的挑战。单纯从新闻传播学视角或者从社会管理的视角来看待舆论引导，恐怕都很难真正避免隐含的控制意味，也无法建立开放、理性的对话和沟通机制。

二、心态调适：互联网时代舆论引导新范式

网络舆论场开始从虚拟空间中的民意表达转化为现实社会中的真实呈现，乃至成为线下行动的促发因素，随着越来越多的线上与线下事件结合在一起，整个舆论场的发展也日益真实地折射出整个社会心态的变迁。对于舆论引导工作来说，社会心态很大程度上是检验舆论引导的效果的重要依据。因此，想要推动科学、长效的舆论引导，则可以将社会心态作为舆论引导的实效指标。网民社会心态大体包括价值观、社会认知感受、行为意向等测量维度①，它是一定时期内社会问题的折射，通过研究它可以知道社会各阶层的所思所想，了解社会议题和社会情绪等。② 网民社会心态是影响人们网络行为的重要因素③，不仅影响网民在网络上的舆论表达，也影响网民对舆论引导方式的接受程度。

对舆论引导而言，呈现不了真实民意则难以准确把握社会心态，看不清舆论背后的社会真相则无法进行有效的引导。基于对现有调查的梳理，当前网络空间和现实社会渗透着的复杂的社会心态，主要有结构性怨恨、仇官和仇富心态、低信任感、冷漠和浮云等较为典型的特征。④ 这些复杂心态不仅不同程度地影响着网络舆论场，也在不同层面制约着舆论引导效果的发挥，已成为影响有效引导的关键挑战。

（一）结构性怨恨

结构性怨恨心态特征，通常存在于社会发展效能较低的社会群体中，主要表现为对社会和体制的批判和不满，习惯于恨社会、骂体制。在网络社会中，他们常批判社会不公和体制弊病等问题，常把对社会的不满情绪宣泄在网上，呈现出一种对体制和社会的结构性批判，背后其实掺杂着对社会抱怨、不满乃至怨恨等复杂心态。不过，正视这种结构性怨恨心态的形成过程及其真正原因，也能帮助管理部门

---

① 杨宜音：《个体与宏观社会的心理关系：社会心态概念的界定》，《社会学研究》，2006（04），117-131页，244页。
② 袁跃兴：《中国网络社会心态折射了什么？》，《中国职工教育》，2014（23），66页。
③ 余建华：《网络社会心态何以可能》，《北京邮电大学学报》（社会科学版），2014（05），16-21页。
④ 夏学銮：《当前中国八种不良社会心态》，《人民论坛》，2011（12），48-50页。

更好地改善治理机制和执政绩效，因此，也需要理性看待结构性怨恨。

这种心态极易放大网络中的负面情绪，在舆论表达过程中，还容易产生"群体极化"现象。对于结构性怨恨心态，舆论引导的难度会大大增加，而且如果过度正面宣传，反倒更容易加深网民的不满情绪，甚至会对舆论引导产生逆反心理。这些消极情绪和逆反心理会影响网民的理性判断，阻碍其参与到社会发展实践中，更有甚者发展成"民粹主义"，成为导致网络舆情危机的导火索。

（二）仇富和仇官

仇富和仇官一直是网络社会中较为根深蒂固的社会心态，反映了一部分公众对官员和富人较难改变的刻板印象和不满情绪。抱有这种心态的网民群体常表现出对商人和官员的不满或憎恨，一想到富人，就容易联想到骄奢淫逸、挥霍放纵的形象；一想到官员，就容易联想到腐败滋生、权力滥用的形象。[1]这种刻板成见一旦形成，很难在短期内有所改变。尤其在涉及官员、企业家等人物的负面事件时，相关的舆论引导效果会大打折扣，部分网民会陷入极端化、固化的态度和情绪中，还可能会相信阴谋论。

这种心态无疑增加了针对官员、企业家等群体或相关议题的舆论引导难度。对于持有这部分心态的网民来说，公开透明的报道、实事求是的传播是最好的沟通方式。"冰冻三尺，非一日之寒"，对这部分网民的心态分析也将是一个持续的过程，需要指出的是，"仇富和仇官"的背后也有复杂的社会原因，如于建嵘教授认为，当前盲目仇官、仇富情绪产生的原因有三：第一是社会不公平；第二是司法不公平；第三是机会不公平。[2]因此，建设一个公开透明、公平公正的社会环境才是从根本上改善这一社会心态的有效措施。

（三）低信任感

有研究者认为，当今中国正面临信任危机，它动摇了社会建设的底线。[3]其中，

---

[1] 聂智、曾长秋：《负面心态治理：虚拟社会管理新视阈》，《学术论坛》，2012（11），173-177页、218页。
[2] 于建嵘：《仇富和仇官是因不公平底层百姓看不到前途》，《南方人物周刊》，2011-06-17，http://finance.ifeng.com/opinion/mssd/20110617/4165979.shtml。
[3] 翟学伟：《信任与风险社会——西方理论与中国问题》，《社会科学研究》，2008（04）：123-128页。

政府的信任危机是较为典型的一种危机，事实上，它源自民众对政府认知与公共期待之间落差形成的相对剥夺感。[①]对政府的不信任并非是新媒体环境下特有的社会心态，早在古罗马时代，对此就有描述，西方政治学将其称之为"塔西佗陷阱"（Tacitus Trap），通俗地讲，就是当政府失去了公信力，无论说真话还是假话，做好事还是坏事，民众都会认为是在说假话、做坏事。网民和公民对政府、对权威等缺乏足够的信任，在涉及相关的热点事件时，有时候即便政府持续发布真实信息，网民依然抱有质疑和怀疑的态度。网民由于首先不信任政府这个发布信息的主体，于是不信任这些主体发布的信息内容，在这种相对缺乏信任的社会心态中，权威信息在新闻发布过程中，也不容易取得预期的效果。

对于这种心态，舆论引导将很难实施。比如同样是建垃圾焚烧厂，在欧美国家往往没有遇到太多争议，也不会引发社会抗争，因为公众对政府监管的透明度比较满意、对地方政府的治理能力比较有信心。但在中国各地，多次发生针对垃圾焚烧场的社会抗争活动，其中除了政府发布相关信息不够透明外，跟一部分地方政府的公信力不高、公众对其监管机制缺乏足够信任有关。网民的低信任感使得"塔西佗陷阱"逐渐成为舆论引导过程中最大的棘手问题，这也是传统舆论导向范式不得不进行转型的动因。

（四）冷漠和浮云

冷漠和浮云心态一直是网络上典型的社会心态特征。有研究者认为，冷漠心态是当前最可怕的社会心态，其结果就是麻木。[②]这种心态还反映了部分网民对改变现实的无力感、对自我实现的控制感降低，这种情绪的放大和汇聚，比较容易导致悲观和无奈情绪的弥漫。互联网上聚集了很多弱势群体，这部分人在现实社会中不能获得应有的利益，不能够保障自己的权益，甚至在最基本的健康、医疗、公平权上也不能得到保证，对这部分网民而言，互联网成为他们交流信息的介质，通过网络上的信息看到更多的弱势群体，那种消极情绪也互相传染，成为他们眼中的社会现实，再通过一系列的连锁反应，更加剧其心理认知。

这部分网民群体对于社会议题往往呈现"幻象"般的关注状态，如他们典型的

[①] 林雪霏：《转型逻辑与政治空间——转型视角下的当代政府信任危机分析》，《社会主义研究》，2012（06），40-45页。

[②] 夏学銮：《当前中国八种不良社会心态》，《人民论坛》，2011（12），48-50页。

"关注方式"就是随意点赞,"好的方面"点赞,"不好的方面"也点赞。这种社会心态最容易被人忽视,影响舆论的真实性,容易让舆论引导工作产生"错觉",最后也会影响到舆论引导的效果评估和策略制定。

综上,以社会心态的调适作为切入点,来探讨科学引导的新范式、新理念和新做法。关于社会心态的调适,概括来说主要应从两方面入手:一方面,需要对网民的社会心态进行科学的研究和预判。通过对网民的社会心态进行研究和预判,了解网民拥有什么样的社会心态,帮助舆论引导进行策略优化,从而有利于与他们进行沟通和引导。另一方面,需要进行长效的引导和调适。在掌握网民社会心态的基础上,舆论引导需要着眼于长远,改变公众的社会心态,建立基于心态调适的舆论引导策略。

三、理性互动:互联网时代舆论引导的新策略

结合互联网时代舆论场部分失真、失衡、失序的生态特征,笔者认为,传统的舆论引导范式需要进行范式转型,并且通过新范式来实现舆论引导观念的转变和效果提升。

按照习近平总书记的提法,我们党 90 多年的历史主要经历了"救国"(1921—1949 年)、"兴国"(1949—1978 年)、"强国"(1978 年至今)三个阶段。党的宣传理念和范式主要发端于新民主主义革命、成形于延安整风运动和 1942 年《解放日报》改版,在"救国"的革命语境中探索出典型报道、正面宣传、舆论斗争等典型模式,其核心功能是服务于作为革命党的共产党在特殊历史条件下顺利夺取政权。

新中国成立以后,共产党变成执政党,其主要目标和任务是发展经济、建设国家,在"兴国"的语境中除原先已经成熟的典型模式外,突出运用了领袖宣传、典型报道和经验报道等模式,"文化大革命"期间则错误地"以阶级斗争为纲",把舆论斗争演化为现实批斗。改革开放以来,在"强国"的语境下,除继续坚持正面报道、典型报道外,也在不断发展舆论引导的思想。1994 年,江泽民总书记在全国宣传思想工作会议上首次提出并阐述了"以正确的舆论引导人"的提法。2008 年,胡锦涛总书记在人民日报社考察时又针对新形势下如何提高舆论引导能力做了系统阐述。

进入新世纪,中国的舆论生态面临两个重大挑战:一是全球化的压力,西方发达国家推崇的主流舆论,对我国舆论场的压力明显增加;二是互联网的压力,经由网络平台激发的汹涌舆论和"监察式"网络舆论监督的活跃,给政府治理带来极大挑战。面对国际舆论和网络舆论的压力,"舆论斗争"的模式被强化、"舆论阵地"的话语被突出,加之长期以来延续的典型报道、继续坚守的正面宣传和逐渐衰落的舆论监督,可以说,我们的国家主导的宣传范式已经充分糅合了"革命党"和"执政党"的双重角色和功能定位。

面对复杂的舆论环境,尤其是新媒体时代的舆论生态,宣传管理和舆论引导范式需要加快由"革命党"范式转向"执政党"范式,从注重短期的总体信息调控走向关注长期的社会心态调适,追求舆论引导的科学化、规律化、长效化。实际上,这种转型已经开始,但尚未充分完成,需要加快推进。一些急需进行的观念变革和实践措施,主要包括以下方面。

(一)把握社会话题、设置稳定的公共议题

积极向上、健康主流的舆论场,必须首先围绕关乎公共利益和社会发展的重大话题来进行公共表达、凝聚社会共识,而当下网络舆论场从公共议题的角度看,恰恰存在事件驱动和娱乐至上两个比较严重的不足。

事件驱动指微博舆论往往围绕热点事件来进行激发,不同类型的事件接连不断发生,却难以形成稳定的社会话题,于是,网民针对事件的评论多为情绪化、碎片化的,很难基于事件类型形成对事件背后的社会话题的深度反思和理性对话;娱乐至上指微博或微信空间中,与明星绯闻、隐私侵犯、伦理缺失、风俗破坏等相关的娱乐话题往往占据头条位置,网民围绕这些明星八卦、娱乐趣闻的讨论和观点往往质量不高、参差不齐,以简单的热爱或愤怒等直觉、情绪为主。

为此,不管是政府补贴和资助的传统主流媒体,还是商业化运作的新闻网站或移动媒体,从舆论引导的基础条件出发,都应该建立和强化"议程设置"的意识,即肩负起设置稳定的公共议题的社会责任。一方面,要超越网络事件的浮躁,聚焦于重大的社会话题;另一方面,也要实现媒介议程、公共议程和社会议程的有效对接。

经济学家汪丁丁曾在一篇文章①中，列出当代中国最重要的领域及其重要性问题，比如经济领域的问题包括劳动、土地、住房、自然资源、货币、汇率、收入分配、教育及人力资本等方面的公共政策；公共卫生领域的问题包括医保、医院、医疗等关键性服务的公共政策；政治和法律领域的问题包括劳资谈判与劳工自由结社的政治权利、政治民主、反官僚、反腐败、规范政府行为、新闻自由、立法和司法的独立性等；社会领域的问题包括生育、抚养、家庭问题、底层社会、文化遗产、绿色运动、非政府组织的政治权利等。

把握这些重大的社会问题清单，通过专业、理性的报道持久地设置公共议题，主动把网民关注的议题转换为舆论引导议题，围绕公共议题进行持续对话、凝聚共识，是互联网时代的舆论引导对主流媒体提出的新要求。对大众传媒来说，具体体现在两个方面：其一，要求主流媒体具有"微观真实"和"宏观真实"的平衡意识，懂得在关注具体小问题的同时也能持续聚焦社会大问题；其二，要求主流媒体把握一系列在国家治理、地方治理过程中的焦点和难点问题，比如"PX项目"建设、垃圾焚烧厂项目、核电项目等，能够在某个时期集中进行议程设置，通过持续、深入的报道来强化公众认知、提高社会认同，从而服务于社会经济的良性发展。

（二）鼓励负责任的表达，形成理性的观点互动

当前，微博和微信已经成为主导网络舆论场的两大支柱性平台。比较而言，微博是一个相对开放的舆论场，在热点事件传播、公共观点表达、促发形成舆论方面，具有更加快速的信息传播和社会动员效果；微信则是一个半封闭、半公开的舆论场，微信朋友圈是只针对亲朋好友且传播范围有限的群体传播，微信群是面向特定群体且相对隐蔽的群体传播，而微信公众号如果粉丝规模大则构成了具有快速传播效果的大众传播渠道。总体上看，在网络舆论场中，微博的观点汇聚、社会动员功能更强；微信的即时传播、信息扩散功能更强。

微博平台的管理运营已经对注册用户采取实名制，即"后台实名、前台匿名"，用户注册必须要提供真实的身份信息，但使用的ID可以是匿名的，用户可以用同一个身份信息注册多个不同的ID。基于网民情绪宣泄、网络身份隐匿、个人抗争维权、社会激愤批判等多种因素，微博舆论中的谩骂侮辱、人格伤害、隐私侵犯、话

---

① 汪丁丁：《何谓"新闻敏感性"》，《新世纪周刊》，2011（44），118-119页。

语暴力等现象始终层出不穷、屡禁不绝。

为了倡导更加负责、理性的网络表达,有必要适当强化网络实名制,在确保网民数据信息安全、政府不得轻易调用数据的前提下,限制每个网民注册ID的数量,甚至倡导真正的实名制表达,保持线下行为和线上行为的"言行一致"。而且,采取网络实名制也将极大地限制一部分网民利用不同的ID进行网络谩骂、网络诽谤等侵权行为,也可以更好地保护大多数网民的隐私和人格权,减少网络上不负责任的谩骂和攻击。

此外,为了促进网络上理性、公开、负责任的对话,还需要公众的积极参与和网络平台负起更多的责任。比如,网络评论员、网络文明志愿者等表达群体,因其任务是规定动作、评论倾向相对固化,制造出来的"主流舆论"存在一定的真实性、可信度和操控性问题。为此,除部分被组织动员起来的网民志愿者外,我们应该鼓励更多的知识分子、社会精英、意见领袖等群体,来进行活跃的公共表达和理性的公共对话,给予他们更加宽松、自由的话语空间。再比如,一些商业网站经常以"平台"角色来自我定位,根据机器抓取、数据分析,筛选出网民最感兴趣、讨论最热烈的话题。但是,其中的一些话题也许折射出错误的价值观或者存在极不理性的倾向[1],商业网站不应该以"客观"立场或"平台"角色来替自己免责,甚至对相关言论进行片面放大和快速传播,而应该肩负其信息把关、价值引领的责任,对类似话题做必要的筛选、过滤和处理。

(三)强化复杂性认知框架、运用多元的公共话语

采用"舆论斗争"的思维和立场进行网络舆论引导,其特点是立场鲜明、观点明晰,不足则是表达方式相对简单、说服力相对较弱。为此,我们有必要在舆论引导过程中超越单一性思维、强化复杂性认知框架。

所谓"复杂性认知框架",就是能够超越正面或反面的立场去审视问题,能够超越简单的道德判断去看待问题,能够采用理性思辨的观念去全面深刻地剖析问题,归根结底在于认识中国现实的复杂性。众所周知,现实社会和日常生活本来就不是黑白分明,而是灰色的,带着这种观念去审视现实,往往能够客观分析事物的

---

[1] 比如2016年抗战胜利70周年大阅兵期间,网民对台湾歌手范玮琪在微博上贴出宝贝照片进行的激烈批评。

多面性，所表达的观点也往往更加具有说服力。

倡导舆论引导过程中的"复杂性认知框架"，主要基于三个原因：其一，传统宣传方式的效果弱化。过去，我们的舆论引导比较多采用"正面宣传"为主的策略。但是，这种传统的舆论引导，通过选择性、重复性、突出性等手法进行典型报道、经验报道和正面报道，其传播效果已经面临不确定性、难以充分验证的挑战。其二，网民自主意识的不断增强。随着教育程度的提高和网络素养的增强，越来越多的网民具有比过去更加批判的思维、更加自主的立场、更加独立的态度。面对自主意识日益强化的网民，如果单纯采取"正面宣传"的方式，其说服力相对有限。其三，社会问题的日益复杂。伴随改革开放进入深水期，越来越多的社会问题背后包含错综复杂的原因，其解决的方法也涉及多重因素的协同。面对这些复杂社会问题的舆论引导，采用"复杂性认知框架"，才能比较准确、贴切、真实地说明问题。

此外，要在舆论引导的过程中探索更加多元、有效的公共话语。过去，为增强公众的政治认同、政党认同和体制认同，强化网民对"道路自信、制度自信、理论自信"的接受和认知，传统的舆论引导方式多采用讴歌、赞美、修辞等政治话语。实际上，我们可以运用更加多元、复杂的话语建构方式来进行传播，比如："历史选择"的话语，主要从具体的历史情境、特定的历史阶段来说明中国革命是如何选择中国共产党，中国共产党又是如何引领中国革命的；"发展绩效"的话语，主要从新中国成立后的"兴国"和改革开放以来的"强国"业绩来强调党执政的合法性；"失败警戒"的话语，主要运用东欧剧变、苏联解体的历史事实来强调，失去我们党的领导，实现中华民族伟大复兴的使命就很难确保完成；"民族主义"的话语，主要从国家之间的意识形态冲突、经济发展竞赛和国家利益博弈等角度来强调严峻的生存环境，从而激发公众对中国特色社会主义道路的认同和自信。在具体的网络舆论引导中，不应该讲大话、讲空话，而要运用这些多元的公共话语，以事实来说服人、以理性来引导人。

综上所述，"革命党"宣传范式更加强调正面宣传、舆论斗争，"执政党"宣传范式更加强调舆论共识、理性互动。在当前以新媒体为主导的全新媒介语境和社会语境中，加快从"革命党"宣传范式向"执政党"宣传范式的转型，将更加有利于我们党和国家舆论引导能力的提升，进而推动执政能力与治理水平的现代化。

问题十二

中国舆论治理的三维框架[①]

张涛甫　王智丽

导　读

中国社会的舆论具有自身的逻辑，而舆论治理其实是通过一种"可触碰"的方式，即通过对公众表达、意见观点的引导，使整体舆论氛围朝着有益于社会整体发展的方向进行引导的手段，而其难处在于如何从根本上解决社会现实问题。

从整个社会问题产生和解决的路径看，作为话语方式的舆论只是浮于表面的"流水"，是对社会心态的反映和表现；而社会心态作为一种社会性概念，其形成具有长期性，也是对长期存在的结构性问题的反映。所以，从问题解决的路径看，需要由浅入深，从社会舆论深入到社会心态，甚至寻找结构性解决路径。由此，社会舆论、社会心态、社会结构构成了中国舆论治理的三维框架。

在这个三维框架中，社会舆论是表层结构，社会心态是中间层，社会结构则是底座，三者之间密切关联。社会舆论是裸露在外面的水流，决定水流的流向和流速的关键是其下面的河床，社会心态和社会结构构成了社会舆论的河床。

从舆论治理的角度看，舆论治理需要寻找结构性解决路径；而从现实问题的解决看，对浮于表面的"舆论"的体察和把握，或可以成为认识深层次问题的切入点。

[①] 本文首发于《现代传播》2016年第9期，系国家社科重点项目"增进当代中国价值观念的国际理解与国际传播策略研究"（15AZD026）系列成果之一。

起步于 20 世纪 80 年代的中国社会转型，松动了原先板结的社会结构，改写了业已形成的社会利益格局。在当今中国，利益格局变迁非常迅速，各个社会利益群体正在分化、解组、重新组合。①社会结构趋于多元，致使社会张力加大，社会矛盾升级。有研究者发现，利益因素与心理因素交织，个人意识凸显与制度缺陷共存，是当前社会矛盾生成的新特点。随着改革向纵深推进，人们对利益的需求不断丰富和饱满，一些传统的没有被意识到的利益被唤醒而走到了前台，利益诉求的复杂化、多元化成为一个新的特点。与此同时，由于贫富差距问题、腐败问题、发展的公平正义问题等交织在一起，尤其是行业收入差距和城乡收入差距呈现不断加大的趋势，使得部分群体心理不平衡感上升；相关部门一些民生政策不完善、执行措施不到位，直接致使一部分群众利益受损，从而令其对社会发展的感知不一致。这些都极易造成一种不和谐的社会心理态势，在利益因素和心理因素的双重交织下，减弱了群众的获得感，从而延伸至群众对党和政府的政策产生不满情绪，往往为了一点小事就不罢休，制造事端，从而引发社会矛盾。②

　　加之，互联网引致的第四次传播革命，空前加大了社会治理和舆论治理的难度。这场新传播革命，本质上是传播革命资源的泛社会化和传播权力全民化。这场新传播革命具有"去中心——再中心"的特征。所谓"去中心化"，指互联网技术本质上是以个人为中心的传播技术，具有天然的反中心取向。③新传播革命通过解构国家对传播权力的垄断，使传播力量由国家转移到社会，从而削弱了国家在信息、技术和意识形态上的主导地位，因而，它对国家组织和治理能力提出严重挑战。新媒体与生俱来的技术活性，本能地解构外来的控制力量。新媒体星罗棋布的信息节点，病毒式传播，这些都给舆论治理增添了极大的难度。互联网表现出的技术活性消除了传统的中介形式，催生了社会活力，颠覆了传统权力结构，改变了传统封闭、科层化的传播权力结构。互联网技术环境下的新媒体具有惊人的破茧能量，它能摆脱来自于社会制度和资本的控制，打破既存的权力秩序，从而实现新媒体赋权。新媒体赋权使那些曾经远在传播权力之外的"沉默的大多数"获得了空前的权力。"弱者的权力"不再是无声的反抗，而是有声的抗

---

① 李培林、李强、孙立平等：《中国社会分层》，北京：社会科学文献出版社，2004。
② 刘建明：《当前中国社会矛盾和社会问题的新特点》，《学习时报》，2016-05-19。
③ 李良荣、郑雯：《论新传播革命——"新传播革命"研究之二》，《现代传播》（中国传媒大学学报），2012（04），34-38 页，65 页。

争。在线下社会得不到的自由和权力,即会转向网络空间寻找替代性补偿。线下社会空间得不到的诉求,转身走向网络空间,借助网络可以得到声扬。[1] 在这种背景下,社会治理就从原先的线下治理扩展到线上、线下的双重治理。越来越大的网上事件,给治理者带来了前所未有的压力,舆论治理业已成为当下中国社会治理的严峻任务。

舆论是生活于一定社会结构、形成某种社会心态的民众在某种特定情境下的意见表达。具体来讲,舆论是一定社会心态的表现和反映,社会心态是其内在的因素。[2] 同时,不得不承认中国目前舆论"旺盛"的形势,根本在于长期存在的结构性矛盾。所以,从治理的角度看,舆论治理需要由浅入深,由浮于表面的社会舆论深入到社会心态,甚至寻找结构性解决路径。

一、表层:社会舆论

1. 民间舆论场与官方舆论场的博弈

在传统媒体时代,舆论被控制在体制性框架内,意见协商、构筑认同的过程主要发生在传统媒体的引导下。[3] 社会上的其他声音没有表达管道,处于压抑或者沉默状态,这些声音没有常规管道可能会自生自灭,形成不了大的舆论冲击。[4] 因此,在传统媒体主宰的舆论场域中,舆论失控造成的意外风险相对较小,引发危机的概率更小。但在新媒体语境下,舆论就溢出了体制轨道,成为不易控制的变量。新媒体在舆论活动中的运行机制完全不同于传统媒体。传统媒体往往是在一个相对封闭、稳定、体制化的语境下呈现、建构舆论的;而新媒体则是在一个开放、变动、脱嵌的语境下呈现、建构舆论的,其影响变量远远多于前者,舆论表达的变数陡然增多,舆论风险自然会加剧。[5] 根据 CNNIC 第 37 次《中国互联网络发展状况统计报告》,截至 2015 年 12 月,中国网民规模达 6.88 亿,互联网普及率为 50.3%。手

---

[1] 张涛甫:《新传播技术革命与网络空间结构再平衡》,《南京社会科学》,2015(01),114-120 页。
[2] 王俊秀:《社会心态理论:一种宏观社会心理学范式》,北京:社会科学文献出版社,2014,29 页。
[3] 岳璐、袁方琴:《新媒体时代网络舆论引导策略初探》,《传媒评论》,2015(05),80-81 页。
[4] 张涛甫:《媒介化社会语境下的舆论表达》,《现代传播》(中国传媒大学学报),2006(05),12-15 页。
[5] 张涛甫:《舆论"流动性过剩"的风险考量及其化解之道》,天津社会科学,2014(01),70-74 页。

机网民规模达6.20亿,全年增加6,303万人,手机上网人群占比由85.8%提升至90.1%。①这一数据意味着,移动互联网已经渗入中国公众的日常生活,成为其获得信息和发表意见的重要平台。周瑞金将这些关注新闻时事、在网上直抒胸臆的网民,称为"新意见阶层"。"新意见阶层"具有巨大的舆论能量。对中国社会发展的不健康现象,特别是针对社会不公,会在很短的时间内凝聚共识、发酵情感、诱发行动,影响社会。②新媒体具有移动性、碎片化、融合性的特点,一旦出现任何社会热点,就有海量的碎片信息从四面八方汇聚而来,对其进行多维度、多角度的解读,如人肉搜索、网民围观、集体点赞、疯狂转发等网络集体行动。相比之下,部分主流舆论引导则显得相对落后,其反应速度、信息透明度和深度无法和民间自发舆论相比。针对普通公众关切的社会问题,一些地方政府被动应战,在谣言四起、实在无法压制住网络信息之后,才有选择性地公开信息;同时,回应的内容往往经过删减过滤,这非但不能博得网民的认可,反而会引发不满,使得政府公信力受到极大损害。显而易见的是,在新媒体舆论场中,尽管政府仍然拥有一定的传统主导优势,但倘若政府没有及时地发布信息、回应疑问,就不可避免地会受到网民的质疑、诋毁甚至谩骂。③在民间舆论场与官方舆论场的博弈中,民间舆论场拥有更大的话语权,一定程度上乃受互联网之助。底层社会依靠新媒体赋权,获得"无权者的权力",拥有民间舆论的话语权。相比之下,面对民间舆论场环形包围的官方舆论场,则沦为舆论场上的孤岛。在官方舆论与民间舆论进行碰撞、交锋、冲突时,政府如能抓住时机,与对方充分协商,就能化冲突为合作、化对立为交融,从而建立意见统一战线、分享共同意识、构筑集体认同。

2. 舆论的"流动性过剩"

互联网打破了传统社会中自上而下的科层制组织结构,通过网络重构行动中心、话语中心和舆论中心。④互联网为中国社会开辟了新的权力空间和表达空间。原先受制于传统权力格局和传播权力格局的社会力量和声音,纷纷逃逸到互联网空间,寻求替代性补偿。于是,互联网在中国获得了失速扩张。互联网在中国遭遇技

---

① 中国互联网络信息中心:《第37次中国互联网络发展状况统计报告》,2016-01-26,http://www.cnnic.net.cn/hlwfzyj/hlwxzbg/。
② 周瑞金:《"新意见阶层"在网上崛起》,《炎黄春秋》,2009(03),52-57页。
③ 岳璐、袁方琴:《新媒体时代网络舆论引导策略初探》,《传媒评论》,2015(05),80-81页。
④ 李良荣、郑雯:《论新传播革命——"新传播革命"研究之二》,《现代传播》(中国传媒大学学报),2012(04),34-38页,65页。

术、市场、社会力量的三轮驱动,在网络空间内开辟疆土,野蛮生长,对中国既有的治理结构造成了前所未有的挑战。多样化的传播主体之间在跨越时空中所形成的复杂关系,对权力宰制中心的分化、转移、传播已成为权力的主要来源,传播在一种不稳定、不确定的过程中,导致权力与权利的不稳定性,这给习惯于统一、秩序化的权力管理方式提出了挑战。①

所谓舆论"流动性过剩"是指,在一定社会语境下,舆论表达过度活跃,溢出了社会正常的可承受限度,致使舆论表达过热。舆论学意义上的"流动性过剩"有风险隐患,失控时则变为舆论危机。舆论上的鸦雀无声是不正常的,但舆论的过热也是非常态的。当下中国,正面临着一个特殊的舆论生态环境。一方面,舆论表达的冲动在广度和强度上前所未有,出现了舆论表达的"井喷"现象,甚至会导致舆论表达的失控与无序。舆论是"即兴"的社会意识。流动性是其天然属性。但若舆论的流动性过于突出,致使舆论表达过热,会存在风险之忧。如果舆论的"流动性过剩"超出了特定语境可承受的限度,就可能造成舆论"决堤""溃坝"。从时下的舆论表达态势来看,社会上无疑存在一定程度的舆论的"流动性过剩"。舆论易燃点多,且燃点极低,舆论事件易燃易爆。表现在舆论场上,舆论泡沫激增,致使舆论事件还没来得及展开,就被尾随而至的另一个舆论事件赶超。舆论的"断头"和"追尾"现象严重。特别是在互联网上,眼花缭乱的舆论事件扎堆出场,一些舆论事件为了搏出位,会以夸张、戏剧化的方式吸引人们的眼球。②由于网络舆论存在"激化"偏向,使得网上的舆论表达时常会偏离理性轨道,进而沦为非理性的舆论事件。

如今中国的舆论生态呈现出一种恶性循环,表达与控制双方的冲动都很强烈,存在双重不理性,激化了表达与控制之间的矛盾。要化解双方的紧张关系,首先需要管理者从控制的冲动中冷却下来,以包容之心对待舆论,哪怕一些舆论情境与管理者的预期存在很大距离,也不能以高姿态加以遏制。高压手段即便会奏效一时,但不是治理风险的根本之策,反而可能会引发舆论的反弹。这就要求管理者不把舆论表达者作为麻烦制造者加以防范、控制,而是将其作为合作的对象进行互动与协商。

---

① 师曾志、胡泳等:《媒介赋权及意义互联网的兴起》,北京:社会科学文献出版社,2014,4页。
② 张涛甫:《舆论"软风险"正急剧上升》,《人民论坛》,2014(25),7页。

二、中间层：社会心态

社会心态是在特定时期的社会环境和文化影响下形成的，社会中多数成员表现出的普遍的、一致的心理特点和行为模式，并成为影响每个个体成员行为的模板。[①] 社会心态是社会精神系统的重要内容，属于低水平的、无形的、隐性的、无序的、零乱的社会意识，隐藏在人们心灵深处的，通过价值取向、思维方式、行为模式等显现出来。在概念界定上，把社会心态看作是一种宏观的超越个体的心理现象是社会心理学的主要倾向，也是揭示社会心态概念本质的重要向度。西方心态史学的开拓者吕西安·费弗尔不仅认为将心态的考察与社会割裂是错误的，而且指出人的心态更主要的是受到当时的整体性精神结构的影响与限制，因而只有从那个时代所有人共有的精神结构出发，社会心态才能得到正确说明。[②] 在一个剧烈变动的社会中，社会心态既是社会变迁的表达和展示，也是社会建构的一个无法忽视的社会心理资源与条件。正因如此，"民意""民心"的重要性总是作为执政者的行政基础不断被提及。可以说，社会心态是社会的"晴雨表"和"风向标"。通常把社会心态分为社会认知、社会态度与价值观念、社会情绪和社会行为策略，但实际上这些内容是时刻融合在一起的。[③]

社会心态是社会问题的折射。改革开放以来，伴随着社会的深刻变革，我国的社会心态也经历了一系列明显的变化。[④] 当社会出现问题、产生矛盾、发生冲突的时候，如果矛盾处理失当，得不到化解，可能会在传播中加速、强化甚至异化，并借助群体的力量，弥散为一种普遍性的集体意识或群众心理渐渐固化，形成一种常态化的社会心态，从而产生更大的社会影响。

1. 当前中国的社会心态特征

关于当前的中国社会心态，学者王俊秀认为存在如下特征：社会不信任扩大化、固化；阶层意识成为社会心态和社会行为的重心；社会群体分化加剧；社会情绪引爆点低；社会共享价值缺乏。

[①] 王俊秀：《关注社会情绪 促进社会认同 凝聚社会共识——2012～2013年中国社会心态研究》，《民主与科学》，2013（01），64-71页。
[②] 马向真、张廷干：《社会心态的伦理审视》，《伦理学研究》，2009（06），45-49页。
[③] 王俊秀：《中国社会心态：问题与建议》，《中国党政干部论坛》，2011（05），43-46页。
[④] 李有发：《我国社会心态的变化趋向及其相关问题》，《兰州学刊》，2009（12），113页。

社会不信任扩大化、固化。社会信任分为系统信任和人际信任。系统信任表现为官民之间、警民之间、医患之间、民商之间等许多主要社会关系之间的信任，而人际信任则表现为不同社会群体成员之间的相互的信任。近年来在社会上层出不穷的拆迁、医患和其他冲突事件不断刺激社会各群体、各阶层脆弱的神经，屡屡引致"舆论风暴"，扩大和固化了社会的不信任，致使社会的内耗和冲突加大。

（1）阶层意识成为社会心态和社会行为的重心。每个人属于哪个阶层并非仅仅是统计学意义上的归类，更重要的是人们对阶层的自我认同以及自我感觉到的在社会中的位置。当前中国社会仍存在比较普遍的底层认同、弱势群体认同现象，也就是阶层认同向下层移动，这其中包括一些按照经济收入和社会地位应该归属于更高阶层的人。①

（2）社会群体分化加剧。随着社会的分化，相同利益、身份、价值观念的群体不断分化出来，这些具有相同群体特征的人们在表达他们的诉求、保护或争取他们的利益时会越来越多地采取群体形式，群体之间的摩擦、冲突也会相应增加。②

（3）社会情绪引爆点低。特别是负向情绪引爆点低，爆发激烈，指向性明确，如食品安全引发的社会普遍焦虑，长期雾霾天气引发的民众怨愤情绪。大量的社会事件导致社会情绪的耐受性和控制点低，一旦出现诱发因素，情绪强度迅速升高，会产生极其消极的后果。③

（4）社会共享价值缺乏。人们的社会认知、社会情绪和社会行为与其社会价值观深刻关联。近年来，自由主义、民粹主义等社会思潮的出现造成社会价值观的多元化，人们对同一件事情往往会有不同的声音，甚至会出现"社会噪音"，而这很有可能干扰健康正常的社会心态，并对主流价值形成冲击之势，其产生的重要原因就是社会共享价值的缺乏。

2. "结构性紧张"

美国社会学家默顿曾提出"社会紧张"，指的是这样一种社会状态：在社会文化所塑造的人们渴望成功的期望与社会结构所能提供的获得成功的手段之间，产生了严重的失衡。当下社会转型释放了巨大的社会力量，同时也带来社会结构的断裂和无序化。有研究者认为，当下中国面临着突出的"社会结构紧张"。"结构性紧张"

---

① 王俊秀：《当前值得注意的社会心态问题和倾向》，《中国党政干部论坛》，2015（05），11-15页。
②③ 王俊秀：《当前值得注意的社会心态问题和倾向》，《中国党政干部论坛》，2015（05），11-15页。

是指社会结构不协调，社会群体之间的关系处在一种对立的、矛盾的或冲突的状态，或者说，社会关系处于一种很强的张力之中。在这样的一种状态下，社会矛盾容易激化，社会问题和社会危机更容易发生。[①]

中国正处于社会转型的非常时期，渐进式改革推进了这么多年，很多问题累积到今天，出现结构性拥堵，微观层面的修修补补显然无济于事，而伤筋动骨的重大调整则举步维艰。因此，这个时期最容易引起社会的群体性情绪反应。"结构性紧张"是由"结构性诱因"引发的。当这种社会情绪淤积到一定程度，如果遭遇"概化信念"被引发，社会就很容易失控，产生社会运动。[②]随着社会张力的加剧，这种"结构性紧张"变得越来越突出，长期淤积的社会积怨也越来越大。不断积累的社会情绪成为社会舆论的土壤。在很多情况下，社会情绪处在隐伏或休眠状态。不过，一旦产生"概化信念"或者出现"诱导性事件"，社会情绪就会被激活，表现为活跃的社会舆论。当下中国正处在社会情绪的高位态势，在这种情况下，外部性诱因一旦出现，极易产生舆论险情。[③]社会心态不仅能够折射出社会变迁过程中的诸多社会问题，也是了解社情民意、社会热点和社会情绪的重要变量。[④]只有准确把握社会心态及其在社会转型和新媒体发展中的变化，才能做好有效的舆论治理。

三、底座：社会结构

中国改革开放所推动的中国社会结构的深刻转型，主要表现为由原先的二元社会结构向多元社会结构转型，进而沦为"断裂社会"。

1. "断裂社会"

有研究者将中国社会学界关于社会结构变迁的主要理论模式概括为以下四种：第一种，是孙立平提出的"断裂社会"观点，认为目前的分化已走向两级分化；第

---

① 李强：《"丁字型"社会结构与"结构紧张"》，《社会学研究》，2005（02），55-73页，243-244页。
② 赵鼎新：《西方社会运动与革命理论发展之述评——站在中国的角度思考》，《社会学研究》，2005（01），168-209页，248页。
③ 张涛甫：《舆论"流动性过剩"的风险考量及其化解之道》，《天津社会科学》，2014（01），70-74页。
④ 李有发：《我国社会心态的变化趋向及其相关问题》，《兰州学刊》，2009（12），113-115页。

二种是陆学艺等人提出的"中产化现代社会",认定趋向于中产化的现代化社会结构正在出现;第三种是李路路的"结构化"论点,认为边界日益分明的阶级阶层结构已然形成;第四种是李强、李培林的"碎片化"观点,强调分化的多元特征且认为阶级阶层结构难以形成。①上述四种观点,有分歧,也有"交集",我们在认同"断裂社会"的同时,也部分认同结构化和碎片化的观点。

我们认为,中国改革开放近40年,是一个从原先的二元社会结构转向"去二元社会"结构的转型过程,在中国特色的社会转型过程中,社会结构趋于分化,沦为"断裂社会"的结构开始形成。"断裂社会"表现在以下几个方面:其一,在社会等级与分层结构上,一部分人被甩到社会结构之外,而且在不同阶层和群体之间缺乏有效的整合机制;其二,在地区之间,"断裂社会"表现为城乡之间的断裂;其三,社会的断裂会表现在文化和社会生活的诸多层面。②"断裂社会"同时伴有以下特征:结构固化和碎片化。表面上看,结构固化和碎片化存在矛盾,但在断裂的中国社会中,结构固化和碎片化往往是并行不悖的:一方面,结构性的断裂在不断加固,成为难以板结的结构;另一方面,在某些领域或空间,缺乏结构化的凝聚和支撑,成为碎片化的状态。因此,社会治理面临双重任务,既要打破一些固化的障碍物,也要聚合那些碎片化的社会结构。

2. 滞后的"存量"改革

随着社会分化的加剧,"增量"政治的增长速度滞后于日益膨胀的社会变革诉求,"增量"政治改革严重滞后,"存量"政治即会面临合法性危机。结果是,精英政治与底层政治的张力越来越大,由此产生的"结构性怨恨"淤积得越来越深。与现实社会空间相比,网络空间具有空前的自由度,成为一个远离于现实社会控制的"飞地"。有了互联网这个"飞地",底层社会就从这里寻找出口。当"增量"政治的发展速度赶不上社会发展和媒介技术升级的速度时,在现实政治中受阻的大众政治诉求会在虚拟空间中谋求报复性的表达,造成网上舆论的"流动性过剩"。③因此,海量的社会主体聚集于网络空间,并被赋予新的身份:"网民"。作为网络"新大陆"

---

① 转引自孙立平:《中国社会结构的变迁及其分析模式的转换》,《南京社会科学》,2009(05),93-97页。
② 孙立平:《中国社会结构的变迁及其分析模式的转换》,《南京社会科学》,2009(05),93-97页。
③ 张涛甫:《新媒体语境下大众政治勃兴与协商民主建设》,《南京社会科学》,2014(07),96-102页。

的新移民,在网络规则尚未成型之前,网民在开掘网络空间之时,时常伴有犯禁的快意,"流动的空间"被蜂拥而至的新移民们瓜分豆剖,形成新的活动区间,并被赋予新的意义和规则。对于网络空间秩序的治理,也存在滞后性。管理者习惯用原先网下"存量"空间的治理逻辑去治理网络空间,这就引致一系列的问题。

四、三维框架下的舆论治理

社会舆论、社会心态、社会结构构成了中国舆论治理的三维框架。这个三维框架构建了中国舆论治理的理论逻辑和实践基座。此前,无论是在理论层面,还是在实践层面,均将三者割裂开来,造成了理论和实践的双重局限。社会舆论是悬浮于社会心态和社会结构之上的流体意识,是社会态度和社会情绪的即兴表达,是公众对当下公共话题的即时反应,也是从社会结构和社会心态河床上涌出的社会意识。社会舆论浮游于公共空间,显现于公众视野,它是看得见的社会意识景观。但活跃的社会舆论是流动、易逝、感性的,变动不居,存活周期较短,因此,把握难度较大,对舆论风险的预判和防范难度也很大。在三维框架中,社会心态是"中间层",它在社会舆论和社会结构之间充当中间变量。社会舆论与社会心态的联系比较直接,有什么样的社会心态,就会有什么样的社会舆论,也就是说,社会舆论是社会心态的即时表达,当某种社会心态被某个公共话题引爆,就会以舆论的形式表现出来。前文提及的"结构性紧张",是当下中国社会转型期社会心态的表现症候,这种结构性紧张是一种黑色的社会心态,它经过长期淤积、发酵、沉淀,会转化为"结构性怨恨",从而成为社会化激情的土壤。若遇到宣泄的出口,它就会奔涌出来,形成舆论波澜,甚至会兴起舆论风暴。在互联网语境下,这种社会心态就会在网络空间呈现出来,且更具传染性,表现更为明显。尤其是在互联网"极化"机理驱动之下,极端社会心态野蛮扩张。社会结构则是舆论治理的底座。它处于社会舆论和社会心态的底层,成为支撑社会舆论、社会心态的基础硬件。社会结构若是断裂的,意味着社会河床也是断裂的,那么处于它之上的社会舆论和社会心态,不可能是平静的,有什么样的社会结构,就可能有什么样的社会意识。正如马克思所说,社会存在决定社会意识。要准确把握舆论逻辑,仅仅在社会舆论的小逻辑中寻找答案，其局限性是毋容置疑的。

　　进行舆论治理，须要超越单一维度的小逻辑，从社会舆论、社会心态、社会结构的整体框架中寻找系统性的大逻辑，为破解舆论治理难题找到求解的正确路径。由于存在理论和实践上的双重误区，没有意识到社会舆论、社会心态和社会结构的整体性关联，单方面从社会舆论维度入手，就会造成理论的偏向和实践的误区。比如，进行舆论治理，我们仅从舆论层面展开动作，没有从社会心态和社会结构层面进行系统治理，即便在舆论层面投入了大量成本，也是事倍功半，甚至事与愿违。舆论治理不能拘泥于单一的舆论逻辑，须考虑其他两个不可或缺的维度：社会心态和社会结构。社会舆论只不过是裸露在外面的水流，决定水流的流向和流速的关键是其下面的河床，社会心态和社会结构构成了社会舆论的河床。若我们只看到河床之上的流水，对河床视而不见，或不尊重河床的结构规律，整体性地观照问题的系统关联性，就容易在实践上走错方向。在舆论治理实践中，如果只做表层结构的工作，不顾及中间层和底座，不能从三维框架出发进行系统治理，那么，舆论治理也难以实现根本性改观。

作者简介

（按照姓氏拼音排序）

曹小杰

湖南耒阳人，毕业于新西兰奥克兰大学社会科学学院，获哲学博士学位。中山大学传播与设计学院、中山大学国家治理研究院—互联网与治理研究中心副研究员。研究方向：媒介社会学、互联网政治与文化、互联网治理、新西兰媒介史、黑客研究、网络民族志等。

曹 洵

广东潮州人，毕业于浙江大学传媒与国际文化学院，获传播学博士学位。中山大学传播与设计学院、中山大学国家治理研究院—互联网与治理研究中心副研究员。研究方向：新媒体与社会舆情研究、网络文化研究、网络话语政治、媒介批评等。在《国际新闻界》等CSSCI 期刊上发表论文 10 余篇，参与国家社科青年基金项目等多项省部级课题。

贺 涛

湖南衡阳人，毕业于华中科技大学新闻与信息传播学院，传播学硕士。

李卫东

甘肃会宁人，毕业于华中科技大学公共管理学院，管理学博士，传播学博士后，国家认证计算机技术与软件技术专业"系统分析师"。华中科技大学新闻与信息传播学院副教授、博士生导师。华中科技大学华彩新媒体实验室未来媒体研发中心主任,国家传播战略协同创新研究中心研究员。兼任中国新闻史学会舆论学研究委员会常务理事,中国电子商务协会智慧城市委员会常务副秘书长。研究方向:网络与新媒体(云传播、社交网络),传播学基础理论(组织传播),智慧城市(政府信息资源传播)。出版《政府信息资源传播》《网络与新媒体应用模式——创新设计及运营战略视角》和《组织传播行为》三部专著,三篇文章被《新华文摘》《公共行政》全文转载,一项成果获湖北省社会科学优秀成果二等奖。

沈 菲

上海人。毕业于美国俄亥俄州立大学,获传播学博士学位。香港城市大学媒体与传播系副教授,哈佛大学柏克曼互联网与社会研究中心访问学者,传播学研究方法期刊 Communication Methods and Measures 副主编。研究领域:民意、政治传播、新媒体与社会、消费者与公民行为。

史文静

山东烟台人,中国人民大学传播学博士后,副教授,硕士生导师,宁波大学人文与传媒学院新闻传播系系主任,部校共建新闻传播学院院务委员会成员。研究方向:新闻史论,媒介融合,基层治理与舆论引导等。

束开荣

安徽合肥人,中山大学传播与设计学院15级新闻学硕士研究生。研究方向:新媒体与新闻生产、网络舆论等。发表CSSCI期刊论文2篇(第二作者),其中一篇被中国人民大学报刊复印资料中心全文转载;发表北大核心期刊论文4篇(第二作者)。

王天娇

北京人，香港城市大学媒体与传播系博士后研究员。曾参与中央电视台多档节目的制作，历任央视网研究员、旅游公司景区市场调研员、香港浸会大学东西研究中心高级研究员，曾在中文核心期刊和 SSCI 期刊发表论文。研究方向：舆论、新媒体与社会发展、中国政治传播以及媒介心理学、媒介社会学等。

王智丽

甘肃张掖人，复旦大学新闻学院博士生。研究方向：新闻理论、舆论、编辑出版。翻译《海外版权法译丛》中有关英国、欧盟等国家与区域的版权法律文本近 50 万字。

晏齐宏

甘肃临洮人，中山大学传播与设计学院博士生。研究方向：政治传播、网络传播、知识传播。

杨斌艳

中国社会科学院新闻与传播研究所副研究员，中国社会科学院中国舆情调查实验室秘书长，中国社会科学院青年人文社会科学研究中心理事、副秘书长，中国社会科学院国家治理研究智库副秘书长。主要研究方向：中国新媒体传播、新媒体传播的社会层面、青少年的网络行为。近几年主要编辑出版：《中国舆情指数报告》（每年一册，已经出版两册），任副主编；《青少年蓝皮书：中国未成年人新媒体运用报告》（每两年一册，已经出版三册），2012年起任副主编。2010年起任"中国未成年人互联网运用状况系列调查"课题组副组长。在CSSCI 核心期刊发表论文多篇。曾获《全民科学素质行动计划纲要》"十二五"实施工作先进个人，中国社会科学院优秀决策信息对策研究类一等奖（多次获得该奖项二、三等奖）、中宣部"好信息"奖、社科院"优秀皮书奖·报告奖"等荣誉。

喻国明

北京师范大学新闻传播学院执行院长,博士生导师,教育部长江学者特聘教授。中国人民大学新闻与社会发展研究中心主任。主要研究领域:新媒体研究、舆论学、传媒经济与社会发展、传播学研究方法。迄今为止,独著、合著出版的学术专著、教材、蓝皮书共26本,论文600余篇,自1979年记录以来在新闻传播学科的引文数第一(据中国知网学术数据)。

张涛甫

安徽六安人,复旦大学新闻学院教授、博士生导师、副院长,教育部长江学者特聘教授,复旦大学传播与国家治理研究中心研究员,复旦大学学术期刊《新闻大学》(CSSCI)主编。研究方向:新闻理论、政治传播、大众媒介与政治、舆论研究等。在《新闻与传播研究》《国际新闻界》《现代传播》《新闻大学》《复旦学报》《二十一世纪》(香港)《新闻记者》《当代传播》等学术刊物发表学术论文近两百篇,在《人民日报》《解放日报》《文汇报》《北京日报》《中国社会科学报》《社会科学报》《新京报》《南方都市报》《东方早报》《环球时报》和澎湃新闻网、上海观察、凤凰网、观察者网等报纸和网站上发表专业评论、时评和思想文化评论数百篇。

张美玲

山东潍坊人,中山大学传播与设计学院博士生,新疆职业大学教师。研究方向:媒介融合、新闻生产社会学、新媒体舆论研究。在《社会科学战线》《青年记者》《传媒评论》等期刊发表多篇论文。

张 宁

广东广州人,毕业于日本筑波大学,获社会学博士学位。中山大学传播与设计学院副院长,教授,博士生导师。中山大学公共传播研究所所长,中山大学互联网与治理中心副主任。研究方向:政治传播、风险传播与危机管理、互联网与国家治理。出版《日本媒体上的中国——报道框架与国家形象》《政府传播:公共管理视野中的传播课题》《媒介社会学:信息化社会传播现象的社会学解读》《政府公共关系》《风险社会视角下的危机传播与舆论引导》和《危机传播》等著作。曾获中国新闻史学会公共关系分会首届论文奖等荣誉。

张志安

浙江安吉人,毕业于复旦大学新闻学院,获传播学博士学位。中山大学传播与设计学院院长,教授、博士生导师。国家首批高端智库中山大学粤港澳发展研究院副院长,中山大学全媒体研究院副院长,中山大学互联网与治理研究中心主任,广州大数据与公共传播重点研究基地主任。研究方向:当代中国新闻业、新闻生产社会学、大数据与互联网治理等。主编撰出版《中国新闻业年度观察报告》《互联网与国家治理年度报告》《新传播形态下的中国受众》等10余本著作,在中英文期刊发表论文百余篇。曾获中国新闻史学会首届国家学会奖之杰出青年奖、教育部高校优秀成果二等奖、广东哲学社科优秀成果奖等荣誉。

钟智锦

湖南湘阴人,毕业于香港城市大学媒体传播系,获传播学博士学位。中山大学传播与设计学院副教授、博士生导师,大数据传播实验室副主任,广州大数据与公共传播重点研究基地副主任。研究方向:政治传播、公益传播、互联网与社会资本、网络游戏等。有多篇中文论文在《新闻与传播研究》《传播与社会学刊》《国际新闻界》《现代传播》等杂志发表。有多篇英文论文发表于 *Journal of Computer-Mediated Communication*,*Computers in Human Behavior*,*Computers & Education*,*New Media and Society*,*Asian Journal of Communication*,*China An International Journal* 等 SSCI 期刊。

图书在版编目（CIP）数据

新媒体与舆论：十二个关键问题 / 张志安等著.
—北京：中国传媒大学出版社，2016.11（2017.9 重印）
（"人文新媒体前沿研究"系列丛书）
ISBN 978-7-5657-1867-0

Ⅰ.①新… Ⅱ.①张… Ⅲ.①传播媒介—研究
Ⅳ.① G202.2

中国版本图书馆 CIP 数据核字（2016）第 277163 号

"人文新媒体前沿研究"系列丛书

新媒体与舆论：十二个关键问题
XINMEITI YU YULUN：SHIER GE GUANJIAN WENTI

著　　　者	张志安等
策 划 编 辑	姜颖昳　司马兰
责 任 编 辑	姜颖昳
特 约 编 辑	魏　征
装 帧 设 计	拓美设计
排　　　版	楠竹文化
责 任 印 制	阳金洲
出版发行	中国传媒大学出版社
社　　址	北京市朝阳区定福庄东街 1 号　邮编：100024
电　　话	86-10-65450532 或 65450528　传真：010-65779405
网　　址	http://www.cucp.com.cn
经　　销	全国新华书店
印　　刷	北京玺诚印务有限公司
开　　本	710mm×1000mm　1/16
印　　张	13.5
字　　数	232 千字
版　　次	2016 年 11 月第 1 版　2017 年 9 月第 3 次印刷
书　　号	ISBN 978-7-5657-1867-0/G・1867
定　　价	38.00 元

版权所有　翻印必究　印装错误　负责调换